INFRACÇÕES FISCAIS E SEU PROCESSO

REGIME GERAL ANOTADO

ACTUALIZADO SEGUNDO
AS ALTERAÇÕES ORÇAMENTAIS DE 2003/2004

PAULO JOSÉ RODRIGUES ANTUNES
Procurador-Geral Adjunto

INFRACÇÕES FISCAIS E SEU PROCESSO

REGIME GERAL ANOTADO

ACTUALIZADO SEGUNDO
AS ALTERAÇÕES ORÇAMENTAIS DE 2003/2004

CRIMES FISCAIS
CRIMES ADUANEIROS
CRIMES CONTRA A SEGURANÇA SOCIAL
CONTRA-ORDENAÇÕES FISCAIS
CONTRA-ORDENAÇÕES ADUANEIRAS
PROCESSO PENAL E CONTRA-ORDENACIONAL FISCAL
FISCALIZAÇÃO TRIBUTÁRIA E SEGREDO BANCÁRIO
REEMBOLSOS DE IMPOSTOS
REGIME SUSPENSIVO

2.ª Edição

ALMEDINA

TÍTULO:	INFRACÇÕES FISCAIS E SEU PROCESSO REGIME GERAL ANOTADO
AUTOR:	PAULO JOSÉ RODRIGUES ANTUNES
EDITOR:	LIVRARIA ALMEDINA – COIMBRA www.almedina.net
LIVRARIAS:	LIVRARIA ALMEDINA ARCO DE ALMEDINA, 15 TELEF. 239 851900 FAX 239 851901 3004-509 COIMBRA – PORTUGAL livraria@almedina.net LIVRARIA ALMEDINA ARRÁBIDA SHOPPING, LOJA 158 PRACETA HENRIQUE MOREIRA AFURADA 4400-475 V. N. GAIA – PORTUGAL arrabida@almedina.net LIVRARIA ALMEDINA – PORTO R. DE CEUTA, 79 TELEF. 22 2059773 FAX 22 2039497 4050-191 PORTO – PORTUGAL porto@almedina.net EDIÇÕES GLOBO, LDA. R. S. FILIPE NERY, 37-A (AO RATO) TELEF. 21 3857619 FAX 21 3844661 1250-225 LISBOA – PORTUGAL globo@almedina.net LIVRARIA ALMEDINA ATRIUM SALDANHA LOJAS 71 A 74 PRAÇA DUQUE DE SALDANHA, 1 TELEF. 213712690 1050-094 LISBOA atrium@almedina.net LIVRARIA ALMEDINA – BRAGA CAMPUS DE GUALTAR, UNIVERSIDADE DO MINHO, 4700-320 BRAGA TELEF. 253678822 braga@almedina.net
EXECUÇÃO GRÁFICA:	G.C. – GRÁFICA DE COIMBRA, LDA. PALHEIRA – ASSAFARGE 3001-453 COIMBRA E-mail: producao@graficadecoimbra.pt MAIO, 2004
DEPÓSITO LEGAL:	211665/04
	Toda a reprodução desta obra, por fotocópia ou outro qualquer processo, sem prévia autorização escrita do Editor, é ilícita e passível de procedimento judicial contra o infractor.

Visou-se estabelecer um regime sancionatório mais justo e eficaz, assente na fiscalização rigorosa mas selectiva dos factos tributários e do cumprimento dos deveres que impendem sobre os contribuintes.

(Exposição de motivos, 2001).

LEI N.º 15/2001, DE 5 DE JUNHO[1]

(...) estabelece um novo regime geral para as infracções fiscais

A Assembleia da República decreta, nos termos da alínea c) do artigo 161.º da Constituição, para valer como lei geral da República, o seguinte:

Capítulo I
Das infracções tributárias

Artigo 1.º
(Regime Geral das Infracções Tributárias)

1 – É aprovado o Regime Geral das Infracções Tributárias anexo à presente lei e que dela faz parte integrante.
2 – O regime das contra-ordenações contra a Segurança Social consta de legislação especial.

---

[1] Esta Lei foi rectificada pela declaração n.º 15/2001, de 4/8, quanto aos arts. 26.º n.º 4 e 117.º n.º 4, por lapsos meramente formais, e alterada quanto aos arts. 16.º n.º 1 al. c), 17.º, 28.º n.º 1 al. c) e 3, pelo Decreto-Lei n.º 228/02, de 31/10, quanto aos arts. 108.º e 114.º n.º 5 pela Lei n.º 32-B/02, de 30/12 (Lei do Orçamento de Estado para 2003), e quanto aos arts. 108.º n.º 1 e 109.º n.º 1 pela Lei n.º 107-B//2003, de 31/12 (Lei do O.E. para 2004), inseridas nos locais próprios desta publicação.

NOTA:
- Segundo a exposição de motivos da proposta de lei, visou-se:
  - estabelecer um regime sancionatório justo e eficaz, que assente na fiscalização rigorosa mas selectiva dos factos tributários e do cumprimento dos deveres que impendem sobre os contribuintes;
  - fundir num só texto o Regime Jurídico das Infracções Fiscais Aduaneiras (RJIFA), aprovado pelo Dec.-Lei n.º 376-A/89, de 25 de Outubro, e o Regime Jurídico das Infracções Fiscais Não Aduaneiras (RJIFNA), aprovado pelo Dec.-Lei n.º 20-A/90, de 15 de Janeiro;
  - trazer unidade de forma ao Direito Penal Tributário, juntando no mesmo texto também disposições sancionatórias avulsas que aqui devem ter o seu assento próprio como sucede com os crimes relativos à Segurança Social;
  - reforçar a coerência interna do sistema penal tributário, muito em particular no tocante a institutos como o da actuação em nome de outrem, o da responsabilidade subsidiária e o da responsabilidade das pessoas colectivas e entes fiscalmente equiparados;
  - rever e adaptar à realidade económica e social alguns dos tipos penais, reaproximando a dosimetria das sanções da gravidade das condutas em jogo e do fito preventivo que a lei assume;
  - pôr termo à penalidade cumulativa da prisão e multa nos casos de crime, cominando-se as duas sempre como alternativa;
  - adoptar com clareza o princípio de que as infracções tributárias são especiais relativamente às comuns;
  - clarificar regras quanto ao concurso de infracções;
  - abandonar a regra da responsabilidade cumulativa das pessoas colectivas e dos seus administradores e representantes em matéria de contra-ordenações tributárias;
  - quanto às infracções aduaneiras, reformular profundamente os crimes de contrabando e a contra-ordenação de descaminho, aproximando-os da fraude fiscal;
  - unificar, integrando-se agora no Regime Geral, o crime de introdução fraudulenta no consumo e a contra-ordenação de introdução irregular;
  - no campo fiscal, introduzir um tipo autónomo de burla fiscal, capaz de pôr termo à incerteza doutrinária que tem rodeado a repressão penal de certas práticas defraudatórias da administração tributária;

– *reformular os crimes de fraude fiscal e de abuso de confiança fiscal, recortando com maior rigor a previsão da lei e densificando os tipos legais, de modo a trazer-lhes maior segurança e eficácia na prevenção e repressão da fraude e evasão;*
– *introduzir um novo tipo criminal de fraude fiscal qualificada, dirigida a casos mais gravosos, como aqueles em que o agente se socorra da falsificação de livros e documentos fiscalmente relevantes ou se sirva da interposição de terceiros residentes em territórios com regime fiscal claramente mais favorável;*
– *limitar, muitos dos tipos penais, a um valor mínimo das mercadorias objecto dos crimes aduaneiros ou, nos crimes fiscais, da prestação tributária em falta, convertendo-se os factos constitutivos desses crimes em contra-ordenação abaixo desse limite;*
– *no domínio processual, acabar com a fase denominada de «averiguações», atribuindo-se ao Ministério Público a direcção da primeira fase do processo, o inquérito, embora se presuma a delegação de poderes nos órgãos competentes da administração tributária.*

– *O regime especial das contra-ordenações contra as contribuições da segurança social consta do Dec.-Lei n.º 64/89, de 25/2, que discrimina nos artigos 6.º e ss. várias contra-ordenações, como as relativas à vinculação ao sistema, à relação jurídica contributiva, à concessão de prestações e vária falta de apresentação de documentação, sendo as coimas graduáveis segundo a duração do período de tempo em que se verificou o não cumprimento das obrigações (art. 3.º). Não estão no mesmo abrangidos outros casos de obtenção indevida de prestações de segurança social e solidariedade, ou o seu prolongamento indevido dessas prestações, objecto de outras leis especiais.*

ARTIGO 2.º

(**Norma revogatória**)

São revogados:

a) O Regime Jurídico das Infracções Fiscais Aduaneiras, aprovado pelo Decreto-Lei n.º 376-A/89, de 25 de Outubro;
b) O Regime Jurídico das Infracções Fiscais Não Aduaneiras, aprovado pelo Decreto-Lei n. 20-A/90, de 15 de Janeiro;

c) O Capítulo VIII do Código do Imposto sobre o Valor Acrescentado, aprovado pelo Decreto-Lei n.º 394-B/84, de 26 de Dezembro;
d) O artigo 13.º do Decreto-Lei n.º 45/89, de 11 de Fevereiro;
e) Os artigos 25.º a 30.º, 35.º, 36.º e 180.º a 232.º do Código de Processo Tributário, aprovado pelo Decreto-Lei n.º 154/91, de 23 de Abril, mantidos em vigor pelo diploma de aprovação do Código de Procedimento e de Processo Tributário;
f) O título V da Lei Geral Tributária, aprovada pelo Decreto-Lei n.º 398/98, de 17 de Dezembro.

NOTA:
– Mantém-se em vigor o art. 58.º do RJIFNA – "divisão do produto das coimas" e "o capítulo IV" (querer-se-ia dizer o cap. IV da parte IV – "Da divisão da multa e da coima" do RJIFA, nos termos do art. 2.º al. a) e b) desta mesma Lei n.º 15/2001: das coimas, continua a caber 25% para o autuante, sendo que ao funcionário de fiscalização participante cabe 12,5%, com o "limite do vencimento anual que lhe competir pelo lugar que desempenha".

JURISPRUDÊNCIA:
– Normas que dispõem sobre a divisão e partilha de multa penal, destinando parte desta aos denunciantes e aos autuantes, por visar a descoberta das respectivas infracções e punição, respeita ainda ao regime da punição do contrabando e insere-se, portanto, na área de reserva de competência da Assembleia da República – ac. T. Constitucional de 11/1/89, no D. R. II s. de 13/4/89.

CAPÍTULO II
Da organização judiciária tributária

(...)

Capítulo III
Do reforço das garantias do contribuinte e da simplificação processual

(...).[2]

Artigo 13.º
(Entrada em vigor)

Sem prejuízo do disposto no n.º 3 do artigo 6.º, a presente lei entra em vigor 30 dias após a sua publicação.

NOTAS:
 – *Entrou em vigor a 5 de Julho de 2001, sendo mesmo aplicável aos factos anteriores, caso o regime seja mais favorável, como acontece no crime de associação criminosa – cfr. quanto à retroactividade da "lex milior", Américo Taipa de Cravalho, Sucessão de Leis Penais, Coimbra Editora, 1990.*
 – *A lei antiga deve ainda ser aplicada aos factos anteriores do crime de burla tributária em que não existia tipo legal, nos termos dos arts. 2.º n.º 4 do Código Penal (C.P.).*
 – *As normas processuais desta lei nova são, em princípio, sempre imediatamente aplicáveis, nos termos do art. 5.º n.º 2 do C. Processo Penal (C.P.P), por não apresentarem agravamento de direitos, nem quebra de continuidade.*

JURISPRUDÊNCIA:
 – *A conduta do agente que, em 4/11/1993, deixou de entregar o IVA liquidado juntamente com a respectiva declaração é punível pela redacção original do art. 29.º do RJIFNA então vigente, por força do disposto no n.º 1 do art. 3.º do DL n.º 433/92, de 27/10, salvo se a lei posterior for mais*

---

[2] Estes 2 capítulos contêm os arts. 3.º a 12.º da lei em epígrafe, que "reforça as garantias do contribuinte e a simplificação processual, reformula a organização judiciária e estabelece" o dito novo regime; estes arts. incluem normas relativas a outros diplomas tributários, que não o das infracções fiscais, razão por que não se incluem.

favorável – n.º 2 do mesmo artigo. Verificando que a coima a aplicar, segundo aquela versão, é de 300 000$00, e que seria de 261 000$00 se se atendesse à alteração introduzida pelo DL 394/93, de 24/11, a conduta deve ser punida atendendo a essa alteração, ainda que não vigente à data da prática da infracção, por mais favorável ao arguido – ac. do STA de 9/6/99 no proc. 23080, com sumário disponível na NET.

– O RJIFNA, ao tempo em que foi proferida a decisão instrutória de não pronúncia, já não se encontrava em vigor, tendo sido revogado pelo actual RGIT, que entrou em vigor a 5 de Julho de 2001 (cfr. Seu art. 14.º). A fraude fiscal é agora punível nos termos dos arts. 103.º e 104.º, não se tendo verificado no caso concreto uma descriminalização da conduta imputável aos arguidos – ac. da R. de Lisboa de 13/3/03, no proc. 624703-9.ª, com sumário na base de dados informatizada da PGDLisboa.

Aprovada em 29 de Março de 2001.

O Presidente da Assembleia da República, *António de Almeida Santos.*

Promulgada em 23 de Maio de 2001.

Publique-se

O Presidente da República, Jorge Sampaio.

Referendada em 25 de Maio de 2001.

O Primeiro-Ministro, *António Manuel de Oliveira Guterres.*

Anexo

REGIME GERAL DAS INFRACÇÕES TRIBUTÁRIAS

Parte I
Princípios gerais

Capítulo I
Disposições comuns

Artigo 1.º
Âmbito de aplicação

1 – O Regime Geral das Infracções Tributárias aplica-se às infracções das normas reguladoras:

a) Das prestações tributárias;
b) Dos regimes tributários, aduaneiros e fiscais, independentemente de regulamentarem ou não prestações tributárias;
c) Dos benefícios fiscais e franquias aduaneiras;
d) Das contribuições e prestações relativas ao sistema de solidariedade e segurança social, sem prejuízo do regime das contra-ordenações, que consta de legislação especial.

2 – As disposições deste diploma são aplicáveis aos factos de natureza tributária puníveis por legislação de carácter especial, salvo disposição em contrário.

NOTAS:
– Várias disposições insertas em diplomas específicos de impostos previam a aplicabilidade do regime das infracções fiscais, o que era tido como necessário, face ao regime especial para que se remetia; estabelece-se com a presente norma uma remissão geral para o presente regime.

– As prestações tributárias voltam a ser definidas no art. 11.º deste regime, embora o conceito constasse já da Lei Geral Tributária (LGT), aprovada pelo Dec.-Lei n.º 398/98, de 17/12, com as alterações da Lei n.º 100/99, de 26/7, e republicada em anexo em anexo a essa lei, mas já com algumas alterações, mas denominando-as de "tributos".

– Estes podem ser "impostos, incluindo os aduaneiros e especiais, e outras espécies tributárias criadas por lei, designadamente as taxas e demais contribuições financeiras a favor de entidades públicas" (art. 3.º n.º 2), como sejam "as contribuições devidas à Segurança Social, as taxas devidas aos organismos de coordenação económica e as receitas dos organismos cooperativos" – cfr. Leite de Campos, Benjamim Rodrigues e Jorge Sousa, Lei Geral Tributária, Vislis,1999, p. 36 –, resultando redundante a al. d) do n.º 1.

– Classificam-se, conforme as obrigações de que emanam, em:
  – principal: "efectuar o pagamento da dívida tributária";
  – acessórias: "as que visem o apuramento da obrigação de imposto, nomeadamente a apresentação de declarações relevantes, incluindo a contabilidade ou escrita, e a prestação de informações"(art. 31.º), sobressaindo neste caso certas obrigações acessórias, nomeadamente obrigações declarativas (art. 94.º a 96.º-A, na redacção ao C. do IVA, cujo texto geral foi republicado pelo Dec.-Lei n.º 166/94, de 9/7, sujeito a várias alterações, sendo tais disposições na redacção dada pelo DL n.º 55/00, de 14/4 e pela Lei n.º 30-G/2000, de 29.12), de verificação de pressupostos de tributação e ao apuramento de mais-valias (art. 55.º, 72.º e 101.º, na redacção do Dec.-Lei n.º 228/02, de 31/10, aplicável a rendimentos obtidos em acções) e obrigações contabilísticas (art. 98.º e 99.º), no regime simplificado de escrituração, de registo de rendimentos, segundo categorias de rendimentos, para efeitos de I.R.S.; registo de encargos, a deduzir ao rendimento global, em todo ou em parte.

– Outras obrigações constam de outros códigos tributários, a saber os Códigos do Imposto Municipal sobre Imóveis (CIMI), e o sobre as Transmissões Onerosas de Imóveis, aprovados pelo Decreto-Lei n.º 287/2003, de 12/1, (que revogou os Códigos Predial e do Imposto sobre a Indústria Agrícola, da Contribuição Autárquica da Sisa e do Imposto sobre Sucessões e Doações), *em cujos arts. 26.º e 28.º se prevê, nomeadamente, a obrigatoriedade de participação da transmissão dos bens, de prestar declarações e relacionar os bens. Também no C. do Imposto de Selo, republicado também pelo Decreto-Lei n.º 287/03, se prevêem semelhantes obrigações declarativas (art. 28.º), para além de obrigações contabilísticas e de registo por parte das pessoas que autorizem ou procedam à realização de actos sujeitos geradores de imposto (art. 53.º), como sejam, os notários, conservadores, instituições mutuárias, etc. (cfr. ainda art. 2.º, em que es englogam, pois, entidades públicas e particulares).*

– Há diferentes regimes tributários, mas variam, consoante se trate do domínio fiscal ou aduaneiro, embora, em ambos os casos, vinculados à realização de impostos, salvo se se tratar de regimes especiais, de concessão não inteiramente vinculada – em função dos rendimentos ou situação global do contribuinte –, que actualmente podem ser estabelecidos por contratos fiscais (arts. 14.º e 36.º n.º 5 da LGT). Sobre os termos destes contratos, cfr. Casalta Nabais, em Contratos fiscais, Coimbra Editora.

– Assim, os regimes fiscais podem ser o comum, ou especiais – regimes de isenção, ou de pequenos retalhistas –, respectivamente de contabilidade organizada, ou de regime simplificado de escrituração, para efeitos de IRS. e IRC., cujos Códigos foram também republicados pelo Dec.-Lei n.º 198/2001, de 3/7, mas, mesmo neste último caso, têm de ainda cumprir várias obrigações contabilísticas – no regime simplificado de escrituração, de registo de rendimentos, segundo categorias de rendimentos, para efeitos de I.R.S.; registo de encargos, a deduzir ao rendimento global, em todo ou em parte; outras obrigações são-lhe ainda impostas nos arts. 53.º e 60.º do C. do IVA.

– Quanto aos regimes aduaneiros, tendo, sido instituídos formulários comunitários de declaração de exportação e de importação, e o "Documento Único" (DU), a declaração para regime é feita, em regra, no formulário DU, a qual funciona como uma auto-liquidação provisória. Os regimes podem ser suspensivos, ou aduaneiros económicos – de entreposto aduaneiro, aperfeiçoamento activo, transformação sob controlo aduaneiro, importação temporária e aperfeiçoamento activo – cfr. arts 59.º e ss do CAC e arts. 21.º e ss. do C. dos IEC's[3].

– Benefícios fiscais e franquias aduaneiras constituem deduções, bonificações, isenções e desagravamentos de impostos, sendo que o Estatuto dos primeiros está republicado em anexo ao Dec.-Lei n.º 198/2001, de 3/7, e as

---

3 Cujo texto consta da legislação anexa.

segundas existem previstas em várias leis especiais, como, por exemplo, no art. 37.º do C. dos IEC´s, aprovado pelo Dec.-Lei n.º 566/99, de 22/12, alterado pelo Dec.-Lei n.º 72/99, de 15/3, para os produtos petrolíferos e álcool, para compensar perdas; porém, não se confundem com as não incidências.

– As contribuições de solidariedade e segurança social são, fundamentalmente, as obrigações dos beneficiários e respectivas entidades empregadoras de pagarem cotizações e taxas sobre as remunerações devidas, sendo as entidades empregadoras responsáveis pelo pagamento das cotizações que devem descontar nas remunerações pagas – art. 61.º a 63.º da Lei 17/2000, de 8/8. As prestações são pecuniárias, destinando-se a substituir os rendimentos da actividade profissional perdidos, bem como a compensar a perda da capacidade de ganho – art. 52.º da mesma lei.

JURISPRUDÊNCIA:

– I – Nos termos do art. 11.º n.º 2 da LGT, as leis fiscais que usam termos próprios de outro ramo do direito devem interpretar-se, em regra, com o sentido que aí têm;

– II – A expressão "contribuições obrigatórias para regimes de protecção social, utilizada no art. 25.º, n.º 2, do CIRS, deve entender-se no sentido de contribuições não integrantes dos esquemas complementares da inciativa dos particulares, o qual se encontrava previsto na Lei n.º 28/84, de 14/8 (arts. 28.º a 32.º) e se mantém na Lei n.º 17/2000, de 8/8, na qual foram ainda criados regimes complementares de inciativa pública (art. 93.º).

– III – O regime geral da função pública – Caixa Geral de Aposentações – não é composto por esquemas de prestações resultantes da iniciativa de particulares, segundo o que resulta do Estatuto da Aposentação – ac. do STA de 16/10/02 no proc. 026829, com texto na base de dados informatizada da DGSI.

Artigo 2.º

Conceito e espécies de infracções tributárias

1 – Constitui infracção tributária todo o facto típico, ilícito e culposo declarado punível por lei tributária anterior.

2 – As infracções tributárias dividem-se em crimes e contra-ordenações.

3 – Se o mesmo facto constituir simultaneamente crime e contra-ordenação, o agente será punido a título de crime, sem prejuízo das sanções acessórias previstas para a contra-ordenação.

NOTAS:
 – *Trata-se de uma definição formal. As infracções fiscais consistem, em substância, na violação da verdade fiscal ou de qualquer dos deveres formais de cooperação com o fisco, ou da obrigação substantiva de realizar a prestação tributária – cfr., nestes diferentes sentidos, Eduardo Correia, Rev. Leg. e Jur. n.º 100, p. 338 e ss., e Saldanha Sanches, A quantificação da obrigação tributária, ed. do Centro de Estudos Fiscais (CEF) –, acentuando-se actualmente na doutrina nacional a discussão sobre o bem jurídico protegido, se é a verdade fiscal ou o erário público, com predominância para este último.*
 – *Cfr. arts. 1.º n.º 1 do C.P. (princípio da irretroactividade) e 38.º do regime geral das contra-ordenações aprovado pelo Dec.-Lei n.º 433/82, de 27/10: havendo concurso entre crime e contra-ordenação, procede-se primeiro quanto ao crime.*
 – *Quanto às sanções acessórias, ver art. 28.º deste regime em anotação, as quais não podendo ter carácter automático para os crimes, lhe são também aplicáveis.*

JURISPRUDÊNCIA:
 – *O art. 14.º do RJIFNA apenas permite a pronúncia, em alternativa, pelo crime de fraude fiscal ou por contra-ordenações, na medida a que correspondam aos mesmos factos, e não em concurso real – ac. do TC de 29/4/99 no DR II s. De 12/7/99, p. 10 077.*
 – *A redacção dada ao art. 41.º do C. do IRC pela Lei 10-B/96 é interpretativa, pelo que tem eficácia retroactiva sem padecer de inconstitucionalidade – ac. do STA de 3/2/99 no proc. 22474, disponível na NET.*
 – *Não obstante o aditamento do n.º 6 do art.º 20 do DL n.º 52/93, de 26.2 pela Lei 39B/94, de 27.12 (Lei do Orçamento para 1995) quanto a juros compensatórios devidos por atraso na liquidação dos IEC´s, para vigorar a partir de 1995, deve entender-se que, anteriormente, era aplicável nessa matéria o disposto no art. 83.º do CPT – ac. do STA de 5/6/2001 no proc. 4745/01, disponível na NET.*

Artigo 3.º
Direito subsidiário

São aplicáveis subsidiariamente:

a) Quanto aos crimes e seu processamento, as disposições do Código Penal, do Código de Processo Penal e respectiva legislação complementar;
b) Quanto às contra-ordenações e respectivo processamento, o regime geral do ilícito de mera ordenação social;
c) Quanto à responsabilidade civil, as disposições do Código Civil e legislação complementar;
d) Quanto à execução das coimas, as disposições do Código de Procedimento e de Processo Tributário.

NOTAS:
  – *O regime geral do ilícito de mera ordenação está situado no Dec.-Lei n.º 433/82, de 27/10, com as alterações dos Decs.-Leis n.º 356/89, de 17/10 e 244/95, de 27/10, a qual constitui a lei-quadro das contra-ordenações (LQCO), a cujos princípios processuais fundamentais as reguladas em leis especiais se submetem, entre as quais as contra-ordenações fiscais, e a que nos referiremos detalhadamente, mais adiante, quanto às particularidades adoptadas.*
  – *Em Direito Penal Económico e Europeu: Textos Doutrinários. Problemas Gerais, vol. I, Coimbra Editora, Frederico Costa Pinto, O ilícito de mera ordenação social e a erosão do princípio da subsidiariedade da intervenção penal, p. 32, refere que o art. 32.º da LQCO considera ainda o Direito Penal subsidiariamente aplicável, sendo ainda de aplicar em tudo o que não seja contrário ao regime geral, embora com vários problemas práticos a nível fundamentalmente do direito substantivo, nomeadamente quanto à forma como é vista tradicionalmente a autoria e a evolução seguida; sobre estes e outros problemas, cfr. ainda artigo de José de Faria Costa em Bol. da Fac. de Dir. da Univ. de Coimbra, LXII, p. 141, Les problèmes Juridiques et pratiques posés par la différence entre le Droit Criminel et le Droit Administratif-Penal.*
  – *Sobre os desvios gerais, decorrentes do exercício da actividade administrativa e sua aplicabilidade, nomeadamente aos vários institutos processuais, cfr. A obra de fundo Direito Penal e Direito de mera ordenação social, de Eduardo Correia no Bol. da Fac. de Dir. da Univ. de Coimbra,*

vol. XLIX, 1973, p. 257 e ss., situando a questão num princípio geral de racionalidade.

– Em *O processo de transgressão e o processo de contra-ordenações*, em *As formas de processo e respectiva tramitação*, Faculdade de Direito de Lisboa, 1983, p. 27 e ss, Faculdade de Direito de Lisboa, 1983, de Castro Sousa analisa as diferenças impostas em tais processos; também no meu artigo *Contra-ordenações laborais e seu processo*, publicado na Revista do M.º P.º n.º 27, p. 45 e ss. se analisam as várias adaptações dos vários institutos processuais penais ao processo de contra-ordenação.

– António Leones Dantas no seu artigo *Considerações sobre o processo das contra-ordenações – A fase administrativa*, na mesma Revista n.º 61, em que a p. 107 ressalta que "a salvaguarda da imparcialidade das autoridades administrativas legitima mesmo o regime de impedimentos resultante dos arts. 39.º e ss do CPP"

– O actual *Código de Procedimento e Processo Tributário (CPPT)* foi aprovado pelo Dec.-Lei n.º 433/99, de 26/10, embora republicado em anexo à presente lei, ora em anotação, quanto ao regime das infracções.

JURISPRUDÊNCIA:
– *A infracção fiscal (crime ou contra-ordenação) está submetida à teoria geral da infracção e no âmbito do ilícito de mera ordenação social (sem excepção para a contra-ordenação fiscal aduaneira) são subsidiariamente aplicáveis os princípios que regem o processo penal, nomeadamente os princípios relativos à ilicitude e á culpa, incluindo o princípio "in dubio pro reo"* – ac. do TCA de 24/10/2000 no proc. 2790/99, com sumário disponível na NET.

ARTIGO 4.º
Aplicação no espaço

Salvo tratado ou convenção internacional em contrário, o presente Regime Geral é aplicável, seja qual for a nacionalidade do agente, a factos praticados:

a) Em território português;
b) A bordo de navios ou aeronaves portugueses.

NOTAS:
– Reproduz quase literalmente o art. 4.º do CP: vigoram também os princípios da territorialidade e o da bandeira ou pavilhão, não se vendo qual a utilidade desta disposição especial.
– De âmbito geral, cfr. a Lei da Cooperação Judiciária Internacional, aprovada pela Lei n.º 144/99, de 31/8, com a alteração da Lei n.º 104/2001, de 25/8. Segundo Manuel Lopes Rocha e Teresa Alves Martins, em Cooperação Judiciária Internacional em matéria Penal, Aequitas, p.65, a extradição, para além da Convenção Europeia, está dependente de tratados de extradição, como acontece com a Argentina, Brasil, Uruguai, México, Chile, EUA, China, Índia, Malaca, Nova Zelândia, Austrália, Rússia, Ucrânia, Croácia, Albânia, Roménia, Suíça[4], República Tunisina, União-Sul Africana, Congo e actuais países das ex-colónias portuguesas, incluindo a R. P. de Angola (1997).
– O decreto do Presidente da República n.º 55/93, de 25/11, ratificou o Protocolo de Adesão ao Acordo "Schengen", e sua convenção de aplicação, em termos de a entreajuda judiciária em matéria penal, ser aplicável entre os Estados Membros da União Europeia, mesmo no caso de infracções fiscais e aduaneiras, não poder ser recusada desde o montante em causa ultrapasse 25 000 ecus, ou seja, cerca de 2 000 000$00, ou o valor das mercadorias ascenda a, pelo menos 100 000 ecus, ou seja, cerca de 20 000 000$00. No entanto, outras formas de cooperação entre autoridades fiscais e aduaneiras se encontram acordadas e em funcionamento.
– Pelo Dec.-Lei n.º 292/94, de 16/11, foi criada a unidade nacional do Gabinete Sirene, em coordenação com o Sistema de Informação Aduaneira.
– O decreto do Presidente da República n.º 64/97, de 19/9, ratificou a Convenção do art. 3K do Tratado da União Europeia, Que Cria Um Serviço Europeu de Polícia (EUROPOL), a qual, nos termos do seu art. 2.º e anexo é competente, entre outros, crimes para infracções conexas como branqueamento de capitais, e a burla e a fraude, também previstas no seu anexo, em que se integra unidade nacional.

---

[4] Mas são conhecidas as excepções com base na não reciprocidade, como a deste país, nomeadamente por mera fraude fiscal, não prevista na respectiva Convenção celebrada já em 1873, a qual, no entanto a permita por falsificação – no entanto, esta está, como veremos, descriminalizada, tendo passado, para meros efeitos fiscais, a contra-ordenação, embora podendosa constituir elemento do tipo fraude.

– *Novo decreto do Presidente da República, o n.º 40/98, de 5/9, ratificou a Convenção do art. 3K do Tratado da União Europeia, Relativa à Extradição entre Estados Membros, aprovada pela Resolução da Assembleia da República n.º 40/98, da mesma data, acabando, nesse caso, com as questões ligadas à reciprocidade: nos termos dos arts. 6.º e 8.º, a extradição é possível mesmo nos casos de infracções fiscais, e quanto a procedimentos prescritos que o não estejam na legislação do Estado requerente.*

– *Segundo o Parecer do Conselho Consultivo (CC) da PGR publicado no DR., I s., de 27/12/95, disponível na NET com o n.º 793, da base de dados PGRP da DGSI, "Portugal está habilitado a dar cumprimento aos procedimentos a observar às obrigações que lhe advêm da ratificação" da Convenção relativa aos Estados-membros da União Europeia (...) nos termos do artigo 15, Portugal de clara que devem ser consideradas como autoridades competentes as seguintes: B1) para os efeitos dos artigos 4 e 10, o juiz competente no tribunal da Relação em cujo distrito judicial residir ou se encontrar a pessoa reclamada ao tempo do pedido; B2) para os efeitos do artigo 14, Sua Excelência O Ministro das Justiça.*

– *A circular da PGR n.ºˢ 35/78, de 5/12/78, faz depender a difusão internacional de mandados de captura internacional, para além de outros requisitos, de autorização da PGR. Pela circular n.º 3/04, de 22/3/04, admitiu-se a excepção decorrente de ter de ser emitido directamente o mandado de detenção europeu, cujo regime foi aprovado pela Lei n.º 65/2003, de 23/8, pelo menos relativamente aos países membros da Comunidade Europeia, entre os quais se inclui, a partir de 1/5/04, um leque alargado de países, como a Eslováquia e a República Checa, relativamente aos quais era tradicionalmente referido estarem dependentes de tratado de extradição. Também segundo a mesma passa agora a ser possível a extradição de cidadãos nacionais portugueses por crimes cometidos no Estado de emissão, – cfr. art. 12.º, n.º 1, al. g) e 13.º, al. c) da cit. Lei n.º 65/03.*

JURISPRUDÊNCIA:
– *Os tribunais portugueses não tem competência internacional para o processo de arrecadação de herança de um cidadão português falecido num país estrangeiro onde residia e onde deixou os seus bens – ac. do STJ de 17/11/92 no proc 59141, disponível na NET.*

Artigo 5.º
Lugar e momento da prática da infracção tributária

1 – As infracções tributárias consideram-se praticadas no momento e no lugar em que, total ou parcialmente, e sob qualquer forma de comparticipação, o agente actuou, ou, no caso de omissão, devia ter actuado, ou naqueles em que o resultado típico se tiver produzido, sem prejuízo do disposto no n.º 3.

2 – As infracções tributárias omissivas consideram-se praticadas na data em que termine o prazo para o cumprimento dos respectivos deveres tributários.

3 – Em caso de deveres tributários que possam ser cumpridos em qualquer serviço da administração tributária ou junto de outros organismos, a respectiva infracção considera-se praticada no serviço ou organismo do domicílio ou sede do agente.

NOTAS:

– O n.º 1 corresponde quase literalmente também ao disposto nos arts. 3.º e 7.º do C. Penal. Cfr. também art. 12.º e 19.º da LGT sobre a aplicação da lei fiscal no tempo e conceito de domicílio fiscal.

– Verdadeiramente especiais são as normas dos n.ºs 2 e 3: quanto ao n.º 2 releva, nomeadamente para o caso dos crimes de abuso de confiança previstos neste diploma, sendo que, apesar da presente redacção – e da anterior que era semelhante – s jurisprudência vem admitindo a forma continuada, num contexto de dificulades económicas;

– Quanto ao n.º 3, que é, de facto, novo, especifica-se agora que a competência territorial é a do serviço do domicílio ou sede do agente; embora da conjugação do n.º 3 com o n.º 2 desta disposição decorra que este critério é directamente aplicável a crimes cometidos por omissão, o que não será em regra o caso da burla tributária. Afigura-se, contudo, que igual critério é ainda de aplicar, para efeitos de fixação da competência neste caso, uma vez que, apesar do pedido ser feito ao Serviço de Administração do I.V.A, sito na av. João XXI, em Lisboa, este só os processará, eventualmente, após se ter procedido, nos termos dos arts. 83.º A n.º 1 e 82.º n.º 3 do C. do I.V.A, ou seja, à verificação de inexactidões e omissões, e, se necessário, a acção de fiscalização na sede do sujeito passivo, e por intervenção dos serviços de finanças do domicílio fiscal, sendo aí que, afinal, se conclui a infracção.

– *Várias normas existem nos diferentes diplomas tributários com interesse para a apreciação da questão da competência, explicitando desde logo a LGT o que se entende como domicílio fiscal (art. 19.º), sendo o dos residentes no estrangeiro, o do representante indicado. Não tendo sido este indicado, ficciona-se de Lisboa, o que está de acordo com os termos do art. 142.º do C. do IRS.*

JURISPRUDÊNCIA:
– No crime de abuso de confiança, na forma continuada, deve-se atender ao valor a que correspondente qualquer apropriação da prestação tributária, e não ao total de todas as prestações que integram a continuação criminosa, para se apurar se a respectiva conduta corresponde à sua cominação simples ou agravada – ac do STJ de 12/10/2000 na Col. de Jur. t. 3, p.194.

Artigo 6.º
Actuação em nome de outrem

1 – Quem agir voluntariamente como titular de um órgão, membro ou representante de uma pessoa colectiva, sociedade, ainda que irregularmente constituída, ou de mera associação de facto, ou ainda em representação legal ou voluntária de outrem, será punido mesmo quando o tipo legal de crime exija:

a) Determinados elementos pessoais e estes só se verifiquem na pessoa do representado;
b) Que o agente pratique o facto no seu próprio interesse e o representante actue no interesse do representado.

2 – O disposto no número anterior vale ainda que seja ineficaz o acto jurídico fonte dos respectivos poderes.

NOTAS:
– Corresponde praticamente ao art. 12.º do C. Penal. Cfr. ainda art. 24.º da LGT. O n.º 2 está também de acordo com o disposto no art. 500.º do C. Civil: a responsabilidade do comissário pelo comitente existe, independentemente da validade da representação, baseando-se na presunção de os

órgãos de direito consentirem na actuação, ainda que tacitamente, donde resulta que a responsabilidade possa ser cumulativa. Cfr., no entanto, a opinião contrária, de Isabel Marques da Silva, Responsabildade Penal Comutativa, ed. Un. Católica, p. 80, embora citando que a doutrina francesa admite a punição para evitar lacunas e responsabilizar os efectivos infractores. No entanto, e no que respeita aos delitos omissivos, já lhe quer parece assim ser, face ao que resulta do art. 5.º n.º 2 deste regime.

– Embora divirjam aparentemente também as opiniões na doutrina, os técnicos de contas, despachantes oficiais e revisores oficiais de contas, não podendo ser autores nestes crimes, podem ser cúmplices, os quais são puníveis nos termos do art. 27.º do CP, para além da responsabilidade disciplinar que lhes caiba – cfr. no sentido de não poderem ser autores destes crimes, Augusto Silva Dias, "Os crimes de fraude fiscal e de abuso de confiança fiscal: alguns aspectos dogmáticos e político-criminais", em comunicação apresentada no CEJ, p. 5 e artigo publicado no Fisco n.º 22, 1990, p. 30; no sentido de poderem ser cúmplices, Muñoz Conde, Derecho Penal Parte Especial, Valência, 1999, p. 992 e aqui também Isabel Marques da Silva, ob. cit., p. 75, invocando como fundamento a comparticipação com o sujeito da obrigação tributária.

– A intervenção de técnicos oficiais de contas e de despachantes oficiais encontra-se prevista, respectivamente nos Dec.-Lei n.º 322/99, de 12/8 e Dec.-Lei n.º 280/92, de 18/12; no entanto, a intervenção destes últimos, tendo desde então deixado de ser obrigatória, não lhes retirou a categoria, sendo especialmente credenciados pela sua Câmara, nos termos do regulamento aprovado pelo Dec.-Lei n.º 513-F1/79, de 27/12, com a dita alteração.

– Nas sociedades anónimas, existe ainda o conselho fiscal, com funções de fiscalização das contas da sociedade, sendo um dos membros revisor oficial de contas(ROC), o qual é solidariamente responsável comos órgãos sociais, nos termos do n.º 5 do art. 420.º-A do Código das Sociedades Comerciais, aprovado pelo Dec.-Lei n.º 262/86, de 2/9, com várias aletrações posteriores. O ROC é ainda obrigatório na sociedade por quotas com um total do balanço ou um total de vendas mínimo, que foi fixado pela Portaria n.º 95/97, de 12/2, em 350 000 000$00 e 600 000 000$00. Também as sociedades de capitais públicos, em que não existe conselho fiscal, é obrigatório ROC ou sociedade de revisores oficiais nos termos do Dec.-Lei n.º 26-A/96, de 27/3.

– Segundo o parecer 10/94, do C.C. da P.G.R. de 28/4/95 no D.R. I s. de 28/4/95, também o mero agente de facto, como o "gerente ou administrador de loja" pode ter responsabilidade criminal individual, em casos de responsabilidade criminal de pessoas colectivas. Diferente é a situação no caso

das contra-ordenações, em que respondem apenas as pessoas colectivas, o que está de acordo com o art. 7.º n.º 1 do Dec-Lei n.º 433/82, de 27/10, que rege o ilícito de mera ordenação social.

JURISPRUDÊNCIA:
 – Sendo a arguida uma sociedade comercial, os gerentes têm por função primordial expressar a sua vontade, praticar em seu nome todos os actos inerentes à prossecução do objectivo social e o cumprimento das obrigações legais entre as quais figura a entrega da declaração de IVA acompanhada com o respectivo meio de pagamento, traduzindo a sua inobservância, no mínimo, a violação do dever de cuidado objectivamente imposto e devido – ac. do TCA de 19/6/2001 no proc. 4548/00, conforme sumário disponível na NET.
 – Não há dúvida que a conduta tipificada na al. a) do art. 23.º do RJIFNA, na redacção introduzida pelo DL 384/93, de 24/11, não pode ser imputada aos arguidos, porquanto não foram eles que subscreveram a declaração de rendimentos da sociedade. Todavia, tal declaração foi elaborada em conformidade com o que constava na escrita da sociedade, pelo que não podem eles deixar de ser responsabilizados, já que exerciam a gerência, ao tempo em que a escrita foi realizada, e eram os seus únicos sócios – ac. da R. de Lisboa de 13/3/03, no proc. 624703-9.ª, com sumário na base de dados informatizada da PGDLisboa.
 – Os administradores de uma sociedade em gestão controlada são mandatados para cumprir funções no âmbito de um plano acordado pelos credores, mas contnuam a ser representantes legais da sociedade no que toca às funções de administração relativas a matérias subtraídas ao poder de disposição dos credores, como é o caso dos descontos feitos para a Segurança Social nos salários dos trabalhadores. Este crime inclui pratica-o, inclusive, o administrador que apenas exerça gerência de facto – ac. da R. do Porto de 7/5/03, na Col. De Jur., tomo XXVIII, p. 203.

ARTIGO 7.º
Responsabilidade das pessoas colectivas e equiparadas

1 – As pessoas colectivas, sociedades, ainda que irregularmente constituídas, e outras entidades fiscalmente equiparadas são responsáveis pelas infracções previstas no presente diploma quando cometidas pelos seus órgãos ou representantes, em seu nome e no interesse colectivo.

2 – A responsabilidade das pessoas colectivas, sociedades, ainda que irregularmente constituídas, e entidades equiparadas é excluída quando o agente tiver actuado contra ordens ou instruções expressas de quem de direito.

3 – A responsabilidade criminal das entidades referidas no n.º 1 não exclui a responsabilidade individual dos respectivos agentes.

4 – A responsabilidade contra-ordenacional das entidades referidas no n.° 1 exclui a responsabilidade individual dos respectivos agentes.

5 – Se a multa ou coima for aplicada a uma entidade sem personalidade jurídica, responde por ela o património comum e, na sua falta ou insuficiência, solidariamente, o património de cada um dos associados.

NOTAS:

– No n.º 1, constitui-se uma excepção ao art. 11.º do C. Penal, no qual se prevê apenas a responsabilidade das pessoas singulares, com uma formulação idêntica ao art. 3.º do Dec.-Lei n.º 28/84, de 20/1, sendo que na ordem jurídica europeia se tem vindo a admitir que, em infracções financeiras, a culpa se funda, nestes casos, na não organização devida da empresa – por todos, cfr. Tiedemann, Lecciones de Derecho Penal Economico, Barcelona, 1993, o que conduz à violação de um dever.

– Assim, a autoria admite um conceito extensivo que leva a equipar às pessoas singulares as pessoas colectivas e outras entidades equiparadas. As pessoas colectivas apenas não têm responsabilidade se a sua direcção não estiver implicada na infracção e tiver adoptado todas as medidas necessárias para prevenir a sua comissão, nos termos da Recomendação 18/88, do Conselho da Europa. Adopta-se, pois, a teoria do domínio do facto, aplicável também nas omissões.

– As pessoas colectivas em causa são, para além das pessoas colectivas, referidas nos arts. 157.º e ss. do C. Civil, as sociedades, conforme também referido (comerciais ou civis sob a forma comercial), sendo equiparadas, nomeadamente, segundo o art. 2.º do C. do IRC, as cooperativas, as empresas públicas, e outras entidades, como heranças jacentes, sociedades sem registo e outras, ainda que não tendo sede no país, mas aqui produzam rendimentos não tributados.

– *Quanto a cooperativas, a responsabilidade é, em princípio, do presidente ou dos directores, nos termos do art. 55.º da Lei 51/96, de 7/9 e às empresas públicas, dos gestores, nos termos da Lei n.º35/99, de 26/5.*

– *No n.º 4, adopta-se uma limitação à dita extensão do conceito de autor, excuindo, nas contra-ordenações, aqueles que não detenham certas qualidades ou relações especiais, como sejam a de titulares de órgãos, conforme consta do art. 16.º n.º 3 da LQCO.*

– *No n.º 5 consagra-se uma fonte de responsabilidade fiscal que reflecte o regime especial da própria lei tributária, em que incluem os gerentes de facto, entre os responsáveis subsidiários. Assim assinalou, v. g., António Carvalho Martins, em Responsabilidade dos Administradores ou Gerentes por Dívidas de Impostos, Coimbra Editora, p. 5, com referência, ao art. 13.º do CPPT, ao referir-se às "pessoas que exerçam, ainda que somente de facto, as funções de administração nas empresas e sociedades de responsabilidade limitada".*

JURISPRUDÊNCIA:

– *A associação em participação não é uma sociedade. Verifica-se um contrato de conta em participação quando exista uma estrutura associativa caracterizada pela actividade económica de uma pessoa com a participação de outra (ou outras) nos lucros ou perdas resultantes da mesma actividade – ac. do STJ de 11/6/91 no proc 80457, disponível na NET.*

– *Uma sociedade comercial ainda não registada constitui um património autónomo com personalidade judiciária activa e passiva – ac. da Relação de Lisboa de 8/2/96 n.º 5066, da JTRL, na base de dados da DGSI, disponível na NET.*

– *As pessoas colectivas podem ser criminalmente responsáveis por actos em seu nome praticados por representantes de facto – ac. da Relação de Lisboa de 28/1/03 na C.J. de 28/1/03, ano XXVII, tomo I, p. 30.*

ARTIGO 8.º
Responsabilidade civil pelas multas e coimas

1 – Os administradores, gerentes e outras pessoas que exerçam, ainda que somente de facto, funções de administração em pessoas colectivas e outras entidades fiscalmente equiparadas são subsidiariamente responsáveis:

a) Pelas multas ou coimas aplicadas a infracções por factos praticados no período do exercício do seu cargo ou por factos anteriores quando tiver sido por culpa sua que o património da sociedade ou pessoa colectiva se tornou insuficiente para o seu pagamento;
b) Pelas multas ou coimas por factos anteriores quando a decisão definitiva que as aplicar for notificada durante o período do exercício do seu cargo.

2 – A responsabilidade subsidiária prevista no número anterior é solidária se forem várias as pessoas a praticar os actos ou omissões culposos de que resulte a insuficiência do património das entidades em causa.

3 – As pessoas a quem se achem subordinados aqueles que, por conta delas, cometerem infracções fiscais são solidariamente responsáveis pelo pagamento das multas ou coimas àqueles aplicadas, salvo se tiverem tomado as providências necessárias para os fazer observar a lei.

4 – O disposto no número anterior aplica-se aos pais e representantes legais dos menores ou incapazes, quanto às infracções por estes cometidas.

5 – O disposto no n.º 3 aplica-se às pessoas singulares, às pessoas colectivas e entidades equiparadas.

6 – Quem colaborar dolosamente na prática de infracção tributária é solidariamente responsável pelas multas e coimas aplicadas pela prática da infracção, independentemente da sua responsabilidade pela infracção, quando for o caso.

7 – Sendo várias as pessoas responsáveis nos termos dos números anteriores, é solidária a sua responsabilidade.

NOTAS:
  – Os n.º 1, 2 e 6 regulam a responsabilidade civil individual como subsidiária, de gerentes, administradores e outras pessoas que exerçam funções

de administração, apenas no caso de coima ou multa aplicada por infracção fiscal. Afigura-se
  – Nos termos dos n.ᵒˢ 3 e 5, as pessoas colectivas e os estabelecimentos individuais de responsabilidade limitada são também solidariamente responsáveis pelo pagamento de multa ou coima que ao agente seja aplicada, a não ser que se prove também que este actuou contra a lei, mas no cumprimento de ordens expressas, ou de acordo com a vontade do cônjuge administrado.
  – Nos termos do art. 153.º n.º 2 do CPPT, a responsabilidade é subsidiária, em qualquer das seguintes circunstâncias:
    – inexistência de bens penhoráveis;
    – fundada insuficiência dos bens penhorados; e de acordo com elementos de que o órgão da execução fiscal disponha;
  – Acrescenta-se à insuficiência do património, a existência de dolo, embora, segundo o n.º 4 do art. 23.º da LGT, a culpa se presuma.
  – No caso dessa subsidiariedade, a responsabilidade é solidária entre os responsáveis, nos termos do n.º 7, o que está de acordo com o art. 21.º da LGT, e existe, salvo se se provar que o agente actuou contra ordens expressas.

Artigo 9.º
Subsistência da prestação tributária

O cumprimento da sanção aplicada não exonera do pagamento da prestação tributária devida e acréscimos legais.

NOTAS:
  – Cfr. art.129.º do C.P. e 78.º e ss. do CPPT. O pagamento da prestação tributária é, pois, efectuado:
    – voluntariamente;
    – em cobrança coerciva no tribunal tributário;
    – em reclamação de créditos;
    – em suspensão da pena, nos termos do art. 14.º deste regime.
  – Apesar de não existir disposição semelhante ao art. 48.º do RJIFA, no caso de se mostrar findo o processo por infracção fiscal e haver mercadorias apreendidas que sejam de arrestar para garantia do pagamento de prestação tributária, devem as mesmas ser colocadas à ordem da competente autoridade aduaneira, para pagamento em 30 dias de dívida existente à F.N., considerando-se, findo o prazo, restituídas – art. 81.º do CPPT, subsidiariamente (quanto a coimas) e por analogia (quanto a outro tipo de dívidas).

Artigo 10.°
Especialidade das normas tributárias e concurso de infracções

Aos responsáveis pelas infracções previstas neste diploma são somente aplicáveis as sanções cominadas nas respectivas normas, desde que não tenham sido efectivamente cometidas infracções de outra natureza.

NOTAS:

 – *Trata-se de disposição que clarifica que o regime especial é o aplicável, na esteira doutrina, e contrariando a jurisprudência do S.T.J. que, após a Reforma Fiscal de 1958/65, defendia a aplicação cumulativa das penas fiscais e comuns – cfr., por todos, o prof. Eduardo Correia na Rev. Leg. Jur. n.º 3350, p. 251.*

 – *Segundo Nuno Sá Gomes, em "Os crimes essencialmente fiscais como crimes especiais sui generis privilegiados", CTF n.º 376, p. 37, a falsificação existe sempre que sejam postos em causa interesses dos sócios não administradores e credores sociais.*

 – *Este autor considera ainda não ser efectivamente cometido crime nos casos de abuso de confiança, quando o substituto tributário não faz retenção na fonte, afigurando-se-lhe, no entanto, que pode ser caso de concurso com os tipos legais de fraude (fiscal).*

 – *Interessa, pois, verificar qual o bem jurídico protegido, se é o decorrente de infracção fiscal, ou crime comum.*

JURISPRUDÊNCIA:

 – *No sentido de a conduta do agente poder preencher as previsões de falsificação e burla (simples), verifica-se concurso real ou efectivo de crimes – assento (as.) de 19/2/92 no D.R.II s., n.º 84, de 9/4/92.*

 – *É de interpretar a norma do art. 14.º do RJIFNA como apenas permitindo a pronúncia feita, em alternativa, pelo crime de fraude fiscal ou pelas 35 contra-ordenações previstas e punidas pelos arts. 22.º, 95.º do C. IVA e 29.º do RJIFNA, em obediência ao princípio "ne bis in idem" com assento no art. 29.º n.º 5 da Constituição". (...) Considera muito complexa a questão se há concurso efectivo ou concurso aparente determinado comportamento tipificado pela lei penal. Na sua vertente substantiva (cf. Germano Marques da Silva; DPP I, Lisboa, p. 305, nota 2), o princípio "ne bis in idem" proíbe a punição da mesma infracção – acs. T. Constitucional de 26/2/97 no D. R. II s. n.º 88, de 15/4/97[5] e de 29/4/99 no D. R. II s., de 12/7/99, p. 10075 e ss.*

– O RJIFNA impede a consideração autónoma dos mesmos factos como burla, mas na medida em que integrem contravenção, embora já prescrita, podem dar lugar à apreciação de pedido cível, atento o art. 377.º do CPP, na interpretação do A. F. J. n.º 7/99, do STJ, de 17/6 – ac. do STJ de 17/1/02 em ACS do STJ –CJ, Ano X, tomo III, p. 207.

Artigo 11.º
Definições

Para efeitos do disposto neste diploma consideram-se:

a) Prestação tributária: os impostos, direitos aduaneiros, direitos niveladores agrícolas e demais imposições, incluindo taxas e outras receitas fiscais ou parafiscais cuja cobrança caiba à administração tributária ou à administração da segurança social;
b) Serviço tributário: serviço da administração tributária ou da administração da segurança social com competência territorial para proceder à instauração dos processos tributários;
c) Órgãos da administração tributária: todas as entidades e agentes da administração tributária ou da administração da segurança social a quem caiba levar a cabo quaisquer actos ordenados por uma autoridade judiciária ou determinados por este diploma;
d) Valor elevado e valor consideravelmente elevado: os definidos nas alíneas a) e b) do artigo 202.º do Código Penal;
e) Mercadorias em circulação: as mercadorias desde a entrada no País ou saída do local de produção até entrarem na posse do consumidor final, não se considerando na posse deste as

---

[5] Ainda a admitir que tal pudesse ser questão de julgamento, mas a inflectir admitindo reclamação, atentas as condicionantes no processo, nomeadamente no estatuto do arguido.

existentes em explorações agrícolas, estabelecimentos comerciais ou industriais ou suas dependências, quando se destinem ao comércio;
f) Meios de transporte em circulação: os meios de transporte, terrestres, fluviais, marítimos e aéreos, sempre que não se encontrem, respectivamente, aparcados em garagens exclusivamente privadas, ancorados, atracados ou fundeados nos locais para o efeito designados pelas autoridades competentes e estacionados nos hangares dos aeroportos internacionais ou nacionais, quando devidamente autorizados.

NOTAS:
– As alíneas a) e b) desenvolvem e adaptam os arts. 3.º e 18.º da LGT. Abrange, os impostos – como o imposto sobre o rendimento –, taxas – como as portagens –, e outras receitas fiscais – que visam contribuir para maiores despesas, mas que são autênticos impostos, como o imposto de camionagem –, e parafiscais – como as contribuições da segurança social[6].
– Os direitos aduaneiros visam a protecção do mercado nacional, podendo ser, segundo os arts. 3.º a 5.º do Dec.-Lei n.º 115-G/85, de 21/2, direitos niveladores – de taxa móvel igual à diferença entre o preço limiar do produto de base e o preço CIF[7] *atribuído ao produto importado – ou compensadores – da diferença entre o preço arbitrado ao produto importado e o preço mínimo de entrada.*
– Os serviços tributários e os órgãos da administração tributária constam, fundamentalmente, das respectivas leis orgânicas da DGI, DGAIEC e dos institutos da segurança social[8]*, que também ficam abrangidos pelo conceito "tributário".*
– A alínea c) adapta o conceito do art. 1.º al. c) do C.P.P., que define órgão de polícia criminal (OPC).
– A alínea d) assume o critério do art. 202.º do C. Penal, o qual sempre seria subsidiariamente aplicável, sendo a UC (unidades de conta): este foi criada pelo art. 5.º do Dec.-Lei n.º 212/89, de 30-6, como correspondente a

---

[6] Adiante serão referidos alguns dos principais diplomas em vigor dos impostos, cujo texto actualizado está disponível na NET, site www.dgci.minfinanças.pt..

[7] Cost, insurance and freight, incluindo, pois, o custo da mercadoria, o seguro e frete.

[8] Sobre os mesmos e respectivos órgãos, se referirá no art. 41.º deste regime.

uma quantia em dinheiro equivalente a ¹/₄ do salário mínimo nacional (SMN) mais elevado, garantido aos trabalhadores por conta de outrem, actualizada trienalmente. A última actualização com efeitos desde 1/1/2004, operada pelo Dec.-Lei n.º 320-C/2002, de 30/12, para € 89,15; o valor é elevado se superior a 50 UC´s, ou seja, a € 4 457,5; e consideravelmente elevado se superior a 200 UC´s, ou seja, a € 17 830.
   – *Segundo o Código Aduaneiro Comunitário (CAC), aprovado pelo Reg(CEE) n.º 2913/92, do Conselho, de 12/10/92 e respectivas disposições de aplicação constantes do Regulamento (CEE) n.º 2454/93, de 2/7/93, de que existe a edição Asa, de Nuno da Rocha, as mercadorias podem entrar em circulação, fundamentalmente, mediante 2 procedimentos, segundo explicita Feliciano Martins, em Mercado interno e a circulação de mercadorias na Comunidade, ed. Vega:*
     – *no caso de trânsito comunitário externo – para as mercadorias que se encontram de passagem, sendo provenientes de terceiros países, como os da EFTA, e não sendo declaradas para o regime de livre prática – por declarações feitas em formulários T1; no caso de serem declaradas para livre prática, pagando os respectivos direitos aduaneiros,*
     – *de trânsito comunitário interno – para as mercadorias "comunitárias", que são as originárias dos estados-membros da União Europeia (UE) e para as que se encontram em livre prática –, mediante declarações feitas em formulários T2.*
   – *Como vimos, a declaração para regime costuma ser feito então no formulário documento único (DU), podendo optar o transportador pelo regime que pretende:*
     – *de entreposto, em que não são descarregadas;*
     – *de caução global, ficando para verificação posterior.*
   – *O transporte pode ainda ser efectuado ao abrigo das Convenções TIR[9] e ATA, pelo qual é possível a mercadoria circular mesmo por países terceiros como se fosse na comunidade, mediante, respectivamente o "carnet" ou caderneta TIR e o livrete ATA, assumindo as respectivas associações responsabilidades como garantes. No entanto, no caso das mercadorias sensíveis, como o tabaco, tal não é possível, sendo necessária a prestação de garantia individual.*

---

[9] De "transport internationale em route".

– Ainda segundo o CAC, a circulação pode, pois, efectuar-se por meios ferroviários, afectos à navegação aérea e marítima ou interior, e ainda por canalização, como acontece com o gás natural. Meios de transporte são, pois, os veículos, atrelados e contentores aprovados para o transporte sob selagem aduaneira.

– No caso do transporte ferroviário, os documentos T1 e T2 são substituídos, por uma guia de remessa, de acordo com regras uniformes a que é sujeito o contrato internacional de mercadorias (CIM), pelo qual a companhia de caminhos-de-ferro se assume como responsável principal pelo trânsito, e assim garante do mesmo – sobre tal, cfr. arts. 26.º e 35.º Convenção relativa aos transportes internacionais (COTIF), aprovada pelo Dec. do MNE n.º 50/85, de 27/11, modificada pelo Dec. n.º 10/97, de 19/2.

– Também os vagões, utilizados no transporte ferroviário, embora particulares, podem constituir meios de transporte, decorrendo ainda neste caso o transporte sob a responsabilidade do transportador, e do respectivo proprietário – sobre tal, cfr. a Convenção relativa ao transporte internacional de vagões particulares (RIP), em anexo ao anterior decreto.

JURISPRUDÊNCIA:
– Uma portaria não se pode susbtituir a um dec.-lei para a alteração dos prazos dos avisos dos direitos niveladores, cabendo os avisos na previsão do anterior n.º 3 do art. 122.º da Constituição (actual n.º 3 do art. 119.º) – reserva de lei da Assembleia da República –, pelo que o n.º 3 da Portaria n.º 241/85, de 30/4, é inconstitucional-ac do TC de 13/1/1999 no D. R. II s. De 12/3/99.

– Das adaptações do conceito de "importação" derivadas do CAC resulta que lhe correspondem os conceitos de "introdução em livre prática e/ou no consumo" – ac. do STJ de 17/1/02 em ACS do STJ – CJ, Ano X, tomo III, p. 207.

Capítulo II
Disposições aplicáveis aos crimes tributários

Artigo 12.°
Penas aplicáveis aos crimes tributários

1 – As penas principais aplicáveis aos crimes tributários cometidos por pessoas singulares são a de prisão até oito anos ou a multa de 10 até 600 dias.

2 – Aos crimes tributários cometidos por pessoas colectivas ou entes fiscalmente equiparados é aplicável a pena de multa de 20 até 1920 dias.

3 – Sem prejuízo dos limites estabelecidos no número anterior e salvo disposição em contrário, os limites mínimo e máximo das penas de multa previstas nos diferentes tipos legais de crimes são elevados para o dobro sempre que sejam aplicadas a uma pessoa colectiva ou ente fiscalmente equiparado.

NOTAS:
– A pena de prisão do n.º 1 tem o limite máximo aumentado de 5 para 8 anos de prisão, em função do novo tipo legal de burla tributária (art. 87.º deste regime).
– Cfr. arts. 48.º(substituição de multa por trabalho) e 49.º (conversão de multa não paga em prisão subsidiária) do C. P.; cfr. ainda Dec.Lei n.º 375/97, de 24/12, o qual regulamenta o trabalho a favor da comunidade, cuja organização está a cabo do Instituto de Reinserção Social, em várias actividades de apoio social.
– De notar que, no caso das pessoas colectivas, as penas de multa dos n.ºs 2 e 3 são agravadas ao dobro, com o limite de 1920 dias.

Artigo 13.°
Determinação da medida da pena

Na determinação da medida da pena atende-se, sempre que possível, ao prejuízo causado pelo crime.

NOTAS:
– Derroga aparentemente o art. 71.º n.º 1 do C.P., em que se prevê que a medida da pena seja feita em função da culpa do agente e das exigências de prevenção.

– O legislador com este dispositivo quer dar antes uma indicação, na determinação em concreto da mesma, que o n.º 2 daquele art. 71.º faz depender de vários factores, desde logo o grau de ilicitude do facto que, assim, resulta explicitado como essencial quanto à gravidade das suas consequências, sendo que a eventual conduta reparadora do agente também pode ser especialmente de atender.

ARTIGO 14.º
Suspensão da execução da pena de prisão

1 – A suspensão da execução da pena de prisão aplicada é sempre condicionada ao pagamento, em prazo a fixar até ao limite de cinco anos subsequentes à condenação, da prestação tributária e acréscimos legais, do montante dos benefícios indevidamente obtidos e, caso o juiz o entenda, ao pagamento de quantia até ao limite máximo estabelecido para a pena de multa.

2 – Na falta do pagamento das quantias referidas no número anterior, o tribunal pode:

a) Exigir garantias de cumprimento;
b) Prorrogar o período de suspensão até metade do prazo inicialmente fixado, mas sem exceder o prazo máximo de suspensão admissível;
c) Revogar a suspensão da pena de prisão.

NOTAS:
– Cfr. os arts 50.º a 57.º do C. P. que resultam derrogados, quanto às condições e deveres impostos, em que se inclui sempre a obrigação de pagamento a prestação tributária, juros e multa fixada. A suspensão da pena de prisão é possível, caso a pena aplicada não exceda os 3 anos de prisão – art. 50.º n.º 1 do C.P.

– Sobre juros das dívidas ao Estado, cfr. art. 35.º e 44.º da LGT e o Dec.-Lei n.º 73/99, de 13/3, em que se que prevê a taxa de juros

compensatórios equivalente à taxa suplectiva, embora com capitalização, e a taxa de juros de mora de 1% ao mês, num máximo de 5 anos, não levanta problemas de aplicação, conforme refere Casalta Nabais, em O Dever Fundamental de Pagar Impostos, Coimbra Editora, p. 369, por a primeira estar abrangida por reserva de lei e a segunda não configurar uma alteração real de impostos.

– As garantias de cumprimento são devidas ou podem ser exigidas, caso as mercadorias e outros objectos apreendidos, ou a caução eventualmente pré-existente, que pode ser global, sejam insuficientes. Nos termos dos arts. 52.º e 53.º da LGT, e por remissão para os arts 183.º, 183.º A, 195.º e 199.º do CPPT:, pode ser constituída por garantia bancária, caução, seguro-caução ou, nos termos gerais por depósito de dinheiro, títulos de crédito, pedras ou metais preciosos, penhor, ou hipoteca, nos termos dos arts. 623.º a 732.º do C. Civil, sendo recomendável estas 2 últimas formas, sempre que exista risco financeiro.

– A pena extingue-se, se, decorrido o prazo de suspensão, não houver motivo de revogação: art. 57.º n.º 1 do C.P.

JURISPRUDÊNCIA:
– Neste tipo de crime (contrabando), em regra, só o cumprimento da pena de prisão alcança os seus objectivos de prevenção, não sendo de decretar a suspensão da pena – mesmo ac. e o do S.T.J. de 7/5/86 no B.M.J. 357, p. 195.

– O tribunal, ao condicionar a suspensão da pena de prisão ao pagamento de montante em dívida à Segurança Social, deve indagar se o arguido tem condições para satisfazer essa obrigação ou se esse valor já foi obtido por aquela instituição, não bastando que se dê como provado que o arguido é "industrial da construção civil, apto para o trabalho, encontrando-se neste momento desempregado"-ac. do STJ de 17/10/02 em ACS. STJ-CJ ano X, tomo III, p. 207.

ARTIGO 15.º

Pena de multa

1 – Cada dia de multa corresponde a uma quantia entre € 1 e € 500, tratando-se de pessoas singulares, e entre € 5 e € 5000, tratando-se de pessoas colectivas ou entidades equiparadas, que o tribunal fixa em função da situação económica e financeira do condenado e dos seus encargos.

2 – Sobre a pena de multa não incidem quaisquer adicionais.

NOTAS:
– Equivale sensivelmente ao art. 44.º do C. P. em que se prevê que a multa diária vá de 200$ a 100 000$, em função da situação económica e financeira do condenado e seus encargos pessoais, embora, quanto às pessoas colectivas haja que se atentar ao agravamento ao dobro previsto no art. 12.º, elegendo-se como determinante, para a sua graduação, a situação financeira e económica, como é regra nas penas pecuniárias.

– Os adicionais sobre as multas há muito que se têm entendido estarem extintos, por força da revisão operada no art. 63.º do antigo C. Penal – cfr. CCJ de Manuel Barros Mouro, 1979, p. 257.

Artigo 16.º
Penas acessórias aplicáveis aos crimes tributários

1 – São aplicáveis cumulativamente aos agentes dos crimes tributários as seguintes penas acessórias:

a) Interdição temporária do exercício de certas actividades ou profissões;
b) Privação do direito a receber subsídios ou subvenções concedidos por entidades ou serviços públicos;
c) Perda de benefícios concedidos, ainda que de forma automática, franquias aduaneiras e benefícios concedidos pela administração da segurança social ou inibição de os obter;
d) Privação temporária do direito de participar em feiras, mercados, leilões ou arrematações e concursos de obras públicas, de fornecimento de bens ou serviços e de concessão, promovidos por entidades ou serviços públicos ou por instituições particulares de solidariedade social comparticipadas pelo orçamento da segurança social;
e) Encerramento de estabelecimento ou de depósito;

f) Cassação de licenças ou concessões e suspensão de autorizações;
g) Publicação da sentença condenatória a expensas do agente da infracção;
h) Dissolução da pessoa colectiva;
i) Perda de mercadorias, meios de transporte e outros instrumentos do crime.

NOTAS:
– Cfr. arts. 65.º a 69.º do C. P. que resultam derrogados. Com as alterações entretanto introduzidas pode qualquer destas penas acessórias ser aplicada, mesmo cumulativamente, e na al. c) a suspensão de benefícios foi substituída pela perda de benefícios.

– Quanto à interdição do exercício da profissão de técnico oficial de contas, cfr. arts 59.º e ss. do Dec.-Lei n.º 322/99, de 12/8, em que se prevê a suspensão temporária até 3 anos, sendo especialmente graves os actos em que:

– quebrem o segredo profissional, fora dos casos admitidos, ou seja, sem consentimento, sem dispensa judicial, ou não sendo para informação relevante da DGI, ou da IGF, nos termos da sua competência, constante da Lei n.º 353/89, de 16-10 –, e para as próprias empresas ou de outro organismo competente, e ficando estas entidades também vinculadas pelo dever de segredo;

– que conduzam à ocultação, destruição, inutilização, falsificação ou viciação dos documentos ou declarações fiscais, nomeadamente, estando implicadas infracções fiscais ou financeiras, como as que podem ocorrer com a concessão de benefícios fiscais, ou com a atribuição subsídios ou subvenções.

– A sanção de expulsão prevista para estes casos tem de ser disciplinarmente imposta – art. 67.º do C. P.

JURISPRUDÊNCIA:
– O que se consagra no artigo 30.º n.º 4 da Constituição é a proibição da existência de penas acessórias automáticas (ou de efeitos da condenação) que levem à perda de quaisquer direito civis, profissionais ou políticos, seja em consequência de qualquer pena – principal –, seja como decorrência da condenação em qualquer crime pelo que são inconstitucionais os preceitos da lei ordinária que estatuírem que o juiz, se condenar por um determinado

crime um arguido (ou seja lhe impuser determinada pena) haverá automática e obrigatoriamente, de lhe impor certa pena – acessória – sem que, para tanto, tenha de atentar se essa aplicação, no caso concreto, é justificada, necessária e proporcional – ac. do T. Constitucional de 17/6/94, publicado no D.R. II s. de 17/4/94.

– O art. 43.º do C. Comercial não foi revogado pelo art. 519.º n.º 1 do CPC de 1961, na versão de 1967, de modo que só poderá proceder-se a exame dos livros e documentos do comerciante quando a pessoa a quem pertençam tenha interesse ou responsabilidade na questão em que tal apresentação foi exigida-ac. n.º 2/98 do STJ no D.R., I s. de 8/1/98.

ARTIGO 17.º
Pressupostos de aplicação das penas acessórias

1 – As penas a que se refere o artigo anterior são aplicáveis quando se verifiquem os pressupostos previstos no Código Penal, observando-se ainda o disposto nas alíneas seguintes:

a) A interdição temporária do exercício de certas actividades ou profissões poderá ser ordenada quando a infracção tiver sido cometida com flagrante abuso da profissão ou no exercício de uma actividade que dependa de um título público ou de uma autorização ou homologação da autoridade pública;

b) A condenação nas penas a que se referem as alíneas b) e c) deverá especificar os benefícios e subvenções afectados, só podendo, em qualquer caso recair sobre atribuições patrimoniais concedidas ao condenado e directamente relacionadas com os deveres cuja violação foi criminalmente punida ou sobre incentivos fiscais que não sejam inerentes ao regime jurídico aplicável à coisa ou direitos beneficiados.

c) O tribunal pode limitar a proibição estabelecida na alínea d) a determinadas feiras, mercados, leilões e arrematações ou a certas áreas territoriais;

d) Não obsta à aplicação da pena prevista na alínea e) a transmissão do estabelecimento ou depósito ou a cedência de direitos de qualquer natureza relacionados com a exploração

daqueles, efectuada após a instauração do processo ou antes desta mas depois do cometimento do crime, salvo se, neste último caso, o adquirente tiver agido de boa fé;
e) O tribunal pode decretar a cassação de licenças ou concessões e suspender autorizações, nomeadamente as respeitantes à aprovação e outorga de regimes aduaneiros económicos ou suspensivos de que sejam titulares os condenados, desde que o crime tenha sido cometido no uso dessas licenças, concessões ou autorizações;
f) A publicação da sentença condenatória é efectuada mediante inserção, em dois jornais periódicos, dentro de 30 dias posteriores ao trânsito em julgado, de extracto organizado pelo tribunal, contendo a identificação do condenado, a natureza do crime, as circunstâncias fundamentais em que foi cometido e as sanções aplicadas;
g) A pena de dissolução de pessoa colectiva só é aplicável se esta tiver sido exclusiva ou predominantemente constituída para a prática de crimes tributários ou quando a prática reiterada de tais crimes mostre que a pessoa colectiva está a ser utilizada para esse efeito, quer pelos seus membros, quer por quem exerça a respectiva administração.

2 – As penas previstas nas alíneas a), b), d), e) a f) e a inibição de obtenção de benefícios fiscais, franquias aduaneiras e benefícios concedidos pela administração da segurança social, prevista na alínea c), todas do artigo anterior, não podem ter duração superior a três anos contados do trânsito em julgado da decisão condenatória.

NOTAS:
  – *Nos termos do art. 66.º do C.P., para que remete, é necessário que o crime cometido seja punido com pena de prisão superior a 3 anos de prisão, derrogando-se, no n.º 2, o período da interdição para 3 anos, quando em geral está previsto decorrer por 2 a 5 anos. A alteração no n.º 2. pela qual foi excluída a al. c) adequa-se à perda de benefícios entretanto prevista.*
  – *A disposição da al. a) assume especial importância num contexto em que, segundo o art. 108.º do C. Procedimento Administrativo (CPA), aprovado pelo Dec-Lei n.º 6/96, de 31/1, existe deferimento tácito para o exercício de*

certas profissões ou actividades para as quais está previsto, em leis especiais, a obtenção de título, autorização ou homologação.

— Quanto à al. b), nos termos do art. 21.º do Dec.-Lei n.º 28/84, de 21/1, subsídio ou subvenção é a prestação feita a empresa ou unidade produtiva, à custa de dinheiros públicos, quando tal prestação:

– não seja, pelo menos em parte, acompanhada de contraprestação segundo os termos normais de mercado;
– ou quando se tratar de prestação inteiramente reembolsável sem exigência de juro ou com juro bonificado;

e deva, pelo menos, em parte, destinar-se ao desenvolvimento da economia.

— Quanto à al. c), ao limitar a participação a certas feiras e mercados, visam-se salvaguardar princípios constitucionais.

— A al. d) está de acordo com o respeito devido a terceiros de boa fé, nos termos do art. 111.º do C. Penal.

— Os regimes económicos referidos na al. e) em matéria aduaneira, são, de acordo com regulamentos, nomeadamente, o das Alfândegas e outros comunitários, podendo ter interesse a sua aplicação para além o regime geral de caução global. O regime suspensivo, em que não ocorre o pagamento imediato da prestação, o qual fica dependente da circulação ou trânsito, que se comprova documentalmente e é comprovável também por fiscalização, embora se tenha vindo a referir em vários relatórios do Conselho das Comunidades da grande falibilidade do mesmo, donde também o especial interesse na aplicação desta disposição.

— A publicidade da condenação, prevista na al. f), não levanta, em princípio, problemas, quanto à sua constitucionalidade, por limitadas a 2 publicações.

— A extinção da pessoa colectiva, prevista na al. g), está de acordo com o art.42.º al c) do CSC, em que se prevê que a mesma tenha lugar quando haja objecto ilícito ou contrário à ordem pública.

JURISPRUDÊNCIA:

— A publicação da decisão judicial de condenação em jornais diários de maior tiragem — editados em Lisboa e Porto — e por 2 dias consecutivos não afecta o bom nome da recorrente, visando a própria eficácia da sentença, nas situações em que certas particularidades do caso o reclamem — ac. n.º 249/00, do T C de 12/4/2000, com sumário disponível na NET.

Artigo 18.º
Perda de mercadorias objecto do crime

1 – As mercadorias que forem objecto dos crimes previstos nos artigos 92.º, 93.º, 94.º, 95.º, n.º 1, alínea a) e 96.º deste diploma serão declaradas perdidas a favor da Fazenda Nacional, salvo se pertencerem a pessoa a quem não possa ser atribuída responsabilidade na prática do crime.

2 – No caso de se verificar a hipótese prevista na parte final do número anterior, o agente será condenado a pagar à Fazenda Nacional uma importância igual ao valor das mercadorias, sendo o seu proprietário responsável pelo pagamento dos direitos e demais imposições que forem devidos.

3 – Quando as mercadorias pertencerem a pessoa desconhecida não deixarão de ser declaradas perdidas.

4 – Se as mercadorias não tiverem sido apreendidas, o agente responderá pelo quantitativo equivalente ao seu valor de mercado, salvo quando o mesmo não se possa determinar, caso em que o agente pagará uma importância a fixar pelo tribunal entre € 15 e € 15 000.

5 – Sem prejuízo dos casos em que por lei é vedada, os interessados poderão requerer a reversão das mercadorias sujeitas a perda a favor da Fazenda Nacional, desde que, satisfeitas a multa e demais quantias em dívida no processo, paguem uma importância igual ao seu valor.

6 – As mercadorias perdidas a favor da Fazenda Nacional nos termos do presente artigo, quando se trate de equipamentos de telecomunicações e de informática ou outros com interesse para a instituição que procedeu à sua apreensão, ser-lhe-ão afectos sempre que esta reconheça interesse na afectação.

NOTAS:
– Ver arts. 47.º n.ᵒˢ 3 e 4 (pagamento em prestações até 1 ano), 109.º (perda de instrumentos e produtos), 110.º (objectos de terceiros), 111.º (perda de vantagens) e 112.º (pagamento deferido, por dificuldades económicas) do C.P.; sobre a necessidade de validação da apreensão, e reclamação desta decisão, art. 178.º n.ᵒˢ 5 e 6 do C.P.P. .

– Na generalidade dos crimes aduaneiros, as mercadorias são apreendidas, a fim de serem declaradas perdidas para o Estado, o que, no entanto que não está previsto para a:
- tentativa de fraude no transporte (sendo que neste caso pode haver contra-ordenação);
- violação de garantias (decerto por óbvia impossibilidade);
- quebra de marcos e selos;
- receptação;
- e auxílio material.

No entanto, nestes casos a apreensão pode ocorrer quanto a outro crime habitualmente associado, relativamente ao qual seja possível a apreensão.

– A reversão está agora admitida desde que pelas mercadorias se pague uma importância igual ao seu valor.

– Não sendo apreendidas as mercadorias (nomeadamente por não se saber delas), o agente é condenado a pagar uma quantia equivalente ao seu valor, entre cerca de 3 000$00 e 3 000 000$00, sendo que as mercadorias declaradas perdidas podem ser afectas, obviamente por despacho fundamentado da entidade competente, à instituição que procedeu à apreensão, não se especificando se tal pode ter lugar provisoriamente, conforme está expressamente previsto no caso do n.º 3 do art. seguinte, de que parece resultar essa impossibilidade.

Artigo 19.º
Perda dos meios de transporte

1 – Os meios de transporte utilizados para a prática dos crimes previstos no n.º 1 do artigo anterior serão declarados perdidos a favor da Fazenda Nacional, excepto se:

a) For provado que foi sem conhecimento e sem negligência dos seus proprietários que tais meios foram utilizados, caso em que o infractor pagará o respectivo valor;
b) O tribunal considerar a perda um efeito desproporcionado face à gravidade da infracção e, nomeadamente, ao valor das mercadorias objecto da mesma, caso em que fixará a perda da quantia que entender razoável.

2 – À perda de meios de transporte é aplicável, com as necessárias adaptações, o disposto nos n.ºs 3 e 5 do artigo anterior.

3 – Os meios de transporte perdidos a favor da Fazenda Nacional nos termos do presente artigo serão afectos à instituição que procedeu à sua apreensão, sempre que esta reconheça o interesse na afectação.

NOTAS:
   – A perda dos meios de transporte continua a comportar na prática 2 excepções:
      – provar-se que tais meios foram utilizados sem conhecimento e sem negligência dos seus proprietários;
      – ser a perda desproporcionada à gravidade da infracção.
   – Quanto à desproporção, e apesar de não constar nesta disposição que se deva aferir a gravidade pela medida da mercadoria ilicitamente transportada, em relação à restante eventual mercadoria, o que constava do n.º 2 do art. 45.º do RJIFA., pode ser de levar em conta as consequências decorrentes da possível perda total das mesmas, não se decretando a perda desta última.
   – A apreensão dos veículos perdidos a favor da F.N. tem de ser comunicada à Direcção-geral do Património do Estado: sobre os procedimentos respectivos, cfr. C. Penal de 1982, de Leal-Henriques e Simas Santos, vol. 1, p. 522 e ss., Rei dos Livros.

Artigo 20.º
Perda de armas e outros instrumentos

1 – As armas e demais instrumentos utilizados para a prática de quaisquer crimes aduaneiros, ou que estiverem destinadas a servir para esse efeito, serão declarados perdidos a favor da Fazenda Nacional, salvo se se provar que foi sem conhecimento e sem culpa dos seus proprietários que tais armas e instrumentos foram utilizados, caso em que o infractor pagará o respectivo valor.

2 – É aplicável, com as necessárias adaptações, o disposto no n.º 3 do artigo 18.º e, quanto aos instrumentos que não sejam armas, é-lhes aplicável o disposto no n.º 5 do mesmo artigo.

3 – As armas, munições e outros instrumentos perdidos a favor da Fazenda Nacional, nos termos do presente artigo, serão afectos à Brigada Fiscal sempre que por despacho do Comandante-Geral da Guarda Nacional Republicana for reconhecido o seu interesse para a actividade policial.

NOTAS:
– Cfr. art. 275.º do C. P. e art. 89.º n.º 2 e 97.º deste regime, de cujo tipo legal o destino da sua utilização, ou esta mesmo, é elemento.
– Sobre armas regula o art. 275.º n.º 1 do C. Penal que prevê a punição de armas de fogo proibidas, com 2 a 5 anos de prisão; a Lei n.º 22/97, de 27/6, rectificada pela Lei n.º 93-A/97, de 22/8, e na redacção da Lei n.º 98/ /2001, de 25/8, prevê a punição de detenção de armas de defesa, não manifestadas nem registadas, ou sem a necessária licença, com pena de prisão até 2 anos ou multa até 240 dias, aplicável a quem as trnsmitir ou às respectivas licenças.
– A afectação à Brigada Fiscal, por despacho do Comandante-Geral da G.N.R., entendia-se, atendendo a que a mesma constituia, à data do presente regime revisto (1991), a única força policial armada, com intervenção especificamente prevista; agora que está também prevista a intervenção da P.J., é de admitir que nestes casos, seja possível a afectação das armas por esta apreendidas a esta instituição.

Artigo 21.º
**Prescrição, interrupção
e suspensão do procedimento criminal**

1 – O procedimento criminal por crime tributário extingue-se, por efeito de prescrição, logo que sobre a sua prática sejam decorridos cinco anos.

2 – O disposto no número anterior não prejudica os prazos de prescrição estabelecidos no Código Penal quando o limite máximo da pena de prisão for igual ou superior a cinco anos.

3 – O prazo de prescrição do procedimento criminal é reduzido ao prazo de caducidade do direito à liquidação da prestação tributária quando a infracção depender daquela liquidação.

4 – O prazo de prescrição interrompe-se e suspende-se nos termos estabelecidos no Código Penal, mas a suspensão da prescrição verifica-se também por efeito da suspensão do processo, nos termos previstos no n.º 2 do artigo 42.º e no artigo 47.º.

NOTAS:
– *Trata-se de disposição que sofreu profundas alterações, mantendo-se aparentemente o n.º 1, que foi extendido às infracções aduaneiras, estando já abrangidos os crimes contra a Segurança Social.*
– *Entre essas alterações sobressai desde logo a do n.º 2, tornando aplicável ao procedimento pelos crimes puníveis com pena de prisão igual ou superior a 5 anos, em que o prazo de prescrição é de 10 anos, nos termos do art. 118.º al. b) do CP, aplicável manifestamente aplicável à burla tributária, prevista nos n.ºs 2 e 3 do art. 87.º, e à associação criminosa, prevista no art. 89.º n.º 1 deste regime, alargando-se, assim, o prazo de prescrição, o que não era possível anteriormente quanto aos crimes puníveis com 5 anos de prisão, por falta de norma que o permitisse, dado o teor do art. 15.º n.º 2 do RJIFNA.*
– *Contudo, da conjugação do n.º 1 com o n.º 3 deste dispositivo resulta que o prazo de prescrição pode ficar encurtado em alguns casos, por força da redução do prazo de prescrição de liquidação para 4 anos. Crê-se que serão casos pontuais, em que sobressai o IRS, atento o regime de entregas entretanto consagrado para o IRC.*
– *Com efeito, por via do disposto no art. 45.º n.º 1 da L.G.T., com a alteração introduzida pela Lei do OE de 2003, várias extensões do prazo de caducidade ocorrem. Assim, foi aí explicitado que nos impostos periódicos, como é o caso dos impostos sobre o rendimento, o prazo se conta "a partir do termo do ano em que se verificou o facto tributário", sendo que apenas nos impostos de obrigação única é a "data em que o facto tributário ocorreu" que conta. Também quanto ao IVA, "o prazo se conta a partir do início do ano civil seguinte àquele em que se verificou a exigibilidade do imposto". Estabeleceram-se, assim, desvios à regra durante muito tempo aceite, para o caso de a administração fiscal ter de proceder a liquidação, de interessar o primeiro acto (e não as liquidações adicionais) – neste sentido, Brás Teixeira, em Lições de Direito Fiscal, p. 337 e Finanças Públicas e Direito Financeiro, p. 287, e Cardoso da Costa, Direito Fiscal, Lições de 1967/68, p 246 e ss.*
– *Do art. 45.º n.º 2 da LGT, resulta que, no caso de determinação por métodos indirectos – a ser possível o procedimento criminal, com base nos mesmos, o que se afigura difícil, senão mesmo impossível, segundo a jurispru-*

dência mais recente –, o prazo de prescrição ficaria encurtado aos de 3 anos previstos para a liquidação.
  – Ainda do art. 45.º n.º 3 da LGT, resulta que, no caso de reporte de prejuízos,[10] *o prazo de caducidade é o do exercício desse direito que é, nos termos do art. 46.º do C. IRC, de 2 anos, aplicável para efeitos de verificação se se mantem a participação, e a percentagem de 25%, no capital social da sociedade detida.*
  – Finalmente, dos arts. 46.º da LGT e 36.º n.º 2 e 3 do regulamento de inspecção tributária(RIT), aprovado pelo Dec.-Lei n.º 413/98, de 31/12, mas alterados pela Lei de Orçamento para 2003 resulta, em caso de inspecção fiscal, o direito à liquidação tenha de ser exercido no prazo de 6 meses, a contar da notificação do despacho ao contribuinte que a determinou. Contudo, prevendo-se a prorrogação do prazo para concluir a inspecção até 1 ano e que, no caso de ser interposto recurso da decisão que determinou o acesso a elementos bancários, a suspensão se mantenha até decisão do tribunal, parece que estas regras não podem servir para extender o prazo de prescrição; quanto ao n.º 3 do dispositivo em anotação apenas se prevê a aplicação do prazo de caducidade para redução. Existindo outras causas de alongamento de prazo de prescrição, pronunciaram-se, no sentido da inconstitucionalidade, por ofensa aos princípios da segurança jurídica e da exigibilidade ou da necessidade, Paulo Pitta e Cunha e Jorge Costa Santos, Responsabilidade Tributária dos Administradores ou Gerentes, ed. Lex, 1999.
  – Com a aplicação destes 4 referidos possíveis encurtamentos que resultam da lei fiscal quanto ao prazo de caducidade, como agora se impõe, por remissão, afigura-se que[11] *se torna o sistema de cômputo bastante complexo, com as consequentes incertezas que acarreta, em domínio tão sensível*

---

[10] O qual consiste na possibilidade de deduzir lucros distribuídos em outras sociedades, a saber:
  – sociedades detidas directamente em participação não inferior a 25% do seu capital social;
  – soicedades de seguros e mútuas de seguros, com reservas técnicas aplicadas;
  – sociedades de capital de risco;
  – soiceades de fomento empresarial;
  – sociedades de investimento;
  – sociedades fianceiras de corretagem.

[11] Se é que não ofende o princípio de igualdade com os demais crimes comuns.

como o penal. Cumpre ainda assinalar que anteriormente era argumentado, para justificar o prazo superior de 5 anos[12]*, que tal se devia à relevância das funções cometidas pela lei fiscal ao sistema fiscal, baseando-se nos arts. 106.º e 107.º da CRP, e que assentava no estabelecimento de um regime de prescrição do procedimento menos favorável aos infractores, dificultando e desincentivando a fuga ao cumprimento dos deveres fiscais essenciais, pela satisfação das necessidades financeiras do Estado e demais entidades públicas e à realização de relevantes objectivos de justiça social – cfr. Barros Lima Guerreiro e Silvério Elias Mateus, em CPT Comentado, Edifisco, p. 68.*

– O prazo de prescrição suspende-se e interrompe-se, nos termos dos arts. 120.º e 121.º do CPP, interrompendo-se, nomeadamente, com a constituição de arguido, deixando.

– Por força da remissão do n.º 4, é ainda aplicável o art. 121.º n.º 3 do C.P. que estabelece limite à interrupção de metade do prazo normal de prescrição, cujo limite máximo total é, por exemplo, no caso do n.º 1 deste art. 21.º, de 7,5 anos,[13] *e não contando o prazo de suspensão que seja aplicável, que é limitado em mais 3 anos.*

– Finalmente, outra causa de suspensão do procedimento criminal tem sido admitida, com referência ao art. 119.º n.º 1 do C. P., como caso especialmente previsto na lei: a suspensão, prevista em lei especial, como a Lei n.º 51-A/96, de 9/12 (Lei Mateus), a qual ocorre por pedido do contribuinte, e mediante despacho a deferi-lo. Obviamente que, em caso de não pagamento de qualquer prestação, há que concluir que tem de cessar a suspensão.

JURISPRUDÊNCIA:

– Em caso de contrabando, a prescrição do procedimento criminal terá sempre lugar quando, desde o seu início e ressalvado o tempo de suspensão, tiver decorrido o prazo normal de prescrição acrescido de metade – ac do STJ de 5/11/86-ac do STJ de 5 /11/86 no BMJ 361, p. 229.

– Por "acto que constitua procedimento fiscal contra o infractor", a que o parágrafo único do art. 27.º do Contencioso Aduaneiro atribui efeito interruptivo da prescrição, deve entender-se "acto que integre procedimento criminal fiscal contra o agente" – ac. da R. Évora de 27/5/97, na Col. Jur. T. 2, p. 285.

---

[12] Ainda que nas contra-ordenações fiscais.

[13] Aplicável a crime não dependente de liquidação, e se não resultar pena superior do CP.

– *A suspensão prevista no art. 2.º da Lei n.º 51-A/96, de 9/12 (autorização para efectuar o pagamento de impostos em prestações) está abrangida na expressão "para além dos casos especialmente presvitos na lei" constante do n.º 1 do art. 119.º do C. P. de 1982, subsidiariamente aplicável aos crimes fiscais – ac. da R. Porto de 25/9/02 na base de dados da DGSI, acessível na NET.*

– *O despacho que autoriza o contribuinte a pagar a dívida fiscal em prestações não suspende o prazo de prescrição do procedimento criminal. Como o contribuinte não pagou nenhuma das prestações autorizadas, não ocorreu a suspensão da prescrição, pois só o pagamento a determina. As normas sobre prescrição do procedimento criminal, mormente as relativas à suspensão do respectivo prazo, são normas de natureza material e a que se aplicam os princípios relativos à aplicação da lei penal no tempo, designadamente o princípio da proibição da retroactividade da lei penal desfavorável – ac. da R. de Guimarães de 2/12/02 na Col. Jur. Ano XXVII, tomo 2, p. 288.*

– *O RJIFNA não é inconstitucional, nem a norma constante do n.º 1 do seu art. 15.º é materialmente inconstitucional, ao estabelecer em cinco anos o prazo de prescrição do procedimento por crimes fiscais, mesmo no caso de se um prazo mais longo do que o consagrado no regime geral do C. Penal – ac. do T. Constucional de 29/3/03, no DR II – s. de 27/1/04.*

ARTIGO 22.º
Dispensa e atenuação especial da pena

1 – Se o agente repuser a verdade sobre a situação tributária e o crime for punível com pena de prisão igual ou inferior a três anos, a pena pode ser dispensada se:

a) A ilicitude do facto e a culpa do agente não forem muito graves;
b) A prestação tributária e demais acréscimos legais tiverem sido pagos, ou tiverem sido restituídos os benefícios injustificadamente obtidos;
c) À dispensa da pena se não opuserem razões de prevenção.

2 – A pena será especialmente atenuada se o agente repuser a verdade fiscal e pagar a prestação tributária e demais acréscimos legais até à decisão final ou no prazo nela fixado.

NOTAS:
– *Cfr. art. 44.º. Corresponde ao art. 26.º do RJIFNA, com a diferença de, anteriormente, ser em abstracto possível, pelo menos, na letra desse dispositivo, decretar o arquivamento do procedimento por crimes fiscais, desde que preenchidos os requisitos legais, e obtida a concordância do juiz de instrução.*

– *É, pois, uma manifestação do princípio da oportunidade, embora mitigado desde logo pelo crime, abrangendo agora o punível até 3 anos de prisão, sendo, por exemplo, manifesta a intenção de excluir as situações de fraude fiscal com facturas falsas.*

– *Também quanto aos requisitos constantes das alíneas do n.º 1, verifica-se desde logo na al. a) a limitação decorrente das finalidades do sistema penal, face à gravidade (objectiva) do ilícito e (subjectiva) da culpa, e sendo apenas possível o arquivamento com a intervenção do juiz de instrução, conforme decorre do art. 280.º do C.P.P. (arquivamento em caso de dispensa da pena).*

– *Admite-se também, a atenuação especial da pena, a qual é aplicável também aos demais casos semelhantes, em que o pagamento não ocorra desde logo, mas que se concretize, de que resultam as seguintes alterações nos limites da pena, nos termos do art. 73.º do CP:*

  – *o limite máximo da pena de prisão é reduzido a 1/3;*
  – *o limite mínimo da pena de prisão desaparece, podendo ser substituída por multa;*
  – *o limite máximo da pena de multa é reduzido a 1/3.*

– *Não diz a lei se é possível a suspensão provisória do processo, a qual era interdita pelo RJIFNA. Tal instituto afigura-se agora possível, nos termos gerais do art. 281.º do CPP, aplicável mesmo aos casos dos crimes puníveis até 5 anos de prisão*[14]. *Nos termos do art. 282.º do CPP, a suspensão poderá decorrer até 2 anos, salvo prazo maior que resulte de lei especial, durante os quais não corre o prazo de prescrição.*

---

[14] Não deixa de impressionar a falta de referência à suspensão provisória do processo, nem a solução possível de limitar este instituto também aos casos de procedimento por crime punível até 3 anos de prisão, por analogia com o disposto no dito art. 280.º do CPP, quanto às situações em que está prevista a necessidade de ser obtida a concordância do juiz de instrução para arquivamento em caso de possibilidade de dispensa de pena e a equiparada atenuação especial.

JURISPRUDÊNCIA:

– No sentido de não ser obrigatório arquivar, mesmo com pagamento dos impostos e reposição da verdade fiscal, mas considerando haver inconstitucionalidade se em simultâneo o procedimento se mantiver por crime e contra-ordenação, pelos mesmos factos – ac. do T. Constitucional de 26/2/97, no D. R. II s. n.º 88, p. 4482.

– No sentido de o art. 26.º do RJIFNA não ser inconstitucional, embora referindo que "é verdade, em abstracto, que o M.º P.º e o juiz de instrução podem fazer um mau uso do poder que lhes é conferido pela norma", e ressaltando o princípio da igualdade-cfr. ac do TC de 12/7/1999 no DR II s. De 12/7/99, p. 10 774.

Capítulo III
Disposições aplicáveis às contra-ordenações

Artigo 23.º
Classificação das contra-ordenações

1 – As contra-ordenações tributárias qualificam-se como simples ou graves.

2 – São contra-ordenações simples as puníveis com coima cujo limite máximo não exceda € 3750.

3 – São contra-ordenações graves as puníveis com coima cujo limite máximo seja superior a € 3750 e aquelas que, independentemente da coima, a lei expressamente qualifique como tais.

4 – Para efeitos do disposto nos números anteriores, atende-se à coima cominada em abstracto no tipo legal.

NOTAS:

– Não se define também materialmente o que é contra-ordenação tributária, o que poderia ter interesse para fixar o conceito, abrangendo casos em que alguém com o mesmo comportamento pratica várias contra-ordenações em vez de apenas uma contra-ordenação. A contra-ordenação tributária poderia, pois, definir-se como aquela em que fosse ofendido o interesse do

Estado, na cobrança do respectivo imposto ou tributo tributos, de acordo com a obrigação ou obrigações especialmente previstas, e desde que a mesma não constituísse crime.

– A distinção entre infracções simples e graves tem origem na doutrina francesa e satisfaz a política de harmonização comunitária, conforme Acto de 26/7/95 que aprovou a Convenção de Protecção dos Interesses Financeiros da Comunidade.

– A distinção leva em conta o valor de 3750 euros que são cerca de 7 500 000$00[15]*, sendo tal a medida para distinguir as contra-ordenações simples das graves, segundo o tipo legal, abstrato.*

ARTIGO 24.º
Punibilidade da negligência

1 – Salvo disposição expressa da lei em contrário, as contra-ordenações tributárias são sempre puníveis a título de negligência.

2 – Se a lei, relativamente ao montante máximo da coima, não distinguir o comportamento doloso do negligente, este só pode ser sancionado até metade daquele montante.

NOTAS:
– Trata-se de disposição especial em que se pune a negligência, em termos gerais, assim ocorrendo uma inversão da regra constante do art. 8.º da LQCO.
– O dolo distingue-se da negligência, nos termos dos arts 14.º e 15.º do C. P., aplicáveis subsidiariamente, sendo que, assim, nesta última há apenas falta de cuidado sem conformação com a realização do facto criminoso, ou sem a representação do mesmo sequer como possível.

JURISPRUDÊNCIA:
– O facto de a arguida não ter enviado ao SAIVA o IVA liquidado juntamente coma respectiva declaração, conforme impõe o art. 26.º n.º 1 do

---

[15] Embora, segundo o Regulamento (CE) n.º 2866/98, do Conselho, de 31/12, haja sido fixada a taxa de conversão obrigatória de 1 euro = 200,482 escudos, desprezar-se-á a parte decimal nas equivalências que se efectuarem nas notas em que se refiram equivalentes valores de escudos.

CIVA pode integrar uma conduta dolosa ou negligente e o art. 29.º n.º 2 do RJIFNA expressamente prevê a imputação subjectiva da negligência – ac. do TCA de 19/6/2001 no proc. 4548/00, conforme sumário disponível na NET.

Artigo 25.º
Concurso de contra-ordenações

As sanções aplicadas às contra-ordenações em concurso são sempre cumuladas materialmente.

NOTAS:
– Ao não se distinguir que forma de cúmulo, material ou idenal, se encontra abrangido, pode ter-se querido retomar, relativamente às contra--ordenações tributárias, o que estava, em geral, previsto na LQCO, na sua versão inicial, ou seja, que era admitido o o cúmulo, em casos de concurso real ou ideal, homogéneo ou heterogéneo, face ao que se dispunha no art. 19.º, embora com cúmulo jurídico das coimas. Assim, deste resultava que era aplicável a coima mais elevada prevista em certa lei, podendo ser aplicadas as sanções acessórias previstas noutra lei. A ser assim, resulta um regime mais gravoso que o cumum.

– Com efeito, determina-se agora apenas, e em excepção a este regime punitivo, que, no caso das contra-ordenações tributárias, se procede ao cúmulo material das penas, isto é, que se somem as coimas concretamente aplicadas, havendo apenas que atentar às limitações do art. seguinte, nomeadamente quanto ao limite máximo, o qual pode ir até ao dobro do especialmente previsto[16]*, segundo o sistema de cúmulo material mitigado, resultante da revisão à LCQO, segundo Frederico da Costa Pinto, em Direito Penal Económico e Europeu, Textos Doutrinários, vol. 1, p. 248, ed. Coimbra Editora, de que resulta claramente afastado o sistema do cúmulo jurídico das penas, mas não se acabou o regime de absorção, mais consentâneo com o sistema do cúmulo jurídico.*

JURISPRUDÊNCIA:
– O art. 19.º do DL 433/82, de 27/10 refere-se apenas ao concurso ideal (homogéneo ou heterogéneo), nâo abrangendo o concurso real. Havendo

---

[16] Apenas aplicável, no caso das infracções fiscais, às pessoas colectivas.

lugar à condenação em mais que uma coima, deverá proceder-se ao cúmulo das várias coimas, nos termos do art. 78.º n.º 1 e n.º 2 do CP, para se apurar a coima única – ac. da 1.ª instância de 5/3/93 na Col. Jur. t. 3, p. 319.

– O art. 19.º do DL 433/82, de 27/10, na redacção que lhe foi dada pelo DL 244/95, de 14/9, consagra, em matéria de concurso de contra-ordenações, real ou ideal, o sistema de cúmulo jurídico das coimas e não o sistema do cúmulo material.

– A razão de ser desta equiparação, entre concurso real e concurso ideal, resulta da necessidade de punir mais gravemente quem pratica várias contra-ordenações do que quem pratica apenas uma contra-ordenação, pelo que acabou o sistema de absorção – ac. do STA de 29/9/2000 no proc. 25045, conforme sumário disponível na NET

Artigo 26.º
Montante das coimas

1 – Se o contrário não resultar da lei, as coimas aplicáveis às pessoas colectivas, sociedades, ainda que irregularmente constituídas, ou outras entidades fiscalmente equiparadas podem elevar-se até ao valor máximo de:

a) € 110 000, em caso de dolo;
b) € 30 000, em caso de negligência.

2 – Se o contrário não resultar da lei, as coimas aplicáveis às pessoas singulares não podem exceder metade das quantias a que se refere o número anterior.

3 – O valor mínimo da coima a pagar é de € 150, se o contrário não resultar da lei.

4 – Sem prejuízo do disposto nos números anteriores, os limites mínimo e máximo das coimas previstas nos diferentes tipos legais de contra-ordenações são elevados para o dobro sempre que sejam aplicadas a uma pessoa colectiva, sociedade, ainda que irregularmente constituída, ou entidade fiscalmente equiparada.

NOTAS:

– Segundo os n.ᵒˢ 1 e 4, os limites máximos das coimas aplicáveis são equivalentes, para as pessoas colectivas, a cerca de 22 000 000$00, em caso de dolo, e a cerca de 6 000 000$00, em caso de negligência, sendo tais limites elevados ao dobro, quanto aos limites previstos nos tipos legais.

– Pese embora a ressalva de punições superiores na lei, outros limites superiores, que existiam noutras leis especiais, como as aplicáveis aos IEC´s, que foram revogados pelo art. 3.º do respectivo Código.

– Segundo o n.º 2, tais valores são reduzidos a metade para as pessoas singulares, sendo de cerca de 11 000 000$00, em caso de dolo e 3 000 000$00, em caso de negligência.

– Segundo o n.º 3, prevê-se que o mínimo da coima seja, em regra, de cerca de 30 000$00, para as pessoas singulares.

Artigo 27.º
Determinação da medida da coima

1 – Sem prejuízo dos limites máximos fixados no artigo anterior, a coima deverá ser graduada em função da gravidade do facto, da culpa do agente, da sua situação económica e, sempre que possível, exceder o benefício económico que o agente retirou da prática da contra-ordenação.

2 – Se a contra-ordenação consistir na omissão da prática de um acto devido, a coima deverá ser graduada em função do tempo decorrido desde a data em que o facto devia ter sido praticado.

3 – No caso de a mercadoria objecto da contra-ordenação ser de importação ou de exportação proibida ou tabacos, gado, carne e produtos cárneos, álcool ou bebidas alcoólicas, tais circunstâncias são consideradas como agravantes para efeitos da determinação do montante da coima.

4 – Os limites mínimo e máximo da coima aplicável à tentativa, só punível nos casos expressamente previstos na lei, são reduzidos para metade.

NOTAS:

– O n.º 1 corresponde ao art. 18.º da LQCO, sendo que outros elementos são atendíveis para a determinação da coima nos termos dos n.ᵒˢ 2 e

3, como o tempo decorrido desde a data da infracção, ou face ao tipo de mercadoria em causa, por motivos de:
- *importação e exportação proibida, como a carne (por exemplo, por via de embargo comunitário, imposto devido à BSE);*
- *serem geradoras de elevados impostos, como o tabaco, o álcool e as bebidas alcoólicas.*
- *O n.º 4 corresponde a uma especialidade, face ao art. 13.º da LQCO, a qual admite a punição nos casos especialmente previstos, o que ocorre neste dispositivo.*

JURISPRUDÊNCIA
– Na graduação da coima deverá atender-se às várias circunstâncias descritas no art. 190 do CPT. Se a decisão que aplica a coima é absolutamente omissa na indicação de tais circunstâncias enferma a mesma de falta de requisitos legais – ac. do STA de 16/4/97 no proc. 21220, conforme sumário disponível na NET.

Artigo 28.º
Sanções acessórias

1 – São aplicáveis aos agentes das contra-ordenações tributárias graves as seguintes sanções acessórias:

a) Perda de objectos pertencentes ao agente;
b) Privação do direito a receber subsídios ou subvenções concedidos por entidades ou serviços públicos;
c) Perda de benefícios fiscais, ainda que de forma automática, e franquias aduaneiras concedidos unilateralmente pela administração tributária ou inibição de os obter;
d) Privação temporária do direito de participar em feiras, mercados, leilões ou arrematações e concursos de obras públicas, de fornecimento de bens ou serviços e de concessão, promovidos por entidades ou serviços públicos;
e) Encerramento de estabelecimento ou de depósito;
f) Cassação de licenças ou concessões e suspensão de autorizações;

g) Publicação da decisão condenatória a expensas do agente da infracção.

2 – As sanções acessórias previstas no número anterior são aplicadas quando se verifiquem os pressupostos da aplicação das sanções acessórias previstos no regime geral do ilícito de mera ordenação social.

3 – A sanção acessória de inibição de obter benefícios fiscais e franquias aduaneiras ou inibição de os obter tem a duração máxima de dois anos e pode recair sobre quaisquer benefícios ou incentivos directa ou indirectamente ligados aos impostos sobre o rendimento, a despesa ou património e às prestações tributárias a favor da segurança social.

4 – As mercadorias de importação e exportação proibida são sempre declaradas perdidas.

NOTAS:

– Preenche-se a possibilidade de aplicar as sanções acessórias previstas no art. 21.º da LQCO, as quais resultam alargadas.

– Crê-se de especial impacto a perda de benefícios entretanto consagrada na al. c) assume considerável gravidade, resultando, pelo n.º 3, alargada a possibilidade de aplicação, a qual pode ter lugar, mesmo indirectamente.

– Também a privação do direito de participar em arrematações e concursos públicos, como forma de impedir que, para além da perda de mercadorias a que se refere o n.º 1, que os agentes possam indirectamente recuperar as mercadorias apreendidas que sejam postas à venda, podendo constituir uma forma importante de impedir que as infracções acabem por se consumar com a intervenção de terceiros.

– Os pressupostos de aplicação destas sanções acessórias constam dos arts. 22.º a 26.º da LQCO, quanto à perda de objectos pertencentes ao agente, tendo lugar a apreensão subsidiariamente, desde que:

 – representem um perigo para a comunidade;
 – ou favoreçam a prática de crime ou de outra contra-ordenação;
 – não seja desproporcionada à gravidade da contra-ordenação e da culpa do agente, podendo ocorrer a substituição da apreensão por medida menos gravosa, ou menos extensa.

– Explicita-se que benefícios, actividades, concessões e autorizações podem ser sancionados, por que forma e em que condições, nomeadamente

no n.º 2, o qual reproduz, quanto à duração, o prazo geral de 2 anos, para a interdição de exercício de actividade, já previsto no n.º 2 do dito art. 21.º
— Prevê-se ainda a possibilidade de as sanções acessórias estarem sujeitas a publicidade.

Artigo 29.º
Direito à redução das coimas

1 – As coimas pagas a pedido do agente, apresentado antes da instauração do processo contra-ordenacional, são reduzidas nos termos seguintes:

a) Se o pedido de pagamento for apresentado nos 30 dias posteriores ao da prática da infracção e não tiver sido levantado auto de notícia, recebida participação ou denúncia ou iniciado procedimento de inspecção tributária, para 25% do montante mínimo legal;
b) Se o pedido de pagamento for apresentado depois do prazo referido na alínea anterior, sem que tenha sido levantado auto de notícia, recebida participação ou iniciado procedimento de inspecção tributária, para 50% do montante mínimo legal;
c) Se o pedido de pagamento for apresentado até ao termo do procedimento de inspecção tributária e a infracção for meramente negligente, para 75% do montante mínimo legal.

2 – Nos casos das alíneas a) e b) do número anterior, é considerado sempre montante mínimo da coima o estabelecido para os casos de negligência.

3 – Para o fim da alínea c) do n.º 1 deste artigo, o requerente deve dar conhecimento do pedido ao funcionário da inspecção tributária, que elabora relatório sucinto das faltas verificadas, com a sua qualificação, que será enviado à entidade competente para a instrução do pedido.

NOTAS:
— *Trata-se de disposição em que se prevêem reduções em função do momento em que se pretende fazer o pagamento voluntário da coima, integrando o já estabelecido anteriormente no art. 35.º do C.P.T..*

– *O procedimento de inspecção vem regulado nos arts. 44.º e ss. do Dec-Lei n.º 413/98, de 31/12, estando previsto, em regra, por 3 meses, ocorrendo por funcionários da DGI credenciados e com ordem de serviço, sendo que o relatório final pode ser vinculativo, nomeadamente, para efeitos de levantamento de auto de notícia.*
– *Nos termos dos arts. 242.º e 243.º do C.P.P., a denúncia é obrigatória, quanto a crimes que aqueles presenciarem, nomeadamente, fiscais, devendo ser levantado auto de notícia, assinado por quem o levantou e o mandou levantar, e remetido o mesmo, no mais curto prazo, ao Ministério Público.*

Artigo 30.º
Requisitos do direito à redução das coimas

1 – O direito à redução das coimas previsto no artigo anterior depende:

a) Nos casos das alíneas a) e b), do pagamento nos 15 dias posteriores ao da entrada nos serviços da administração tributária do pedido de redução;
b) No caso da alínea c), bem como no do artigo 31.º, do pagamento nos 15 dias posteriores à notificação da coima pela entidade competente;
c) Da regularização da situação tributária do infractor dentro do prazo previsto nas alíneas anteriores;
d) De não ser aplicável sanção acessória.

2 – Em caso de incumprimento do disposto no número anterior, é de imediato instaurado processo contra-ordenacional.

3 – Entende-se por regularização da situação tributária, para efeitos deste artigo, o cumprimento das obrigações tributárias que deram origem à infracção.

4 – Sempre que nos casos das alíneas a) e b) do n.º 1 do artigo 29.º a regularização da situação tributária do agente não dependa de tributo a liquidar pelos serviços, vale como pedido de redução a entrega da prestação tributária ou do documento ou declaração em falta.

5 – Se, nas circunstâncias do número anterior, o pagamento das coimas com redução não for efectuado ao mesmo tempo que a entrega da prestação tributária ou do documento ou declaração em falta, o contribuinte é notificado para o efectuar no prazo de 15 dias, sob pena de ser levantado auto de notícia e instaurado processo contra-ordenacional.

NOTAS:
  – *Segundo os n.ºs 1 e 4 e 5, consagra-se o prazo de 15 dias para pagamento da coima, a contar dos pedidos de:*
    – *entrega da prestação tributária em falta, nos termos do art. seguinte deste regime;*
    – *entrega do documento ou declaração em falta;*
    – *de pagamento com redução das coimas;*
mas sempre antes do levantamento do auto de notícia. Caso não ocorra o pagamento da coima, procede-se a notificação.
  – *Após o levantamento do auto de notícia, a redução ainda é possível quanto a:*
    – *infracção cometida de forma negligente;*
    – *estando o pedido dependente da liquidação do imposto que seja necessário efectuar.*
  – *Nestes casos, o prazo conta-se sempre da notificação da coima, sendo de se proceder no mesmo ainda à regularização da situação tributária, nos termos do art. seguinte deste regime, a fim de o agente poder beneficiar da redução. Cfr. ainda nota 2 do art. 24.º deste regime sobre o conceito de negligência que releva para ser aplicável o disposto na al. b) do n.º 1.*
  – *Cfr. ainda notas 1 do art. 17.º e 3 do art. 28.º deste regime sobre as condições de aplicabilidade da sanção acessória, nomeadamente a perda de objectos, estando inviabilizado o pedido de redução no caso de crime punível com o mínimo de 3 anos de prisão, tendo havido perigo para a comunidade, ou por desproporção face à infracção cometida.*

JURISPRUDÊNCIA:
  – *O DL 124/96 não prevê a extinção da responsabilidade contra-ordenacional em virtude de pagamento integral dos impostos e acréscimos legais no âmbito do regime nele fixado. O despacho n.º 17/97, de 14.03.97, do SEAF, quanto a redução de coimas a 50%, limita-se a mandar aplicar o regime constante do CPT (al. b) do seu art. 25.º), ou seja, o regime do direito à*

redução, operante, na fase instrutória do processo de contra-ordenação e não já na fase de execução para pagamento coercivo da pena (coima) pecuniária que veio a ser aplicada e cuja decusão de aplicação não foi, sequer, recorrida – ac. do TCA de 31/10/20000 no proc 3089/99, conforme sumário disponível na NET.

Artigo 31.º
Coima dependente de prestação tributária em falta ou a liquidar e correcção das coimas pagas

1 – Sempre que a coima variar em função da prestação tributária, é considerado montante mínimo, para efeitos das alíneas a) e b) do n.º 1 do artigo 29.º, 5% ou 10% da prestação tributária devida, conforme a infracção tiver sido praticada, respectivamente, por pessoa singular ou colectiva.

2 – Se o montante da coima depender de prestação tributária a liquidar, a sua aplicação aguardará a liquidação, sem prejuízo do benefício da redução, se for paga nos 15 dias posteriores à notificação.

3 – No caso de se verificar a falta das condições estabelecidas para a redução das coimas, a liquidação destas é corrigida, levando-se em conta o montante já pago.

NOTAS:

– Nos termos dos n.ºs 1 e 2, quanto à prestaçao tributária em falta, a regularização da situação ocorre com o pagamento de 5% ou 10%, conforme se trate de pessoa singular ou colectiva.

– Constitui uma condição adicional proceder-se à liquidação da mesma, o que tem de ocorrer até ao limite do prazo de prescrição fiscal, nos termos do art. 45.º da LGT, pese embora a suspensão da prescrição do procedimento previsto no art. 33.º n.º s deste regime.

– No n.º 3, por força do disposto no art. 30.º n.º 1 al. d) deste regime, admite-se a hipótese de as condições ou pressupostos referidos na nota 3 do art. anterior serem também aplicáveis no caso deste artigo, caso em que a liquidação da coima é corrigida.

Artigo 32.º
Dispensa e atenuação especial das coimas

1 – Para além dos casos especialmente previstos na lei, pode não ser aplicada coima, desde que se verifiquem cumulativamente as seguintes circunstâncias:

a) A prática da infracção não ocasione prejuízo efectivo à receita tributária;
b) Estar regularizada a falta cometida;
c) A falta revelar um diminuto grau de culpa.

2 – Independentemente do disposto no n.º 1, a coima pode ser especialmente atenuada no caso de o infractor reconhecer a sua responsabilidade e regularizar a situação tributária até à decisão do processo.

NOTAS:
– Segundo o n.º 1, com o pagamento integral dos impostos, é sempre possível a dispensa da coima, ou atenuação especial da coima. Embora haja referência à culpa em diminuto grau, crê-se ser de afastar, desde logo, esta disposição no caso de contra-ordenação grave, ou seja, nos termos do art. 23.º deste regime, desde que ao comportamento corresponda coima superior a cerca de 7 500 000$00.
– Não vindo previsto na LQCO em que termos se procede à atenuação especial da coima, afigura-se ser de graduar, aplicando a redução de 1/3 no limite máximo, conforme previsto para a multa, que também é uma sanção pecuniária, conforme indicado na nota 4 do art. 22.º deste regime.

Artigo 33.º
Prescrição do procedimento

1 – O procedimento por contra-ordenação extingue-se, por efeito da prescrição, logo que sobre a prática da mesma sejam decorridos cinco anos.

2 – O prazo de prescrição do procedimento por contra-ordenação é reduzido ao prazo de caducidade do direito à liquidação da prestação tributária quando a infracção depender daquela liquidação.

3 – O prazo de prescrição interrompe-se e suspende-se nos termos estabelecidos na lei geral, mas a suspensão da prescrição verifica-se também por efeito da suspensão do processo, nos termos previstos no n.º 2 do artigo 42.º, no artigo 47.º e no artigo 74.º, e ainda no caso de pedido de pagamento da coima antes de instaurado o processo de contra-ordenação desde a apresentação do pedido até à notificação para o pagamento.

NOTAS:
– A prescrição funda-se no não exercício de um direito, no caso, à liquidação de um imposto; a caducidade funda-se no simples decurso do prazo. O prazo de liquidação, aplicável à prescrição, como vimos, é o resultante do art. 45.º n.º 1 da LGT.
– Com a equiparação do regime das contra-ordenações fiscais não aduaneiras, em que o prazo de prescrição era de 5 anos e o das contra-ordenações fiscais aduaneiras, é alterado o prazo de prescrição: No caso das infracções fiscais pode resultar reduzido, nomeadamente para 4 anos, se o imposto depender de liquidação, ou menos noutras situações; no caso das infracções aduaneiras, sendo aparentemente aumentado de 2 para 5 anos. Fica, contudo, sujeito às excepções do dito art. 45.º n.º 5 da LGT, em que sobressai a obrigação de liquidar o imposto em 6 meses, contados desde a notificação para inspecção, mais favorável que o mínimo anterior de 1 ano.
– A interrupção e a suspensão distinguem-se quanto aos efeitos, pois na interrupção se inutiliza todo o prazo anteriormente ocorrido, enquanto na suspensão se conta o mesmo; a lei geral para que o n.º 3 remete é, antes de mais, o art. 297.º do C.Civil: o prazo mais curto que resulta da nova lei é o aplicável – neste sentido, C. Processo Tributário Comentado e Anotado, de Alfredo José de Sousa e José da Silva Paixão;
– Embora não se explicite no n.º 3 qual é a "lei geral" aplicável, se a tributária, se a penal, se a do regime geral das contra-ordenações, sobressaem 2 causas: a prescrição interrompe-se com a notificação para o arguido exercer o contraditório, podendo o prazo ir até mais metade do normal; interrompe-se com a notificação do despacho que recebe a impugnação judicial, que equivale ao de instrução, e suspende-se então até à decisão final, mas, por força da aplicação da LQCO, essa suspensão fica limitada a mais 6 meses.
– Sendo os actos de suspensão também aqueles por que se manifeste inequivocamente o reconhecimento do direito, entende-se a inclusão do pedido de pagamento voluntário, referido a final do n.º 3.

JURISPRUDÊNCIA:
 — *No sentido da constitucionalidade do prazo de prescrição de 5 anos, previsto para o procedimento por contra-ordenação fiscal, em comparação com os prazos gerais de 1 e 2 anos, previstos nos arts. 17.º e 27.º do Dec-Lei n.º 433/82, de 27-10, na redacção do Dec-Lei n.º 244/95, de 14-9 – acs. do T. Constitucional (TC) de 16/4/97 e de24/7/1998, no D. R. II s. de 18/6/97 e de 24/8/98, n.ºˢ 169 e 138, p. p. 6083 e 10352.*
 — *Os prazos de prescrição do procedimento por contra-ordenação e os casos de interrupção e suspensão estão previstos no DL 433/82, de 27/10 e no C.P. Interrompe a precscrição do procedimento a audição do arguido no processo de contra-ordenação aduaneira – ac. do STA de 4/7/90 no proc. 12154, conforme sumário na NET.*
 — *A notificação (...), para contestar a participação, tem o efeito de provocar a interrupção da prescrição do procedimento por contra-ordenação aduaneira – ac. do TCA de 29/9/98 no proc. 61745, confome sumário disponível na NET.*
 — *A prescrição do procedimento por contra-ordenação não aduaneira ocorre no prazo de 5 anos a contar do momento da prática da infracção – nos termos do n.º 1 do art. 35.º do CPT. O pedido de pagamento da coima, antes de instaurado o processo de contra-ordenação, provoca a suspensão do prazo de prescrição do procedimento até à data da notificação para esse pagamento – de acordo com o n.º3 do art. 35.º do CPT – ac. do TCA de 12/12/2000 no proc 3168/00, conforme sumário disponível na NET.*
 — *No sentido de ser, subsidiariamente aplicável a regra do n.º 3 do art. 121.º do C.P., por aplicação subsidiária do art. 32.º da LQCO – ac. 6/2001 do S.T.J., na I s. A do D.R., de 30/3.*
 — *O prazo de prescrição do procedimento contra-ordenacional é de 5 anos, contados a partir da prática do facto –art. 34.º do CPT, 119.º da LGT e 33.º do RGIT-, começando a correr novo prazo, com o limite imposto pelo art. 121.º n.º 3 do C. Penal – seu n.º 2 – estando, assim, já prescrito o procedimento relativo a infracção cometida em 31Out95-ac. do STA de 18/6/03, no proc. 0503/03, com sumário na base de dados informatizada da DGSI.*
 — *Com a entrada em vigor do CPT ficou revogada toda a legislação que lhe fosse contrária, nomeadamente em matéria de prescrição (arts. 2.º, n.º 1 e 11.º do DL 154/91, de 23/4). A notificação a que alude o art. 199.º n.º 1 do CPT não é pessoal. Devolvida a carta registada remetida à sociedade com a inofrmação "avisado, não atendeu", deve a mesma sociedade considerar-se notificada, para efeitos do art. 199.º, 1, do CPT, se a referida sociedade não deu qualquer explicação razoável por não ter levantado tal carta que, por*

isso, foi devolvida. Tem aplicação, no tocante à notificação das sociedades, o disposto no art. 255.º, 1, do CPC – ac. do STA de 9/7/03 no proc. 0540/03, com sumário na base de dados informatizada da DGSI. Tem 1 voto de vencido.

Artigo 34.º
Prescrição das sanções contra-ordenacionais

As sanções por contra-ordenação tributária prescrevem no prazo de cinco anos a contar da data da sua aplicação, sem prejuízo das causas de interrupção e de suspensão previstas na lei geral.

NOTAS:
– A data da sua aplicação é a do caso decidido ou do trânsito em julgado, conforme decisão da autoridade tributária ou sentença condenatória.
– A prescrição das coimas e suas sanções acessórias aplicadas suspende-se e interrompe-se em termos semelhantes aos do procedimento mas, a ser aplicável o processo penal, o efeito interruptivo decorrente de eventuais facilidades de pagamento não pode exceder 5 anos, que é o máximo da suspensão da pena.

Parte II
Do processo

Capítulo I
Processo penal tributário

Artigo 35.º
Aquisição da notícia do crime

1 – A notícia de crime tributário adquire-se por conhecimento próprio do Ministério Público ou dos órgãos da administração tributária

com competência delegada para os actos de inquérito, por intermédio dos órgãos de polícia criminal ou dos agentes tributários e mediante denúncia.

2 – A notícia do crime é sempre transmitida ao órgão da administração tributária com competência delegada para o inquérito.

3 – Qualquer autoridade judiciária que no decurso de um processo por crime não tributário tome conhecimento de indícios de crime tributário dá deles conhecimento ao órgão da administração tributária competente.

4 – O agente da administração tributária que adquira notícia de crime tributário transmite-a ao órgão da administração tributária competente.

5 – A denúncia contém, na medida do possível, a indicação dos elementos referidos nas alíneas do n.º 1 do artigo 243.º do Código de Processo Penal.

6 – Os agentes da administração tributária, os órgãos de polícia criminal e da marinha de guerra procedem de acordo com o disposto no artigo 243.º do Código de Processo Penal sempre que presenciarem crime tributário, devendo o auto de notícia ser remetido, no mais curto prazo, ao órgão da administração tributária competente para o inquérito.

7 – O disposto nos números anteriores é correspondentemente aplicável aos órgãos e agentes da administração da segurança social.

NOTAS:
– A reforma do RJIFNA e do RJIFA obedeceu a 2 princípios básicos: acabar com o processo de averiguações (a este nos referiremos aquando do art. 40.º); dotar a administração, tributária (incluindo a aduaneira) e da segurança social, de poderes de órgão de polícia criminal (OPC).
– Com a extinção da Guarda Fiscal e a integração na G.N.R., como Brigada Fiscal, operada pela Lei Orgânica, aprovada pelo Dec.-Lei n.º 231/ /93, de 26/6, resultou uma grande diminuição de efectivos, e não voltando a ser criada uma polícia fiscal única que aliasse a exigida especialização fiscal àquela capacidade de intervenção, necessária para executar os poderes de autoridade de polícia, inclusivamente pela força das armas, a possível e gradual modernização a que aquela foi sujeita, apenas se crê ter conseguido atenuar o efectivo vácuo criado pela dita extinção.

- Assim, mantém-se a obrigatoriedade de transmitir a denúncia à administração fiscal, o que deve ser integrado com o disposto no art. 2.º n.º 4 da Lei de Organização da investigação criminal, aprovada pela Lei n.º 21/2000, de 10/8, em que se prevê que a denúncia seja transmitida ao M.ºP.º.

- Aliás, também nos termos do art. 243.º n.º 3 do CPP, a denúncia tem de ser transmitida à autoridade judiciária competente que é o M.ºP.º, o que a não ocorrer, nos termos do art. 243.º n.º 3 do CPP, pode provocar nulidade de inquérito, por força do art. 119.º al. b) do mesmo. Também, nos termos da circular n.º 6/96, de 21/10, da P.G.R. os dados mais relevantes dos processos de averiguações originados em tais denúncias tinham ainda de ser transmitidas, à P.G.R., mensalmente, à semelhança dos pré-inquéritos dirigidos pela P. J., mas pelo M.º P.º localmente competente, o que se crê deixar agora de ter aplicabilidade, dado que tais processos se tratam como inquéritos.

- O inquérito tem um n.º único de identificação processual (NUIPC), composto nos termos da Portaria n.º 1223-A/91, de 30/12, em que foram integrados, nos termos da Portaria n.º 205/93, de 19/2, os serviços competentes da DGCI, "para a realização de processos de averiguações", criando-se subsistemas, como A (DGA), F (Guarda Fiscal), I (DGCI), ou outros criados pela D.G.S. Informática do Ministério da Justiça, como aconteceu com a Segurança Social.

JURISPRUDÊNCIA:

- O período temporal em que decorre um processo de averiguações não suspende o prazo prescricional relativo a crime fiscal – ac. da R. Lisboa de 19/11/96, na NET sob o n.º 6305.

- O poder-dever que o MP tem de dirigir o inquérito não implica necessariamente, que os actos de investigação tenham de ser por ele materialmente realizados ou presididos, salvo os referidos no n.º 2 do art. 270.º do CPP. O CPP de 1987 comina de nulidade insanável o processado prosseguido por entidade diferente do M.P. Embora a denúncia não tivesse sido transmitida ao MP, essa falta apenas constitui irregularidade que foi suprida quando interveio no processo – ac. da R. de Lisboa de 10/4/91, na NET sob o n.º 17904.

Artigo 36.º
Detenção em flagrante delito

Em caso de flagrante delito por crime tributário punível com pena de prisão, as entidades referidas no n.º 6 do artigo anterior procedem à detenção, nos termos do disposto no artigo 255.º do Código de Processo Penal.

NOTAS:
– Tem como fonte o art. 50.º n.º 1 do RJIFA, sendo que não havia disposição semelhante no RJIFNA.
– Afigura-se que, estando previsto qual o O.P.C. competente para a detenção, em derrogação do disposto no art. 255.º do C.P.P., o qual pode ser qualquer dos ditos órgãos da administração fiscal ou da segurança social, não se afasta a colaboração que for necessário obter das outras polícias armadas, sendo que, pelo menos, no caso de intervenção no mar, poderá ser pedida a intervenção da marinha de guerra, nos termos do n.º 6 do artigo anterior, ou, melhor, da Brigada Fiscal, atentos os meios rápidos de intervenção de que esta foi entretanto dotada nessa área.
– Sobre formalidades da prisão preventiva e detenção, cfr. arts. 202.º, 204.º, 215.º, 257.º e 258.º do CPP, sendo que a mesma, fora de flagrante delito, deve, salvo caso de "urgência e perigo de demora", ser feita, por mandado de detenção, a emitir pelo M.ºP.º, no caso de fortes indícios da prática de doloso punível com 3 anos de prisão, ou superior, sob pena de ilegalidade da detenção – circular n.º 2/91, da P.G.R.
– Cfr. ainda circular 12/90, da P.G.R.: o art. 141.º n.º 1 do C.P.P. deve ser interpretado no sentido de que o primeiro interrogatório judicial do detido ser obrigatório, tanto nos casos de detenção realizada por iniciativa do M.ºP.º ou de OPC, como nos casos de cumprimento de despacho do juiz de instrução que ordene a aplicação da medida de prisão preventiva.

Artigo 37.º
Providências cautelares quanto aos meios de prova

Independentemente do disposto no artigo seguinte, qualquer órgão de polícia criminal ou agente da administração tributária pratica, em caso de urgência ou de perigo de demora, os actos cautelares necessários e urgentes para assegurar os meios de prova, nos termos do disposto no artigo 249.° do Código de Processo Penal.

NOTAS:
  – Os actos cautelares urgentes podem consistir, exames, procedimentos de informações e apreensões no decurso de revistas e buscas – sobre tal cfr. arts. 171.º e ss. e 174.º a 186.º do C.P.P.: o exame pode incidir sobre pessoas, lugares ou objectos; a revista incide sobre pessoas; a busca incide sobre lugares.
  – No art. 30.º da LGT, é obrigatória a entrega de fotocópias autenticadas dos documentos e restringe-se a selagem de instalações a bens indispensáveis à actividade ou perecíveis.
  – Nos termos da circular 7/95, da PGR, para a abertura de embrulho ou qualquer objecto contido em correspondência e exame e apreensão do seu conteúdo é competente a autoridade aduaneira que proceder à fiscalização dos referidos "objectos de correspondência postal e encomendas postais" (arts 49.º do Regulamento aprovado pelo Dec.-Lei n.º 376-A/89 e 249.º do CPP). Mas crê-se que já não assim, quanto à própria correspondência. Assim, a circular n.º 8/00, de 8/8, veio a entender, embora quanto a telecomunicações, que há que distinguir entre dados de base (incluindo aqueles que são sujeitos pelos utilizadores ao regime de confidencialidade) e de tráfego e de conteúdo, só podendo aqueles ser sujeitos a pedido de qualquer autoridade judiciária, e ficando estes sujeitos a autorização do juiz de instrução, nos termos dos arts. 187.º, 190.º e 269.º n.º 1 do C.P.P. Também é o juiz de instrução a entidade competente para determinar o cancelamento das intercepções referentes a escutas telefónicas efectuadas, nos termos de outra circular, transmitida pelo of. n.º. 7020, de 13/5/98, da P.G.R.

Artigo 38.°
Depósito de mercadorias e instrumentos do crime nas estâncias aduaneiras ou depósitos públicos e venda imediata

1 – As mercadorias, meios de transporte, armas e outros instrumentos do crime apreendidos serão depositados nas estâncias aduaneiras ou depósitos públicos, a não ser que estes não possam recebê-los por falta de espaço.

2 – Mediante despacho da autoridade judiciária competente, os objectos referidos no número anterior, apreendidos pela Brigada Fiscal, podem ser por esta utilizados provisoriamente até à declaração de perda ou de restituição, sempre que seja reconhecido interesse na sua utilização.

3 – Se a apreensão respeitar a coisas perecíveis, perigosas ou deterioráveis é aplicável, com as necessárias adaptações, o disposto no artigo 185.º do Código de Processo Penal, devendo a decisão ser proferida no prazo de dois dias.

4 – As operações de venda são realizadas pelos órgãos competentes da administração tributária, nos termos das leis aplicáveis, sendo o produto da venda depositado à ordem do processo respectivo.

5 – Se a decisão final não decretar a perda, o produto da venda será entregue ao proprietário dos objectos apreendidos.

NOTAS:
– As estâncias aduaneiras, ou depósitos públicos pertencem às alfândegas, se estes integram depósitos caucionados, devendo ser nestes que as mercadorias devem ser armazenadas.
– A circular n.º 20/81, da P.G.R., trata do procedimento a adoptar quanto ao tabaco apreendido, determinando que, por se tratar de mercadoria perecível se deve proceder á venda judicial, com informação à Tabaqueira; após exame laboratorial, e a sua recuperação ou inutilização, devendo o M.º P.º proceder á necessária fiscalização. Com o actual C.P.P., cabe-lhe mesmo providenciar pela realização da mesma, a efectuar pela autoridade de administração tributária.
– Sobre as operações de venda, nomeadamente, no caso do álcool e bebidas alcoólicas não engarrafados, prevê-se no art. 69.º do C. dos IEC´s que tenha lugar em 60 dias; nos termos do art. 99.º do mesmo também o tabaco manufacturado aprendido é sujeito obrigatoriamente a controlo da autoridade aduaneira.

JURISPRUDÊNCIA:
– Tendo a Alfândega vendido mercadorias pretensamente contrabandeadas, sem intervenção nem autorização do tribunal de instrução que mandou aguardar melhor prova, o caminho a seguir pelo proprietário passa pelos arts. 107 e 109 do CP de 82 – ac do STJ de 22/6/88 na NET sob o n.º 11044.

Artigo 39.º
Outras formas de depósito

1 – Quando não se torne possível o transporte imediato dos objectos apreendidos para as estâncias aduaneiras ou depósitos públicos, ou aqueles os não puderem receber, serão os mesmos relacionados e descritos em atenção à sua qualidade, quantidade e valor e confiados a depositário idóneo, com excepção das armas ou outros instrumentos da infracção, que ficarão sob a guarda de agentes da autoridade, lavrando-se do depósito o respectivo termo, assinado pelos apreensores, testemunhas, havendo-as, e depositário, ficando este com duplicado.

2 – Não havendo no local da apreensão depositário idóneo, as mercadorias e demais bens apreendidos ficarão sob guarda de agentes da autoridade.

NOTAS:
 – A circular 9/84, da P.G.R, indica como devem ser descritos os objectos apreendidos: de forma detalhada, com os dados e características (tipo, marca, modelo, n.º de série, valor, peso, etc).
 – A circular 11/79, da P.G.R., determina ainda que as armas apreendidas sejam registadas nas procuradorias. Com a revogação do art. 300.º do Estatuto Judiciário deixou de ser necessário proceder à sua entrega nas secretarias), ficando as armas fiquem à guarda das forças de polícia armada (PJ, PSP ou GNR).

Artigo 40.º
Inquérito

1 – Adquirida a notícia de um crime tributário procede-se a inquérito, sob a direcção do Ministério Público, com as finalidades e nos termos do disposto no Código de Processo Penal.

2 – Aos órgãos da administração tributária e aos da administração da segurança social cabem, durante o inquérito, os poderes e as funções que o Código de Processo Penal atribui aos órgãos de polícia criminal, presumindo-se-lhes delegada a prática de actos que o Ministério Público pode atribuir àqueles órgãos.

3 – A instauração de inquérito pelos órgãos da administração tributária e da administração da segurança social ao abrigo da competência delegada deve ser de imediato comunicada ao Ministério Público.

NOTAS:
– Desaparece o processo de averiguações, cuja existência levantava problemas práticos por não se denominar inquérito, não era, afinal, um pré-inquérito, caso fosse dado conhecimento ao M.ºP.º e este delegasse a investigação, ou, pelo menos, não avocasse a investigação. Cfr., sobre a forma como era visto, Nuno de Sá Gomes, em "O processo penal fiscal como condição de procedibilidade dos actos de inquérito do M.º P.º relativos a crimes fiscais não aduaneiros", C. T. F. n.º 379, p. 8 e ss.
– Adopta-se a figura do inquérito, com o formalismo a que este está sujeito, sendo, pois, aplicável subsidiariamente o disposto nos arts. 262.º, 263.º, 265.º e 266.º do C.P.P.: a finalidade do inquérito é investigar a existência do crime e seus agentes e descobrir provas, a direcção do inquérito pertence ao M.º P.º, a competência pertence ao M.º P.º do local do crime, o inquérito contra magistrados tem foro especial e os autos têm de ser transmitidos ao dito M.º P.º competente, sempre que necessário.
– Do Dec.-Lei n.º 6/99, de 8/1[17], que prevê a possibilidade de a situação tributária do contribuinte ser fiscalizada por sua própria iniciativa ou de terceiro que demonstre interesse legítimo, resulta ainda que, nos termos do art. 4.º do Dec.-Lei n.º 6/99, de 8/1, que o terceiro, requerente de inspecção, está vinculado ao pagamento de uma taxa, o que pode brigar com o princípio da legalidade aplicável no caso de crime, que é público. Por outro lado, o art. 5.º ressalva o efeito vinculativo da inspecção que não aproveita "aos autores do crime de fraude fiscal condenados com base em simulação, falsificação, viciação, ocultação, destruição, danificação ou inutilização de elementos fiscalmente relevantes", tudo a aconselhar que nestes casos ou de denúncia seja instaurado inquérito, obviamente dentro dos limites da intervenção mínima, que for ao caso aplicável.
– Os técnicos oficiais de contas têm o dever de participar ao Ministério Público, através da sua Câmara, os factos que detectem no exercício e constituam crime público, nos termos do art. 58.º do Dec-Lei n.º 452/99, de 5/11.

---

[17] Existe versão integral deste diploma, na legislação anexa.

– É de atender às novas competências previstas no art. 5.º n.º 2 al. e) e n.º 5 da L.O. da P. J. (D.L. 275-A/2000), na redacção dada pelo DL 309/20002, de 13/12, para esse OPC, em casos de especial complexidade ou de que resulte um valor em dívida superior a 500 000 €, ou seja, cerca de 10 000 000$00. Sendo que não foi criado um departamento específico para este efeito, é para o seu departamento especializado DCCCFIEF que está melhor vocacionado para a investigação, no caso de se tratar de infracções economico-financeiras cometidas de forma organizada, de dimensão internacional ou transnacional, cometidas com recurso à tecnologia informática, conceitos que podem integrar a dita especial complexidade, embora não o esgotem. A P.J. intervém assistida por funcionário designado pela administração fiscal.

ARTIGO 41.º
Competência delegada para a investigação

1 – Sem prejuízo de a todo o tempo o processo poder ser avocado pelo Ministério Público, a competência para os actos de inquérito a que se refere o n.º 2 do artigo 40.º presume-se delegada:

a) Relativamente aos crimes aduaneiros: no director da direcção de serviços antifraude nos processos por crimes que venham a ser indiciados no exercício das suas atribuições ou no exercício das atribuições das alfândegas e na Brigada Fiscal da Guarda Nacional Republicana, nos processos por crimes que venham a ser indiciados por estes no exercício das suas atribuições;

b) Relativamente aos crimes fiscais: no director de finanças que exercer funções na área onde o crime tiver sido cometido ou no director da Direcção de Serviços de Prevenção e Inspecção Tributária nos processos por crimes que venham a ser indiciados por aquela no exercício das suas atribuições;

c) Relativamente aos crimes contra a segurança social: nos presidentes das pessoas colectivas de direito público a quem estejam cometidas as atribuições nas áreas dos contribuintes e dos beneficiários.

2 – Os actos de inquérito para cuja prática a competência é delegada nos termos do número anterior podem ser praticados pelos órgãos de funcionários e agentes dos respectivos serviços a quem tais funções sejam especialmente cometidas.

3 – Se o mesmo facto constituir crime tributário e crime comum, pode o Ministério Público determinar a constituição de equipas também integradas por elementos a designar por outros órgãos de polícia criminal para procederem aos actos de inquérito.

NOTAS:
– A avocação pelo Ministério Público pode ocorrer, nos termos do seu Estatuto, em caso de repercussão pública, ouface aos interesses relevantes em causa.
– Nos termos da circular n.º 11/99, de 3/11, da P.G.R. esta tem definida competência, para o Departamento Central de Investigação e Acção Penal (DCIAP), a funcionar na rua Alexandre Herculano, n.º 60, em Lisboa, com competência para investigar, a nível nacional, os crimes previstos no art. 47.º n.º 1 do Estatuto do M.º P.º aprovado pela Lei n.º 60/98, de 27/8, em que se inclui toda a criminalidade organizada, nomeadamente por infracções economico-financeiras. Tal DCIAP tem ainda funções de coordenação e prevenção de criminalidade violenta, altamente organizada e de especial complexidade, nos termos dos arts. 9.º n.º 3 e 46.º n.º 1 do dito Estatuto, "sempre que a actividade criminosa ocorra em comarcas pertencentes a diferentes distritos judiciais". Nos termos da mesma, estão incluídas na investigação:
  – a fraude fiscal por empresas (genérica, com facturas falsas, com falsificação de escrita);
  – o abuso de confiança por empresas;
  – a frustração de créditos fiscais por empresas;
  – a fraude à segurança social cometida por empresas;
  – o abuso de confiança à segurança social por empresas;
  – o contrabando de importação e exportação;
  – o contrabando de circulação;
  – a fraude no transporte de mercadorias em regime suspensivo;
  – e, obviamente, a associação criminosa.
– Não sendo caso de avocação, nomeadamente pelo D.C.I.A.P., nem tendo o Ministério Público determinar a delegação de competências na P.J., nos termos da nota final do artigo anterior, a competência delegada para a investigação pertence a:

- *director e funcionários dos serviços antifraude da DGAIEC, serviço também competente a nível nacional para crimes aduaneiros e contra-ordenações aduaneiras;*
- *agentes da B.F. da G.N.R.;*
- *director de finanças e funcionários dos serviços de finanças (dantes apenas o director distrital), para os crimes e contra-ordenações fiscais;*
- *director e funcionários da Direcção de Serviços de Prevenção e Inspecção tributária (D.S.P.I.T.), com competência a nível nacional, nomeadamente para as mil maiores empresas, constantes de um Cadastro Especial de Contribuintes cuja listagem é publicada no D.R. II série*[18]*;*
- *e funcionários de institutos e serviços regionais de segurança social, para os crimes contra a Segurança Social.*

– *Diminuiu-se, assim, a esfera de intervenção dos funcionários das alfândegas, tendo-se alargado a intervenção por parte dos funcionários de finanças e mesmo da segurança social. Com efeito, a competência criminal já não abrange os directores das alfândegas, o que está de acordo com a lei orgânica da DGAIEC aprovada pelo Dec.-Lei n.º 360/99, de 16/9 e regulamentada pelo Dec.-Lei n.º 705-A/2000, de 31/8 e com a da DGI foi aprovada pelo Dec.-Lei n.º 408/93, de 14/12, com as a alterações dos Decs.-Leis n.º 187/90, de 7/6, 42/97, de 7/2 e 366/99, 18/9. Entre as entidades competentes para intervir no âmbito da segurança social, sobressaem os Gabinetes, de Investigação Criminal, do Centro Nacional de Pensões, e Jurídicos, dos Centros Distritais de Solidariedade e Segurança Social, nos termos do art. 87.º n.º 1 da Lei n.º 16/2000, de 8/8, e 46.º al. d) e 66.º al. e) da Portaria 543-A/2001, de 30/5.*

– *A B.F. da G.N.R. que continuou, mesmo após a extinção da Guarda Fiscal, a ter competência para levantar autos de notícia, só por si, ou em conjunto com as anteriores entidades, quando solicitada a intervir, nos termos do Dec.-Lei n.º 197/93, de 27/5, pode agora reassumir espaço para intervenção, dantes ocupado pelas alfândegas, pese embora relativamente aos crimes contra a Segurança Social não se encontrar prevista a sua intervenção.*

– *Finalmente, prevê-se, no caso do n.º 3 (concurso entre crimes fiscais e crimes comuns) a possibilidade de equipas mistas, as quais já foram anteriormente constituídas, nomeadamente entre a DGCI e a PJ, ou outros OPCs.*

---

[18] Veja-se, por exemplo, o de 16/11/95.

No entanto, continuando-se a prever a possibilidade de serem constituídas equipas mistas, quer parecer que a forma de articulação será a constante da dita alteração à L.O. da P.J. DL 309/20002, de 13/12, aplicável por analogia, se necessário: investigação pelo OPC, assistido pela administração fiscal.
  – Esta alteração à L.O. da P.J. derrogou a doutrina constante da circular n.º 10/94, de 20/6, da P.G.R.. Com efeito, o Ministério Público pode agora voltar a deferir à P.J. da investigação de crimes conexos com os ilícitos fiscais (em que se incluíam os crimes de burla, ora qualificada como tributária), sempre que:
    – o valor seja superior aos ditos 500 000 €, ou seja, 100 000 000$00;
    – exista "especial complexidade".
  Crê-se que aquela conexão só por si não é bastante para integrar este conceito, o qual, segundo o C.P.P., tem de ser declarado pelo juiz de instrução, e no caso de haver arguidos presos, face ao levado número de arguidos ou carácter organizado do crime. Assim, salvo nesses casos, o M.º P.º não deve accionar a intervenção da P. J..

Artigo 42.º
Duração do inquérito e seu encerramento pela administração tributária

1 – Os actos de inquérito delegados nos órgãos da administração tributária, da segurança social ou nos órgãos de polícia criminal devem estar concluídos no prazo máximo de oito meses contados da data em que foi adquirida a notícia do crime.

2 – No caso de ser intentado procedimento, contestação técnica aduaneira ou processo tributário em que se discuta situação tributária de cuja definição dependa a qualificação criminal dos factos, não será encerrado o inquérito enquanto não for praticado acto definitivo ou proferida decisão final sobre a referida situação tributária, suspendendo-se, entretanto, o prazo a que se refere o número anterior.

3 – Concluídas as investigações relativas ao inquérito, o órgão da administração tributária, da segurança social ou de polícia criminal competente emite parecer fundamentado que remete ao Ministério Público juntamente com o auto de inquérito.

4 – Não serão concluídas as investigações enquanto não for apurada a situação tributária ou contributiva da qual dependa a qualificação criminal dos factos, cujo procedimento tem prioridade sobre outros da mesma natureza.

NOTAS:
  – O prazo de 8 meses, para proceder a inquérito resulta alargado, pois é, em regra, apenas de 6 meses, só sendo de 8 meses, havendo arguidos presos, de acordo com o art. 276.º do C. Penal. Ao Ministério Público cabe, nos termos do art. 3.º do Decreto-lei n.º 93/2003, de 30/4, assegurar o cumprimento desses prazos.
  – Contudo, já se entendeu que, mesmo nos casos de fraude fiscal e associação criminosa, o prazo de detenção com arguidos presos, sempre será de 6 meses, por os crimes fiscais não as não constarem entre as excepções das als. a) e d) do n.º 2 do art. 214.º do C.P.P., que apenas se referem ao tipos comuns, de associação criminosa (art. 299.º do C.P.) e de "burla".
  – O prazo conta-se a partir da data em que corra contra pessoa determinada ou em que se procede à constituição de arguido, o que é obrigatório, sempre que possível a notificação, nos termos do art. 272.º n.º 1 do CPP.
  – A constituição de arguido deve ter lugar logo que seja levantado auto de notícia, nos termos da al. d) do art. 58.º do C.P.P., procedendo à mesma por comunicação de que deve o mesmo considerar-se arguido, explicando-se e entregando-se nota dos direitos e deveres processuais referidos no art. 61.º do mesmo.
  – A sua aplicação está obviamente dependente da verificação de indícios suficientes, nomeadamente da existência de todos os elementos do tipo legal de crime. Para tal, importa considerar o especialmente determinado nos arts. 74.º (o ónus da prova recai sobre quem invoca os factos) e 75.º (presunção de verdade das declarações dos contribuintes) e 89.º (impossibilidade de determinação directa e exacta da matéria tributável, inexistência, insuficiência, falsificação, viciação, excesso ou discrepância, face aos valores de mercado, da matéria colectável) de que resulta o entendimento de que tal indiciação é de efectuar, por métodos indirectos, nos casos que resultam injustificados por:
     – impossibilidade de comprovação e de quantificação directa e exacta dos elementos indispensáveis à correcta determinação da matéria colectável;

– *afastamento significativo, para menos, de acordo com a aplicação de indicadores objectivos, a efectuar por desproporção inferior a 50%, relativamente ao rendimento padrão definido no n.º 4 do art. 89.º para os casos de manifestações de fortuna (ou mesmo em relação a valores médios, a definir anualmente pelo Ministro das Finanças).*

Tal foi a opinião dos drs. Américo Marcelino e Artur Domingos, peritos do NAT, em curso realizado no CEJ, em 2001.

JURISPRUDÊNCIA:
– *No caso de notificação edital do arguido da acusação (na redacção anterior à resultante da lei n.º 59/98, de 25/8) o prazo para abertura de instrução só se conta a partir do momento em que esta se considera efectuada, de acordo com o ac. do STJ de 25/3/92 – ac. 54/2000 do T. Constitucional.*

– *Ainda que o arguido tenha a sua responsabilidade indiciada por referência aos crimes de fraude fiscal e de associação criminosa, este do art. 89.º n.º 1 do RGIT, não é de autorizar qualquer aditamento ao prazo do regime-regra para a prisão preventiva previsto no art. 215.º n.º 1 do CPP – ac. da R. de Guimarães de 17/3/2003, na base de dados da DGSI, acessível na NET.*

– *A determinação do lucro tributário em falta não pode ser considerada através de métodos indirectos, apesar de quanto à mesma correr execução fiscal, em cujo âmbito os arguidos já liquidaram montante não apurado – ac. da Relação do Porto de 9/1/02 na CJ Ano XXVI, tomo I. p. 221.*

Artigo 43.º
Decisão do Ministério Público

1 – Recebido o auto de inquérito e respectivo parecer, o Ministério Público procede nos termos dos artigos 277.º a 283.º do Código de Processo Penal, tendo em conta o disposto no artigo seguinte.

2 – O Ministério Público pratica os actos que considerar necessários à realização das finalidades do inquérito.

NOTAS:
– *Cfr. arts. 277.º a 283.º do CPP: o MP completa o inquérito, arquiva, suspende provisoriamente o processo, ou acusa; a acusação tem lugar*

quando durante o inquérito se tiverem recolhidos indícios suficientes de se Ter verificado o crime e de quem foi o seu agente. Segundo o n.º 2 do dito art. 283.º, os indícios são suficientes "sempre que deles resultar uma possibilidade razoável de ao arguido vir a ser aplicada, por força deles, em julgamento, uma pena ou medida de segurança".

– Para a acusação é necessário, segundo o n.º 3 desse dispositivo, e os art. 272.º n.º 1 e 275.º, do mesmo:
- *a identificação e interrogatório do arguido;*
- *a narração dos factos (lugar, tempo, motivação, grau de participação e circunstâncias relevantes);*
- *disposições legais aplicáveis;*
- *rol de testemunhas (máximo de 20, ou 5, se apenas relativas à medida da pena);*
- *indicação dos peritos e consultores técnicos a serem ouvidos em julgamento;*
- *indicação de outras provas (constam obrigatoriamente de autos – a notícia do crime, o interrogatório de arguido, as buscas, as apreensões, as intercepções e gravações ou registos de conversações ou comunicações e as declarações para memória futura, a tomar pelo juiz de instrução, no caso de doença grave ou deslocação para o estrangeiro de testemunha, que pode ser redigido por súmula).*

ARTIGO 44.º
Arquivamento em caso de dispensa da pena

1 – Se o processo for por crime relativamente ao qual se encontre expressamente prevista na lei a possibilidade de dispensa da pena, o Ministério Público, ouvida a administração tributária ou da segurança social e com a concordância do juiz de instrução, pode decidir-se pelo arquivamento do processo, se se verificarem os pressupostos daquela dispensa.

2 – Se a acusação tiver sido já deduzida, o juiz de instrução, enquanto esta decorrer, pode, com a concordância do Ministério Público e do arguido, ouvida a administração tributária ou da segurança social, decidir-se pelo arquivamento do processo, se se verificarem os pressupostos da dispensa da pena.

NOTAS:
– *A dispensa da pena pode ocorrer nomeadamente nos casos dos art. 105.º n.º 6 (abuso de confiança fiscal) e 107.º n.º 2 (abuso de confiança contra a segurança social até 1 000 euros/cerca de 200 000$00, de contribuições em falta), situações que permite agora o arquivamento por regularização da situação contributiva. Restringe-se, pois, o que anteriormente era permitido mais generalizadamente no art. 26.º, abrangendo ainda a fraude fiscal e a frustração de créditos fiscais, distinguindo-se então ainda os casos de o respectivo auto de infracção ter, ou não, transitado para o Ministério Público.*

– *Na base da alteração que é relevante, esteve decerto a exclusão, para alguns casos de fraude fiscal, da possibilidade de extinção do procedimento criminal por pagamento, consagrada pelo art. 5.º da Lei n.º 51-A/96, de 9/12. Com efeito, quanto aos efeitos criminais da aplicação dos Decs-Leis n.º 225/ /94, de 5-9, e 124/96, de 10-8 ("Plano Mateus"), no sentido de não ser possível o arquivamento em casos de fraude fiscal com a intervenção de funcionários públicos e com falsificação de documentos, nomeadamente facturas, assim se pronunciou o então PGR Cunha Rodrigues, visando evitar o efeito de uma "amnistia encapotada" do crime vulgarmente designado por "facturas falsas", conforme se pode ler da respectiva proposta de lei n.º 62/VII.*

– *A audição da administração fiscal justifica-se pelos interesses patrimoniais em causa, sendo certo que não se remete para situação de regularização tributária, sendo necessário a reparação do dano, para além dos demais requisitos do art. 22.º deste regime, que apenas especifica o disposto no art. 74.º n.1 do C. P. Assim, o pagamento tem de ocorrer, quer em numerário, quer por dação em pagamento, embora neste caso a sua aceitação, para efeitos de extinção da instância em processo de execução fiscal esteja ainda dependente de autorização do Ministro das Finanças, nos termos do art. 202.º do C.P.P.T.*

JURISPRUDÊNCIA:
– *Tendo os arguidos procedido ao pagamento integral das quantias em dívida, nos termos do art. 26.º do RJIFNA não compete ao juiz de instrução determinar o arquivamento nos autos com base no n.º 2 desse normativo, cumprindo antes ao Ministério Público assumir a iniciativa do arquivamento do processo até ao julgamento verificado o respectivo condicionalismo – ac. da R. do Porto de 10/12/97 no processo 9810239, com texto acessível na base de dados da DGSI, acessível na NET.*

– *Sem a iniciativa do Ministério Público e, opondo-se a Segurança Social a quem não estão integralmente pagas todas as contribuições em dívida pela sociedade arguida, o juiz de instrução não pode decidir-se pelo arquivamento, mesmo considerando que aquela entregou, entretanto, as contribuições declaradas como deduzidas de 1996, 1997, 1998 e 1999, e que não pagara até ao dia 15 do mês seguinte ao qual respeitavam, nem nos 90 dias posteriores, por considerar satisfeitas as exigências de prevenção que no caso se fazem sentir e a conduta do agente não revestir forte gravidade – ac. da R. de Évora de 5/4/02 no proc. 2727/01.*

– A responsabilidade só se extingue, nos termos dos arts 1.º e 3.º do DL 51-A/96, de 9/12 (crimes de fraude fiscal, cujas dívidas estejam abrangidas pelos DLs 225/94, de 5/9, e 124/96, de 10/8) desde que haja "pagamento integral dos impostos e acréscimos legais", não sendo suficiente o pagamento daqueles sem que se mostrem igualmente liquidados os acréscimos legais – ac. da R. de Lisboa de 13/3/03, no proc. 624703-9.ª, com sumário na base de dados informatizada da PGD Lisboa.

– I – A iniciativa de arquivamento dos autos pertence ao Ministério Público. II-Depois de o processo transitar para julgamento, o arquivamento já não pode ter lugar. III – A dispensa da pena justifica-se se a situação fiscal tiver sido regularizada e se a ilicitude do facto e a culpa do agente não forem muito graves – ac. da R. do Porto de 1/10/03, no processo 0312396, com texto acessível na base de dados da DGSI, acessível na NET.

Artigo 45.º
**Comunicação do arquivamento
e rejeição da acusação**

Sendo arquivado o inquérito ou rejeitada a acusação, a decisão é comunicada à administração tributária ou da segurança social para efeitos de procedimento por contra-ordenação, se for caso disso.

NOTAS:

– Na forma dos crimes deste regime, nomeadamente os "abusos de confiança" referidos na nota 1 do art. anterior, está previsto o arquivamento, pagos o imposto, os juros, e, na verdade, pressupõe-se que seja também paga a coima, caso exista contra-ordenação.

– Dantes previa-se, uma vez findo o processo penal, que fosse remetido o próprio processo de averiguações, afigurando-se que poderá agora ser de remeter o inquérito, a título consultivo, ou passada cópia, extracto ou certi-

dão, desde que pedida, nos termos do art. 90.º do CPP., após a comunicação efectuada.

JURISPRUDÊNCIA:
 – No sentido da constitucionalidade de dar lugar a processo de contra-ordenação, em caso de extinção da responsabilidade criminal por pagamento de impostos e acréscimos legais – ac. do T. Constitucional de 12/4/2000 no D. R. II série n. 254, de 3/11/00, p. 17945.
 – O DL 235-A/96, de 9/12, embora despenalizando as infracções criminais, desde que tenha havido adesão ao regime do DL 124/96, não abarca nessa despenalização as infracções por contra-ordenação, mesmo que ocorra, quanto às dívidas de natureza fiscal com elas conexionadas, tal adesão ao regime do DL 124/86 – ac. do TCA de 29/9/98 no proc. 690/98, conforme sumário disponível na NET.

Artigo 46.º
Competência por conexão

Para efeitos do presente diploma, as regras relativas à competência por conexão previstas no Código de Processo Penal valem exclusivamente para os processos por crimes tributários da mesma natureza.

NOTAS:
 – Cfr. notas ao art. 10.º e 41.º deste regime.
 – O anterior art. 49.º do RJIFNA também não permitia a conexão com crimes comuns, sendo que, a haver investigação comum, pode ser caso de determinar ou requerer a juízo a separação de processo, nos termos do art. 30.º do C.P.P.

Artigo 47.º
Suspensão do processo penal tributário

1 – Se estiver a correr processo de impugnação judicial ou tiver lugar oposição à execução, nos termos do Código de Procedimento e de Processo Tributário, o processo penal tributário suspende-se até que transitem em julgado as respectivas sentenças.

2 – Se o processo penal tributário for suspenso, nos termos do número anterior, o processo que deu causa à suspensão tem prioridade sobre todos os outros da mesma espécie.

NOTAS:
 – Trata-se de uma disposição em que se alarga norma do RJIFNA (o art. 50.º, havendo ainda semelhante disposição neste regime para as contra-ordenações), mas que tem sido muito criticada, nomeadamente pela doutrina estrangeira, provocando soluções legislativas diversas da nossa.

 – "A prejudicialidade administrativa obstaculiza uma intervenção directa do Direito penal, permitindo arranjos e compadrios entre o contribuinte e a administração que tornam impossível a exigência da repressão penal" (...) "Não é estranho que durante os 7 largos anos de vigência do delito fiscal apenas tenha havido uma sentença condenatória" – refere Munoz Conde, Direito Penal, Parte Especial, 11.ª edição, Valencia, 1999, p. 989, citando a lei de alteração legislativa espanhola.

 – A questão da prejudicialidade, a ser admitida em toda a sua extensão, coloca também tal tipo de questões em Portugal: vejam-se os casos do Toto-negócio, e seus desenvolvimentos[19] e o caso dito Cebola[20]. Aliás, quanto ao primeiro, existe o parecer do C. C. da PG.R., n.º 45/98, publicado em Pareceres, Vol. VIII, p. 193 e ss., ed. da PGR, em que o possível pagamento, através das receitas futuras das apostas mútuas desportivas, foi aceite poder integrar a forma de extinção das obrigações, "dação em cumprimento" e "dação em função do cumprimento", prevista na lei tributária e nos arts. 837.º e 840.º do C. Civil[21].

 – A impugnação judicial e a oposição à execução estão reguladas nos arts. 131.º a 134.º e 203.º a 213.º do C.P.P.T., incidindo respectivamente sobre a liquidação e também sobre a existência do imposto, taxa, ou contribuição,

---

[19] Riscos de "perdão" fiscal aos Clubes de Futebol, artigo de João Ramos de Almeida: O Governo começou por fixar que 465 mil contos de dívidas anteriores a 1996, fossem pagas a pronto. Depois aceitou que pagassem 150 prestações. Mas acabou por aceitar a versão dos clubes. Ou seja, aceitou que apenas se considere o seu pagamento em 2004, ed. do Público de 23/5/2000.

[20] Do nome do representante de empresa, que durante anos foi a única condenação, em prisão efectiva.

[21] Cfr. Fiscalidade no Desporto, de Luísa Sacadura, ed. Erasmus. Refiro-me às várias alterações

legitimidade do devedor, e sua exigibilidade, sendo que apenas a oposição tem eficácia suspensiva do processo fiscal, e, em regra, desde que prestada ou obtida garantia.
   – Trata-se de suspensão "ope leis", sendo que o art. 7.º n.ᵒˢ 3 e 4 do C.P.P., apenas prevê a suspensão por despacho, sendo necessário despacho judicial, e para a prorrogação do prazo ocorrer por mais 1 ano.
   – Segundo o art. 177.º do C.P.P.T., a extinção da execução verifica-se no prazo de 1 ano, salvo causas insuperáveis, devidamente justificáveis.

JURISPRUDÊNCIA:
   – Vale como data da apresentação da impugnação judicial a da efectivação do registo, postal da remessa do respectivo requerimento à autoridade administrativa Assento n.º 2/2000, de 2/2 no D.R. I s. A, de 7/2.
   – (...) IX. A reclamação da decisão que fixa a matéria tributável deve ser apresentada no prazo de 30 dias posteriores à notificação, a qual é condição de impugnação judicial (art.84.º do CPT); e, no caso de indeferimento da reclamação existe a possíbilidade de interposição de recurso hierárquico, no prazo de 30 dias (art. 91.º, ibid.), sendo o recurso hierárquico passível de recurso contencioso (art. 92.º, ibid.). X. A lei (art. 50.º do Dec.-Lei n.º 20-A//90, de 15/01, com a redacção dada pelo Dec.-Lei n.º 394/93, de 24.11) só permite a suspensão do processo penal fiscal se estiver a correr processo de impugnação judicial ou tiver lugar oposição de executados; ou quando a administração fiscal tenha autorizado o pagamento em prestações (art. 20.º da Lei n.º 51-A/96, de 09.12)-ac. da R. de Coimbra de 6/12/2000 no processo 733/2000, conforme texto constante da base de dados da DGSI, acessível na NET.
   – A reclamação graciosa de um acto tributário, bem como a sua impugnação judicial, uma e outra instrauradas apenas pela sociedade arguida, têm a virtualidade de, nos termos dos arts. 40.º e 50.º do RJIFNA, operar a suspensão dorprocesso penal fiscal não só em relação àquela sociedade, como também quanto ao seu sócio-gerente, ambos acusados nesse processo como co-autores materiais do mesmo crime de fraude fiscal, p.º e p.º pelo art. 23.º do DL 20-A/90, de 15/1. É que só assim se respeita a regra geral de conexão em função de comparticipação (cfr. Art. 24.º n.º 1 al. c) do CPP), evitando-se o risco de contradição entre julgados e permitindo-se, em devido tempo, ao tribunal criminal alicerçar a sua apreciação tendo por base uma definitiva decisão sobre a complexa situação tributária que nos autos está alcançada – ac. da R. de Lisboa de 7/11/01, no proc. 9990/01-3.ª, conforme sumário na base de dados da www.PGDLisboa.pt.

ARTIGO 48.°
Caso julgado das sentenças de impugnação e de oposição

A sentença proferida em processo de impugnação judicial e a que tenha decidido da oposição de executado, nos termos do Código de Procedimento e de Processo Tributário, uma vez transitadas, constituem caso julgado para o processo penal tributário apenas relativamente às questões nelas decididas e nos precisos termos em que o foram.

NOTAS:
– As questões decididas (liquidação, existência do imposto, taxa ou contribuição, legitimidade do devedor, exigibilidade do título executivo) repercutem-se na determinação do crime, de quem foi ou foram os seus autores, e em questões como a prescrição do crime, e podem conduzir à inadmissibilidade do procedimento.
– O alcance do caso julgado encontra-se previsto no art. 673.º do C.P.C., em termos não diversos dos ora previstos nos ditos tipos de processado, o que se torna explícito, constituindo esta uma disposição própria inserida no processo penal fiscal, contrariamente ao que processo penal comum em que semelhante não consta.
– Sobre o prazo da impugnação judicial e oposição de executado, cfr. art. 96.º n.º 2 do C.P.P.T. que prevê que o mesmo seja então de 2 anos.

JURISPRUDÊNCIA:
– A presunção derivada do julgado penal está, contudo, subordinada ao princípio da verdade material da situação tributária do contribuinte, ainda que apreendida através de presunções que permitam ao aplicador do direito "a prova de um facto pela simples prova do facto indiciante" (...) Sustentando a recorrrente que para se decidir que uma factura é falsa, não basta a alegação simples, é necessário que existam elementos no processo que de forma inequívoca assim levem a tal decisão. (...) Porque no processo de impugnação estamos em presença de um conflito entre interesses e as correspondentes posições subjectivas, isso não significa que estamos no âmbito do contraditório e por isso não se impunha a audiência prévia do contribuinte. – ac. do TCA de 25/1/2000 no proc. 1023/98, conforme sumário disponível na NET.

Artigo 49.º
Responsáveis civis

Os responsáveis civis pelo pagamento de multas, nos termos do artigo 8.º deste diploma, intervêm no processo e gozam dos direitos de defesa dos arguidos compatíveis com a defesa dos seus interesses.

NOTAS:
 – A responsabilidade civil emerge, neste caso do art. 8.º, necessariamente da responsabilidade penal. Contudo, nos termos gerais, os agentes, não tendo obrigação de impugnar as multas, de acordo com o estatuto de meros arguidos, em que há o direito ao silêncio, pelo menos sobre os factos, sem que daí possa decorrer qualquer cominação, devem ter o direito de contestar o fundamento da sua responsabilidade.
 – Contudo, não tem agora campo de aplicação, em termos gerais, e no que respeita estritamente aos crimes fiscais, o princípio da adesão do pedido cível, vigente em processo penal, contrariamente ao que dantes acontecia, pelo menos, quanto aos pedidos cíveis de impostos emergentes de infracções fiscais aduaneiras – art. 56.º do RJIFA, cuja disposição desaparece.

JURISPRUDÊNCIA:
 – As condutas em infracção às normas fiscais têm um tratamento autónomo em face do direito penal comum, isto é, o RJIFNA contém um direito penal especial, que rege de forma total e fechada a tutela dos interesses tributários do Estado.
 – Por isso, a censura jurídico-criminal, no âmbito das infracções tributárias, é apenas a que resulta dos tipos legais estabelecidos no RJIFNA (...). No caso de concurso de crimes comuns, a prescrição do procedimento criminal não prejudica o conhecimento do direito à indemnização – cfr. ac. STJ de 27/5/99, Col. de Jur. t. 2, p. 222, desse ano.

Artigo 50.º
Assistência ao Ministério Público e comunicação das decisões

1 – A administração tributária ou da segurança social assiste tecnicamente o Ministério Público em todas as fases do processo,

podendo designar para cada processo um agente da administração ou perito tributário, que tem sempre a faculdade de consultar o processo e ser informado sobre a sua tramitação.

2 – Em qualquer fase do processo, as respectivas decisões finais são sempre comunicadas à administração tributária ou da segurança social.

NOTAS:

– O n.º 1 foi disposição bastante alterada, deixando de constar que a administração fiscal ou da segurança social de possa constituir-se "assistente" no processo penal, sem prejuízo de funcionar em perícia ou assessoria técnica, nos termos dos arts.151.º e ss. do CPP., o que se afigura constituir uma derrogação à Lei n.º 1/97, de 16/1, que criou o Núcleo de Assessoria Técnica, junto da P.G.R. e do DCIAP, salvo caso de avocação.

– Ainda segundo o n.º 1, a faculdade, do agente dessa administração, consultar e ser informado da tributação, pode entender-se, sendo de proceder à tramitação em separado do pedido cível, o que constituiria também uma excepção ao princípio da adesão, vigente em processo penal comum. Dúvidas não há que tal constitui uma excepção ao regime geral de consulta de autos e acesso a informação protegida por segredo de justiça, constante do art. 89.º do C.P.P. – na disponibilidade da autoridade judiciária –, que assim resulta derrogado, face à administração tributária e da segurança social.

JURISPRUDÊNCIA:

– O Instituto de Gestão Financeira da Segurança Social (IGFSS) tem legitimidade para deduzir pedido cível, mas não para intervir como assistente em processo respeitante a fraude contra a Segurança Social – ac. da Relação de Évora de 11/11/02, na CJ ano XXVII, tomo V, p. 253.

– Nos crimes de abuso de confiança em relação à Segurança Social o IGFSS não tem legitimidade para se constituir assistente. Nos crimes de abuso de confiança em relação à Segurança Social, o interesse protegido não é um interesse próprio do IGFSS, mas nates um interesse do próprio Estado – ac. da R. de Lisboa de 25/2/03, no processo 0000475, conforme sumário acessível na base de dados da DGSI, acessível na NET.

– O IGFSS tem legitimidade para se constituir assistente nos crimes contra a Segurança Social – acs. da R. do Porto de 15/10/03, nos processos 03423719 e 03422397, com texto integral acessível na base de dados da DGSI, acessível na NET.

Capítulo II
Processo de contra-ordenações tributárias

Secção I

Disposições gerais

Artigo 51.º

Âmbito

Ficam sujeitas ao processo de contra-ordenação tributário as infracções tributárias sem natureza criminal, salvo nos casos em que o conhecimento das contra-ordenações caiba aos tribunais comuns, caso em que é correspondentemente aplicável o disposto no Capítulo I da Parte II desta lei.

NOTAS:
– O Dec.-Lei n.º 187/83, de 13/5 que veio a ser declarado inconstitucional, vinha definir que eram aplicáveis às infracções fiscais os princípios gerais do processo penal e a sujeição aos tribunais comuns; com a criação das contra-ordenações e a instalação dos tribunais tributários, integrados na jurisdição administrativa e fiscal, a competência passa em regra para as autoridades fiscais e para os tribunais tributários, nos termos do art. 1.º do Dec.-Lei n.º 265/85, de 16/6. Recentemente, e na sequência do novo ETAF, aprovado pela Lei n.º 13/2002, de 19/2, veio a ser previsto pelo Dec-Lei n.º 325/2003, de 29/12, que esses tribunais possam, aliás, funcionar de uma forma agregada com os tribunais administrativos de círculos.
– As coimas aplicadas pelas instituições do sistema de solidariedade e segurança social nunca chegaram a ser integradas nessa jurisdição, decorrendo a sua execução, na fase administrativa perante o Instituto de Gestão Financeira da Segurança Social do distrito da sede ou residência, nos termos do Dec.-Lei n.º 42/2001, de 9/2. Das decisões impostas quanto às mesmas, pelos competentes serviços do Instituto de Gestão Financeira da Segurança Social do distrito da sede ou residência, cabe recurso para o Tribunal de

Trabalho-art. 66.º da Lei de organização e funcionamento dos tribunais judiciais (LOFTJ), republicada pela Lei n.º 105/03, de 10/12.[22]

– Contudo, o conhecimento das contra-ordenações fiscais e da segurança social, em concurso, real ou aparente, com as infracções criminais com natureza tributária, cabe aos tribunais comuns, de jurisdição penal, enquanto se mantiver o procedimento penal, nos termos do art. 38.º da LQCO.

Artigo 52.º
Competência das autoridades tributárias

A aplicação das coimas e sanções acessórias, ressalvadas as especialidades previstas na lei, compete às seguintes autoridades tributárias:

a) Tratando-se de contra-ordenação aduaneira, ao Director-Geral das Alfândegas e dos Impostos Especiais sobre o Consumo, aos directores das Direcções Regionais de Contencioso e Controlo Aduaneiro, aos directores das alfândegas e aos chefes das delegações aduaneiras;

b) Tratando-se de contra-ordenação fiscal, a aplicação das coimas previstas nos artigos 114.º e 116.º a 126.º, bem como das contra-ordenações autónomas, ao dirigente do serviço tributário local da área onde a infracção teve lugar e a aplicação das coimas previstas nos artigos 114.º, 118.º, 119.º e 126.º, quando o imposto em falta for superior a 25 000 euros, e nos artigos 113.º, 115.º e 127.º ao director de finanças da área onde a infracção teve lugar.

NOTAS:
– Reflecte o princípio da oficialidade: a iniciativa do processo, a investigação dos factos e a aplicação das coimas compete às autoridades administrativas.

– A atribuição de competência para a aplicação de coimas e sanções acessórias nas autoridades aduaneiras não discrimina as suas competências internas, embora existam várias referências em leis especiais.

---

[22] A que já nos referimos. Cfr. Álvaro Lopes Cardoso, em Manual dos Recursos em Processo Civil, p. 241.

— *A competência, para as contra-ordenações fiscais, é do chefe de serviços de finanças; é do director de finanças, no caso de imposto em falta ser superior a 25 000 euros, ou seja, a cerca de 5 000 000$00, e ainda nos casos de recusa de entrega, exibição e apresentação de escrita e documentos, violação de segredo fiscal e impressão de documentos por tipografias não autorizadas .*

ARTIGO 53.º
Competência do tribunal

As decisões de aplicação de coimas e sanções acessórias podem ser objecto de recurso para o tribunal tributário de 1.ª instância, salvo nos casos em que a contra-ordenação é julgada em 1.ª instância pelo tribunal comum.

NOTAS:
— *Ainda segundo o princípio da oficialidade, as decisões têm impugnação judicial para os tribunais das execuções fiscais(art. 54.º da LQCO);*
— *No caso de concurso de contra-ordenação com crime, a que se refere a parte final do dispositivo, a competência é do tribunal de comarca, nos termos do art. 51.º.*

JURISPRUDÊNCIA
— *Nos termos das disposições conjugadas dos art. 39.º, 196.º n.º 2 do CPT e 70.º n.º 1 do CIVA, o digno representante da Fazenda Pública onde deveria ter sido instaurado o competente procedimento de contra-ordenação pela infracção cometida (não entrega de meios de pagamento com a declaração de IVA) é efectivamente a R. F. da área fiscal onde a infracção tem a sua sede, e, consequentemente, o Tribunal Tributário de 1.ª instância respectivo é o competente para conhecer do recurso interposto da decisão de aplicação da coima no âmbito desse processo — ac. do TCA de 9/2/1999 no proc 343/97, confome sumário disponível na NET.*
— *Art. 70.º n.º 1 do CIVA estabelece que, para cumprimento das obrigações daquele diploma, se considera repartição de finanças competente a da área fiscal onde o contribuinte tiver a sua sede, estabelecimento principal ou, na falta deste, o domicílio. Assim, nos termos das disposições conjugadas dos arts. 39.º n.º 1, 196.º n.º 2 do CPT e 70.º n.º 1 do CIVA, a Repartição de*

Finanças onde deveria ter sido instaurado o competente processo de contra-ordenação pela infracção cometida (falta de envio da declaração) é a da sede da infractora e competente para conhecer do recurso interposto da decisão de aplicação da coima, no âmbito desse processo, o Tribunal de 1.ª Instância respectivo – ac. do TCA de 17/10/98 no proc. 342/97, conforme sumário na NET.

ARTIGO 54.º
Instauração

O processo de contra-ordenação será instaurado quando haja fundamento para aplicação de coimas e sanções acessórias cominadas nas leis tributárias ou de outra natureza para a qual sejam competentes as autoridades tributárias.

NOTAS:
    – Reflecte o princípio da legalidade: é obrigatório dar procedimento a todas as infracções de que se haja conhecimento (art. 43.º da LQCO);
    – Existindo contra-ordenações em situação de concurso com crime, fiscal ou comum, como pode acontecer, por exemplo, quanto à alteração das características de veículos automóveis em termos de ocorrer contra-ordenação, que estão previstas como como descaminho, o conhecimento de infracções pelas autoridades tributárias, só deve ocorrer no caso de não ser instaurado ou findar o procedimento criminal, pois com essas alterações podem resultar crimes comuns, em função do bem jurídico afectado que pode ser outro, como no caso a segurança rodoviária. Assim, deve começar-se por participar criminalmente o facto.

JURISPRUDÊNCIA:
    – A data de "instauração do processo contra-ordenacional" (art. 25.º n.º 1 do CPT)ocorre não no momento em que é "levantado o auto de notícia" (al. a), b) e c) do mesmo art.) mas antes na data do registo, na respectiva repartição, do auto de notícia, da participação, ou denúncia, já que, podendo, nos termos do art. 196.º n.º 1 do CPT, o processo de contra-ordenação ser instaurado na repartição de finanças da área onde tiver sido cometida a contra--ordenação competirá, nos termos do art. 197.º n.º 1 do CPT, à repartição de finanças proceder ao seu registo e autuação, pois que tal registo é objectiva-

mente comprovativo do momento a que estão ligados efeitos jurídicos relevantes como sejam a prescrição, o decurso dos prazos processuais e o pedido de redução da coima – ac. do STA de 15/6/2000 no proc. 24996, conforme sumário disponível na NET.

Artigo 55.º
Suspensão para liquidação do tributo

1 – Sempre que uma contra-ordenação tributária implique a existência de facto pelo qual seja devido tributo ainda não liquidado, o processo de contra-ordenação será suspenso depois de instaurado ou finda a instrução, quando necessária, e até que ocorra uma das seguintes circunstâncias:

a) Ser o tributo pago no prazo previsto na lei ou no prazo fixado administrativamente;
b) Haver decorrido o referido prazo sem que o tributo tenha sido pago nem reclamada ou impugnada a liquidação;
c) Verificar-se o trânsito em julgado da decisão proferida em processo de impugnação ou o fim do processo de reclamação.

2 – Dar-se-á prioridade ao processo de impugnação sempre que dele dependa o andamento do de contra-ordenação.

3 – O processo de impugnação será, depois de findo, apensado ao processo de contra-ordenação.

4 – Se durante o processo de contra-ordenação for deduzida oposição de executado em processo de execução fiscal de tributo de cuja existência dependa a graduação da coima, o processo de contra-ordenação tributário suspende-se até que a oposição seja decidida.

NOTAS:
   – A presente disposição regula 2 diferentes formas de suspensão:
      – para o pagamento voluntário;
      – para apreciação de impugnação à liquidação, ou oposição.
   A notificação para pagamento voluntário pode ser objecto de várias reacções: revisão por peritos (art. 73.º do CPPT); reclamação para o mesmo

órgão, ou superior (art. 68.º e 78.º da LGT); recurso hierárquico para o Ministro das Finanças, no caso dos impostos sobre o rendimento (art. 66.º do CPPT); impugnação judicial (art. 73.º do C.P.P.T.).
– Uma e outra, ainda que previstas sem limite, não ofendem os direitos do contribuinte, pese embora a sua extensão poder ir muito para além do prazo normal de prescrição, atento a suspensão, em benefício daquele, respeitando-se, assim, o princípio da confiança ínsito no Estado de Direito – cfr., neste sentido, intervenção em sessão de 27/11/98, no C.E.J. do Dr. Costa Pinto, "Aspectos substantivos e processuais da Criminalidade Fiscal".

Artigo 56.º
Base do processo de contra-ordenação tributária

Podem servir de base ao processo de contra-ordenação:

a) O auto de notícia levantado por funcionário competente;
b) A participação de entidade oficial;
c) A denúncia feita por qualquer pessoa;
d) A declaração do contribuinte ou obrigado tributário a pedir a regularização da situação tributária antes de instaurado o processo de contra-ordenação, caso não seja exercido o direito à redução da coima.

NOTAS:
– O processo de contra-ordenação baseia-se, em regra, em actuação dos órgãos de inspecção, cujo procedimento se funda na colaboração e não oposição do contribuinte: art. 63.º da LGT.
– É legítima a falta de colaboração nos casos de:
  – acesso à habitação;
  – elementos abrangidos por segredo profissional, nomeadamente bancário, em que se incluem cartões de crédito, salvo tratando-se de documentos bancários de suporte da contabilidade, e para efeitos de controlo de benefícios fiscais e regime fiscais privilegiados;
  – factos da vida privada;
  – violação de direitos de personalidade, ou outros direitos liberdades e garantias fundamentais.

– *A denúncia feita por qualquer pessoa tem de ser feita com identificação, dando origem ao procedimento, não sendo manifesta a sua falta de fundamento – art. 70.º da LGT.*

Artigo 57.º
Auto de notícia. Requisitos

1 – A autoridade ou agente de autoridade que verificar pessoalmente os factos constitutivos da contra-ordenação tributária levantará auto de notícia, se para isso for competente, e enviá-lo-á imediatamente à entidade que deva instruir o processo.

2 – O auto de notícia deve conter, sempre que possível:

a) A identificação do autuante e do autuado, com menção do nome, número fiscal de contribuinte, profissão, morada e outros elementos necessários;
b) O lugar onde se praticou a infracção e aquele onde foi verificada;
c) O dia e hora da contra-ordenação e os da sua verificação;
d) A descrição dos factos constitutivos da infracção;
e) A indicação das circunstâncias respeitantes ao infractor e à contra-ordenação que possam influir na determinação da responsabilidade, nomeadamente a sua situação económica e o prejuízo causado ao credor tributário;
f) A menção das disposições legais que prevêem a contra-ordenação e cominam a respectiva sanção;
g) A indicação das testemunhas que possam depor sobre a contra-ordenação;
h) A assinatura do autuado e, na sua falta, a menção dos motivos desta;
i) A assinatura do autuante, que poderá ser efectuada por chancela ou outro meio de reprodução devidamente autorizado, podendo a autenticação ser efectuada por aposição de selo branco ou por qualquer forma idónea de assinatura e do serviço emitente.

NOTAS:
– *Nos termos e para efeitos do art. 17.º da LQCO (graduação da coima), interessa ainda que conste a culpa do agente.*
– *A verificação dos factos tem, antes de mais, de ser pessoal, em respeito do princípio da presunção de inocência do arguido, e conforme disposto no art. 32.º n.º 2 e 5 da CRP., que desde logo motivou declaração do Conselho da Revolução, publicada na 1.ª s. Do D. R., de 20/8/80.*
– *Sobre o n.º de testemunhas, confronte art. 72.º n.º 2 deste regime: são, no máximo, 3 por infracção.*

JURISPRUDÊNCIA:
– *Para que os autos de notícia levantados (...) façam fé em juízo torna-se necessário que a infracção tenha sido presenciada pelo autuante, não sendo suficiente que este tenha averiguado os respectivos factos através de elementos que pôde recolher – ac. da R. do Porto de 12/12/1980, publicado em Acórdãos Doutrinais do STA desse ano, p. 401, sendo o primeiro conhecido sobre a matéria mas a que se sucederam muitos outros.*
– *Responsabilidade por infracção fiscal (...) só pode ser apurada no respectivo processo onde, para além do apuramento dos factos que possam constituir a infracção, se apure e prove a culpa do infractor. Limitando-se a decisão que aplicou a coima a dar como provados factos dos quais se conclui que nos armazéns afiançados da recorrente existia uma diferença para menos de 221 653 litros, que excede a tolerância de 117 478 litros prevista na al. b) do n.º 6 da Portaria n.º 454/90, de 20/6, sem estarem provados factos dos quais possa resultar a sua culpa por aquela diferença, não pode a recorrente ser condenada pela infracção (...) – ac. do TCA de 11/4/2000 no proc. 1691/ /99, conforme sumário disponível na NET.*

Artigo 58.º
Infracção verificada no decurso da acção de inspecção

1 – No caso de a infracção ser verificada no decurso de procedimento de inspecção tributária e tiver sido requerida a redução da coima nos termos da alínea c) do n.º 1 do artigo 29.º, deve fazer-se menção no relatório da inspecção que o auto de notícia não é elaborado ficando--se a aguardar o decurso do prazo de pagamento pelo contribuinte ou obrigado tributário com esse direito.

2 – Após o decurso do prazo de pagamento sem que o mesmo seja efectuado nos termos da alínea b) do n.º 1 do artigo 30.º, deve ser instaurado, pelo serviço tributário da área onde tiver sido cometida a infracção, um processo de contra-ordenação que tem por base a declaração do contribuinte ou obrigado fiscal a pedir a regularização da situação tributária.

NOTAS:
– Conforme nota 2 ao art. 29.º deste regime, o relatório final é vinculativo, para efeitos de levantamento de auto de notícia; segundo o n.º 1 deste dispositivo, não é levantado, caso seja pedido o pagamento da coima, com redução; segundo o n.º 2, no caso de incumprimento, o mesmo é levantado.
– Sendo o processo de contra-ordenação iniciado pela declaração do contribuinte ou obrigado fiscal a pedir a regularização da situação tributária, interrompe-se a prescrição nos termos do art. 33.º n.º 3 deste regime.

ARTIGO 59.º
Competência para o levantamento do auto de notícia

Sem prejuízo do disposto em lei especial, são competentes para o levantamento do auto de notícia, em caso de contra-ordenação tributária, além dos órgãos de polícia criminal com competência para fiscalização tributária as seguintes entidades:

a) Director-Geral e subdirectores gerais da Direcção-Geral dos Impostos e da Direcção-Geral das Alfândegas e Impostos Especiais sobre o Consumo;
b) Directores de serviços da Direcção-Geral dos Impostos e da Direcção-Geral das Alfândegas e Impostos Especiais sobre o Consumo;
c) Directores de finanças;
d) Directores de finanças adjuntos;
e) Directores das Direcções Regionais de Contencioso e Controlo Aduaneiro;
f) Directores de Alfândega;

g) Chefes das delegações aduaneiras;
h) Coordenadores de postos aduaneiros;
i) Chefes de finanças;
j) Pessoal técnico superior e pessoal técnico da área da inspecção tributária da Direcção-Geral dos Impostos e da Direcção-Geral das Alfândegas e Impostos Especiais sobre o Consumo;
k) Outros funcionários da Direcção-Geral dos Impostos, da Direcção-Geral das Alfândegas e Impostos Especiais sobre o Consumo que exerçam funções de inspecção, quer atribuídas por lei quer por determinação de superiores hierárquicos mencionados nas alíneas anteriores.

NOTAS:
– Segundo as várias alíneas deste dispositivo e corpo do mesmo, têm competência, para mandar levantar os autos de notícia, os dirigentes dos serviços tributários, bem como os OPCs com competência de fiscalização que são, nomeadamente, os oficiais e funcionários de fiscalização da B.F. da G.N.R.
– Segundo a al. k), admite-se a delegação de competências para levantamento de autos de notícia em funcionários da carreira técnica que exerçam funções de inspecção, para além dos indicados dirigentes.

Artigo 60.º
Participação e denúncia

1 – Se algum funcionário sem competência para levantar auto de notícia tiver conhecimento, no exercício ou por causa do exercício das suas funções, de qualquer contra-ordenação, participá-la-á, por escrito ou verbalmente, à autoridade competente para o seu processamento.

2 – Qualquer pessoa pode denunciar contra-ordenação tributária junto dos serviços tributários competentes.

3 – A participação e a denúncia verbais só terão seguimento depois de lavrado termo de identificação do participante ou denunciante.

4 – A participação e a denúncia conterão, sempre que possível, os elementos exigidos para o auto de notícia.

5 – O disposto neste artigo é também aplicável quando se trate de funcionário competente para levantar auto de notícia, desde que não tenha verificado pessoalmente a contra-ordenação.

NOTAS:
– O incumprimento desta disposição (processamento de contra-ordenação), pelo funcionário competente, pode actualmente gerar infracção disciplinar e criminal, face ao disposto no art. 369.º (prevaricação) do C.P..
– Sobre a identificação do autor da denúncia, cfr. também o regime dos art. 246.º C.P.P., subsidiariamente aplicável, o qual conduz a que, não constando aquela identificação, se proceda às necessárias averiguações com vista a confirmar os factos, ou possa mesmo ser desde logo originado o procedimento, se fôr evidente a sua veracidade.

ARTIGO 61.º
Extinção do procedimento por contra-ordenação

O procedimento por contra-ordenação extingue-se nos seguintes casos:

a) Morte do arguido;
b) Prescrição ou amnistia, se a coima ainda não tiver sido paga;
c) Pagamento voluntário da coima no decurso do processo de contra-ordenação tributária;
d) Acusação recebida em procedimento criminal.

NOTAS:
– 1. Quanto às causas de extinção, e em especial, quanto à amnistia, refira-se que as infracção fiscais não costumam ser abrangidas por esta, embora a despenalização operada pelo DL n.º 235-A/96, de 9/12, tenha apagado os efeitos das mesmas, ainda que com restrições, e apenas para os crimes em que não tenha ocorrido a prática de crimes conexos, como o de falsificação e praticados por funcionários públicos, que aliás qualificavam o crime de fraude fiscal.
– Quanto ao recebimento da acusação, está de acordo com o art. 38.º da LQCO, pois o Ministério Público e o juiz têm competência, respectivamente, para definir e para aplicar a coima, enquanto se mantiver pendente o

processo penal; não havendo acusação e findo o inquérito, a entidade administrativa retoma a sua competência, para verificar se existem novos elementos que possam comprovar se um facto pode ser indiciado crime, enviando-os à autoridade judiciário, ou conhece da contra-ordenação.

JURISPRUDÊNCIA:
– O DL 124/96, de 10/8, não prevê a extinção do procedimento contraordenacional em consequência da simples adesão ou do pagamento integral dos impostos e acréscimos legais abrangidos pelo plano de regularização de dívidas fiscais – ac. do TCA de 10/10/2000 no proc. 3088/99, conforme sumário na NET.
– Nem o DL 225/94, de 5/9 (...) prevê(m) a extinção da responsabilidade contra-ordenacional em virtude do pagamento integral dos impostos e acréscimos legais – ac. do TCA de 11/5/99 no proc. 1476/98, conforme sumário na NET.
– Se o Estado alienar, por contrato, o crédito fiscal cuja falta de pagamento constitui contra-ordenação, essa alienação não tem por efeito a extinção da responsabilidade contra-ordenacional – ac. do STA de 7/9/2000 no proc. 24966, conforme sumário na NET.
– A extinção de pessoa colectiva determina a extinção do procedimento, por contra-ordenação – ac. do TCA de 26/1/99 no proc. 625/98, conforme sumário na NET.
– Do âmbito do art. 7.º da Lei n.º 29/99, de 12/5, estão excluídos os ilícitos fiscais – ac. do STA de 15/12/99 no proc. 24400, conforme sumário na NET.
– Apenas são susceptíveis de beneficiar da aministia decretada pela referida Lei 29/99 nos termos do disposto no seu art. 7.º e al. b), as contra-ordenações que não constituam ilícito fiscal e a que abstractamente corresponda coima com limite máximo inferior a 1000 contos, quando praticadas até 25 de Março de 1999 – ac. do STA de 9/2/99 no proc. 24402, conforme sumário na NET.

Artigo 62.º
Extinção da coima

A obrigação de pagamento da coima e de cumprimento das sanções acessórias extingue-se com a morte do infractor.

NOTA:
– *A morte é também uma causa geral de extinção do procedimento penal e da pena, nos termos do art. 127.º do C. Penal.*

JURISPRUDÊNCIA:
– *A extinção da pessoa colectiva, nos termos do n.º 2 do art. 78.º do DL 132/93, de 23/4 (CPEREF) determina a consequente extinção do procedimento por contra-ordenação por cujo procedimento foi acusada e acoimada – ac. do TCA de 26/1/99 no proc. 625/98, conforme sumário disponível na NET.*

Artigo 63.º
Nulidades no processo de contra-ordenação tributário

1 – Constituem nulidades insupríveis no processo de contra-ordenação tributário:

a) O levantamento do auto de notícia por funcionário sem competência;
b) A falta de assinatura do autuante e de menção de algum elemento essencial da infracção;
c) A falta de notificação do despacho para audição e apresentação de defesa;
d) A falta dos requisitos legais da decisão de aplicação das coimas, incluindo a notificação do arguido.

2 – Não constitui nulidade o facto de o auto ser levantado contra um só agente e se verificar, no decurso do processo, que outra ou outras pessoas participaram na contra-ordenação ou por ela respondem.

3 – As nulidades dos actos referidos no n.º 1 têm por efeito a anulação dos termos subsequentes do processo que deles dependam absolutamente, devendo, porém, aproveitar-se as peças úteis ao apuramento dos factos.

4 – Verificadas as nulidades constantes das alíneas a) e b) do n.º 1, o auto de notícia vale como participação.

5 – As nulidades mencionadas são de conhecimento oficioso e podem ser arguidas até a decisão se tornar definitiva.

NOTA:
– Segundo a doutrina, as nulidades podem ser absolutas ou relativas, conhecidas a todo o tempo ou em prazo, e serem sanáveis ou insanáveis. As ora previstas são absolutas (embora com o aproveitamento das peças úteis), conhecidas a todo o tempo (até á decisão se tornar definitiva) e insanáveis ou insupríveis.

JURISPRUDÊNCIA:
– Dispõe o art. 182.º n.º 1 do CPT que se uma contra-ordenação fiscal implicar a existência de facto tributário pelo qual seja devido imposto ainda não liquidado, o processo de contra-ordenação será suspenso até que ocorra uma das circunstâncias previstas nas alíneas a) e c). (...) O Não cumprimento daquela norma constitui nulidade processual, sujeita ao regime do art. 123.º n.º 2 do CP Penal: reparação oficiosa, quando ela puder afectar o valor da acrto praticado – ac. do STA de 2/11/94 no proc 17891, conforme sumário disponível na NET.

– Eventual nulidade do processado, por violação das alíneas c) e d) do n.º 1 do art. 195.º do CPT, tem de ser arguida até ao trânsito em julgado da decisão final, nos termos do n.º 5 daquele preceito, quer mediante reclamação para a entidade que aplicou as coimas, quer para o T. T. de 1.ª Instância, atempadamente interposto – ac. do STA de 23/10/96 no proc. 20572, conforme sumário na NET.

– Na graduação da coima deverá atender-se às várias circunstâncias descritas no art. 190 do CPT. Se a decisão que aplica a coima é absolutamente omissa na indicação de tais circunstâncias enferma a mesma de falta de requisitos legais. Nesta hipótese ocorre uma nulidade insuprível em processo de contra-ordenação – ac. do STA de 16/4/97 no proc. 21220, conforme sumário disponível na NET.

– No processo de contra-ordenação fiscal, a decisão que aplica a coima deve conter, além do mais, a descrição sumária dos factos e a indicação das normas violadas e punitivas, nos termos da al. b) do n.º 1 do art. 212.º do CPT. A falta de tais elementos constitui nulidade insuprível, conforme prescreve o art. 195.º n.º 1 al. d) daquele diploma. Assim, a simples referência, no caso ao art. 29.º do RJIFNA, sem qualquer outra especificação, não satisfaz a exigência legal – ac. do STA de 10/12/97, no proc 22132, conforme sumário disponível na NET.

– *A notificação insuficiente que aplica, em processo de contra-ordenação, coima ao arguido não lhe permite, nos termos do art. 22.º do CPT, requerer a notificação da fundamentação daquela decisão, nem beneficiar do alargamento do prazo concedido pelo n.º 2 do mesmo preceito legal já que, nos termos do art. 195.º n.º 1 al. d), constitui nulidade insuprível no processo de contra-ordenação fiscal – ac. do STA de 30/9/98 no proc. 22276, conforme sumário disponível na NET.*

– *Os elementos que contribuiram para a fixação da coima são não somente algum ou alguns dos indicados na lei, mas também outros que a autoridade administrativa indicar. Esses elementos não são taxativos – ac. do STA de 3/7/02 no proc. 0235/02, com sumário na base de dados informatizada da DGSI.*

– *Constitui nulidade insuprível, no processo de contra-ordenação fiscal, "a falta dos requisitos legais da decisão de aplicação das coimas", nomeadamente a da indicação de que não vigora o princípio da proibição da "reformatio in pejus" – nos termos expressos dos arts. 195.º n.º 1 al. d) e 212.º n.º 1 al. d) do CPT, consequenciando a "anulação dos termos subsequentes do processo" dela absolutamente dependentes – ac. do STA de 30/6//99 no proc. 23899, conforme sumário disponível na NET.*

– *Resultando da lei o lugar da prática da infracção, imputável ao arguido a título de omissão, a sua indicação não faz parte da descrição sumária dos factos referida no art. 212.º n.º 1 al. b) do CPT. A não inclusão expressa na decisão de aplicação de coima de referência ao elemento subjectivo da infracção, no caso de imputação de infracção por negligência, não é elemento imprescindível, da descrição sumária que deve constar daquela decisão – ac. do STA de 3/11/99 no proc. 23832, conforme sumário na NET.*

– *Em processo de contra-ordenação fiscal não aduaneira, a notificação para audição e defesa, nos termos do art. 199.º do CPT, deve ser feita na pessoa do arguido. tal falta de notificação determina a nulidade insuprível cominada no art. 195.º do CPT – ac. do TCA de 10/10/2000 no proc. 1348/98, conforme sumário disponível na NET.*

– *Quando o órgão instrutor optar pela audição escrita do arguido, mas, na notificação não lhe oferecer todos os elementos necessários para que fique a conhecer todos os aspectos relevantes, o processo fica afectado de nulidade, dependente de arguição no prazo de 10 dias, ou no acto de impugnação – ac. do T. Pleno do STJ no proc. 5671/01, conforme sumário na NET.*

ARTIGO 64.º
**Suspensão do processo e caso julgado
das sentenças de impugnação e oposição**

São aplicáveis ao processo de contra-ordenação, com as necessárias adaptações, o disposto nos artigos 42.º, n.º 2, 47.º e 48.º.

NOTA:
– Trata-se de disposição que impõe a suspensão do processo e o efeito do caso julgado das sentenças dos tribunais tributários, conforme indica o título em epígrafe.

JURISPRUDÊNCIA:
– Como em processo penal, também em processo contra-ordenacional vale como data da apresentação da impugnação judicial a da efctivação do registo postal da remessa do respectivo requerimento à autoridade administrativa que tiver aplicado a coima – art. 41.º n.º 1 do Dec.-Lei n.º 433/82, de 27/10, 4.º do CPP e 150.º n.º 1 do CPC e ac. do STJ n.º 2/2000, de 7/2 – assento do STJ n.º 1/2001, no D.R. I s. A, de 20/4.

ARTIGO 65.º
Execução da coima

1 – As coimas aplicadas em processo de contra-ordenação tributário são cobradas coercivamente em processo de execução fiscal.

2 – Quando as coimas, sanções pecuniárias e custas processuais não sejam pagas nos prazos legais será extraída certidão de dívida ou certidão da conta ou liquidação feita de harmonia com o decidido, a qual servirá de base à execução fiscal.

3 – Tratando-se de contra-ordenação aduaneira, se nem o arguido nem o responsável civil liquidarem a sua responsabilidade em processo de contra-ordenação dentro do prazo previsto para o efeito, proceder-se-á ao pagamento pela forma e ordem seguintes:

a) Pelas quantias e valores depositados no processo;
b) Pelo produto da arrematação das mercadorias apreendidas, quando estas últimas não devam ser declaradas perdidas;

c) Pelo produto da arrematação das mercadorias e bens que estiverem nas alfândegas ou em qualquer outro local sujeito à acção fiscal, ou de que sejam recebedores ou consignatários.

4 – Se o resultado obtido nos termos do número anterior não atingir a importância das quantias devidas, feita a distribuição da quantia que se tiver executado, será o processo remetido ao órgão da execução fiscal competente, para cobrança coerciva do valor em falta.

NOTA:
– O órgão de execução fiscal competente é, nos termos dos arts. 149.º e 150.º do C.P.P.T., o serviço periférico local da administração tributária do domicílio ou sede do devedor, não sendo aplicável a possibilidade de correrem no tribunal comum por as coimas não gozarem de privilégio creditório que justifique a reclamação do respectivo crédito.

JURISPRUDÊNCIA:
– Tendo corrido termos processo de contra-ordenação em que o recorrente foi condenado e tendo essa condenação transitado em julgado, não é possível em processo de oposição à execução fiscal discutir a legalidade de tal condenação, bem como de eventuais excepções ou nulidades cometidas naquele processo – ac. do TCA de 12/1/99 no proc. 65234, com sumário disponível na NET.
– Tendo sido já declarado nos autos de contra-ordenação, por acórdão do STA, que faz caso julgado formal com força obrigatória geral dentro do processo nos termos do art. 672.º do CPC, que a Lei n.º 51-A/96 não é aplicável à responsabilidade contra-ordenacional, ficou essa questão definitivamente arrumada nos autos, o que impede que a arguida venha insistir pela sua absolvição ao abrigo dessa Lei. O art. 193.º do al. i) prevê a extinção do procedimento face ao pagamento da coima e não da dívida tributária que deu causa à contra-ordenação – ac. do TCA de 6/6/2000 no proc. 3550/00, conforme sumário disponível na NET.

Artigo 66.º

Custas

Sem prejuízo da aplicação subsidiária do regime geral do ilícito de mera ordenação social, nomeadamente no que respeita às custas nos processos que corram nos tribunais comuns, as custas em processo de contra-ordenação tributário regem-se pelo Regulamento das Custas dos Processos Tributários.

NOTAS:
– O Regulamento das Custas dos Processos Tributários constava do Dec-Lei n.º 29/98, de 11/2, com as alterações do art. 9.º do Dec. Lei n.º 433/99, de 26/10, de modo a abranger os processos aduaneiros.
– Após 1/1/2004, é apenas aplicável a actos da fase administrativa, pois esse regulamento de custas foi revogado pelo art. 4.º n.º 6 do Dec.-Lei n.º 324/03, de 27/12, passando a vigorar o regime comum, constante do Código de Custas Judiciais, alterado e republicado por este diploma.

JURISPRUDÊNCIA:
– Decide(-se) julgar inconstitucional, por violação do direito de acesso aos tribunais, decorrente do art. 20.º n.º 1 da Constituição, conjugado com o princípio da proporcionalidade, a norma que se extrai do art. 3.º do Dec.-Lei n.º 199/90, de 19/6, com a tabela I anexa (tabela de custas nos tribunais tributários em disparidade com a dos tribunais comuns) – ac. do TC de 24/3/99 na II s. Do D. R. de 24/3/1999.

SECÇÃO II
Processo de aplicação das coimas

SUBSECÇÃO I
Da fase administrativa

ARTIGO 67.º
Competência para a instauração e instrução

1 – O processo de contra-ordenação será instaurado no serviço tributário da área onde tiver sido cometida a contra-ordenação:

a) Por contra-ordenação fiscal, no serviço de finanças;

b) Por contra-ordenação aduaneira, na Direcção Regional de Contencioso e Controlo Aduaneiro, na alfândega ou delegação aduaneira.

2 – Serão instruídos pela Brigada Fiscal da Guarda Nacional Republicana os processos de contra-ordenação que resultem de autos de notícia levantados pelos seus agentes.

3 – Os documentos que sirvam de base ao processo de contra-ordenação tributário serão remetidos ao serviço tributário competente pelos autuantes e participantes ou, no caso das denúncias, por quem as tiver recebido.

NOTAS:
– Cfr. art. 19.º a 22.º C.P.P.: a competência territorial determinar-se-á pelo local onde a contra-ordenação foi praticada, interessando o último acto que, no caso de apreensão de mercadorias, coincidirá com esta, conforme anteriormente se estipulava no art. 60.º n.º 4 do R.J.I.F.A.; no entanto, não sendo conhecida a sua localização deixa de interessar a sede do interveniente, sendo determinante apenas a entidade que primeiro tomou conhecimento da infracção.
– No caso de infracção cometida a bordo de navio ou aeronave, a competência pertence à entidade da área onde o agente se dirigir ou desembarcar, ou, não sendo o caso, ao da área matrícula.
– No caso de infracção cometida no estrangeiro, a competência pertence à entidade da área onde o agente tiver sido encontrado ou do seu domicílio. Se cometido em parte no estrangeiro, importa à do último acto relevante, seja acto de execução ou preparatório, se este for sancionável.
– Desaparece a competência exclusiva das entidades alfandegárias, quanto "a processos referentes a infracções cometidas em portos, aeroportos, aeródromos, recintos aduaneiros, depósitos provisórios, entrepostos aduaneiros e zonas francas", para as quais também é competente a Brigada Fiscal da G.N.R..
– Desaparece também a competência para a instauração e instrução por parte das próprias Direcções Gerais, de Impostos, e das Alfândegas e IEC´s, devendo, no caso de autos de notícia por estes serviços levantados, os mesmos ser remetidos aos competentes serviços regionais, não estando, aliás, prevista a possibilidade de avocação nessa fase.

Artigo 68.º
Registo e autuação dos documentos

1 – Recebido qualquer dos documentos que sirva de base ao processo de contra-ordenação tributário, o serviço competente procede ao seu registo e autuação.

2 – Do registo constará o número de ordem atribuído ao processo, a data de entrada e o nome do indiciado como infractor.

NOTA:
– Cfr. art. 247.º n. 1 do CPP, aplicável subsidiariamente: o registo pode ser feito por qualquer forma, seja em livro próprio, seja em suporte informático, ou por outra forma: importa é que haja processo registado com n.º atribuído, data e nome do infractor.

Artigo 69.º
Investigação e instrução

1 – A investigação e instrução no processo de contra-ordenação são orientadas pelo dirigente do serviço tributário competente.

2 – O auto de notícia, levantado nos termos dos artigos 57.º a 59.º, dispensa a investigação e instrução do processo de contra-ordenação, sem prejuízo da obtenção de outros elementos indispensáveis para a prova da culpabilidade do arguido ou para demonstrar a sua inocência.

NOTAS:
– Reflecte o princípio da investigação ou da verdade material: incumbe em primeira linha ao instrutor actuar autonomamente para além do autuante ou participante e da defesa (art. 42.º da LQCO), delimitando ainda a autoridade administrativa o âmbito da prova a produzir para a aplicação da coima (art. 72.º do mesmo).
– Cfr. art. 262.º n.º 1 do C.P.P., aplicável subsidiariamente: o poder orientador do dirigente do serviço competente deve ser exercido, se necessário, de modo a se fundamentar os factos, existência de dolo ou negligência, seu(s) autor(es), circunstâncias com interesse à fixação da medida da coima.

– *Nos termos do n.º 2, o auto de notícia devidamente levantado em acção de fiscalização por entidade competente faz fé em juízo, pelo menos quanto aos elementos objectivos.*

Artigo 70.º
Notificação do infractor

1 – O dirigente do serviço tributário competente notificará o infractor do facto ou factos apurados no processo de contra-ordenação e da punição em que incorre, comunicando-lhe também que no prazo de 10 dias pode apresentar defesa e juntar ao processo os elementos probatórios que entender, bem como utilizar a possibilidade de pagamento antecipado da coima nos termos do artigo 75.º ou ainda requerer, até à decisão do processo, o pagamento voluntário da coima nos termos do artigo 78.º

2 – Às notificações no processo de contra-ordenação aplicam-se as disposições correspondentes do Código de Procedimento e de Processo Tributário.

3 – No caso de processo instaurado com base em auto de notícia, a descrição dos factos previstos no número anterior pode ser substituída pela cópia do auto.

NOTAS:

– Salvo o caso do art. 55.º deste regime (em que é aplicável o aviso de recepção), as notificações são feitas por carta registada, uma vez que, só por si, não se altera a situação tributária dos contribuintes – art. 38.º n.º 3, com referência ao n.º 1, do C.P.P.T.. Para melhor se atingir tal desiderato, poderá ser utilizada a via telefax ou Internet, seguida de confirmação por escrito. Aliás, também a notificação de acusação em processo penal é por essa forma efectuada – arts. 111.º e 113.º, e em especial o seu n.º 5 do C.P.P., subsidiariamente aplicável, sendo que a tal forma será de no máximo se assemelhar.

– Não se conseguindo ainda a mesma, poderá diligenciar-se pela notificação pessoal, atenta a regra do art. 36.º n.º 3 do C.P.P.T., que aconselha que se vise o recebimento da mesma. Contudo, tal não se afigura obrigatório, pois não se conseguindo realizar a notificação, há que aplicar por analogia o disposto no art. 39.º n.º 5 do C.P.P.T.: considera-se efectuada em 15 dias,

contados de forma seguida à expedição da carta, e conforme constante do registo do correio, que consta da carta devolvida.
 – Por via do art. 80.º do mesmo diploma, a notificação deve indicar como meio de defesa o recurso para o tribunal tributário de 1.ª instância, e indicar o prazo de 20 dias, a apresentar no serviço tributário onde foi instaurado o processo de contra-ordenação.
 – Quanto a notificações, cfr. ainda art. 35.º n.º 3 (as notificações podem ser impressas e assinadas por chancela) e 36.º a 41.º do C.P.P.T (sobre o conteúdo da notificação e forma de a realizar, na pessoa de mandatário judicial, se constituído, e nulidades; suspensão de prazo, caso seja requerida certidão em 30 dias; no caso de pessoa colectiva, tem lugar para a sede e na pessoa de um dos seus representantes, ou na sua falta, de empregado).

JURISPRUDÊNCIA:
 – A impossibilidade de consulta das actas do julgamento (quando tenha sido requerida a documentação em acta das declarações orais prestadas em audiência), por as mesmas não estarem ainda disponíveis, não constitui justo impedimento para a interposição de recurso da decisão final – ac. 363/2000 do T C.
 – O deficiente cumprimento dos ónus que se prevêem não tem por efeito a imediata rejeição do recurso, sem que ao recorrente seja facultada oportunidade processual de suprir o vício detectado – ac. 288/2000 do TC.
 – Prazo para interpor recurso da decisão que aplica uma coima em processo (administrativo) de contra-ordenação é de 15 dias[23]*, contados continuamente; (...) antes da entrada em vigor da alteração ao art. 66.º do CPT introduzida pela Lei n.º 23/97, de 23/1,a presunção de notificação ocorria no 3.º dia útil posterior ao do registo (ora 3.º dia seguido, mas contando o último como útil) – ac. do TCA de 7/12/99 no proc. 1395/98, conforme sumário disponível na NET, com notas do autor em parêntesis.*

JURISPRUDÊNCIA:
 – A notificação (...), para contestar a participação, tem o efeito de provocar a interrupção da prescrição do procedimento por contra-ordenação aduaneira – ac. do TCA de 29/9/98 no proc. 61745, confome sumário disponível na NET.

---

[23] Ora 20 dias, nos termos do art. 80.º n.º 1 deste regime.

Artigo 71.º
Defesa do infractor

1 – A defesa do infractor pode ser produzida verbalmente no serviço tributário competente.

2 – Após a apresentação da defesa, o dirigente do serviço tributário, caso considere necessário, pode ordenar novas diligências de investigação e instrução.

3 – Durante a investigação e instrução o dirigente do serviço tributário pode solicitar a todas as entidades policiais e administrativas a cooperação necessária.

NOTAS:
– Reflecte o princípio do contraditório: é obrigatório dar a possibilidade de se defender ao arguido, nomear-lhe defensor e ainda comunicar-lhe a decisão, a fim de, querendo, a impugnar judicialmente (arts. 46.º, 50.º e 53. Da LQCO).

– No sentido de não ser constitucional questionar-se o arguido sobre antecedentes criminais, cfr. artigo de Maria Fernanda Palma, A constitucionalidade do art. 342.º[24] do CPP (O direito ao silêncio do arguido), na Revista do M.º P.º n.º 60, p. 101, embora se afigure que o art. 141.º n.º 3 do CPP, subsidiariamente aplicável, não o impeça nesta fase, aplicável quanto a outros antecedentes.

Artigo 72.º
Meios de prova

1 – O dirigente do serviço tributário juntará sempre ao processo os elementos oficiais de que disponha ou possa solicitar para esclarecimento dos factos, designadamente os respeitantes à situação tributária ou contributiva do infractor.

---

[24] Entretanto já revogado, de facto, nessa parte, que era aplicável em sede de julgamento.

2 – As testemunhas, no máximo de três por cada infracção, não são ajuramentadas, devendo a acta de inquirição ser por elas assinada ou indicar as razões da falta de assinatura.

3 – As testemunhas e os peritos residentes na área do serviço tributário são obrigados a comparecer no serviço tributário a pronunciarem-se sobre a matéria do processo, sendo a falta ou recusa injustificada puníveis com sanção pecuniária a fixar entre um quinto e o dobro do salário mínimo nacional mensal mais elevado em vigor na data da não comparência ou da recusa.

NOTAS:

– Reflecte o princípio da simplicidade: na fase administrativa, as testemunhas não são ajuramentadas (art. 44.º); em princípio, não pode aplicar-se a advertência (a qual só será possível no caso de ser aplicável uma coima até 15 euros, ou seja, cerca de 3 000$00 – art. 51.º do cit. Dec.-Lei e art. 26.º n.º 3 deste regime); a decisão não transitada que haja aplicado uma coima pode ser revogada e, ainda, na fase judicial pode decidir-se por despacho, ou em audiência de discussão e julgamento (art. 58.º n.º 2 al. b)).

– Os "elementos oficiais" encontrar-se-ão já facilmente em suporte informático, na generalidade dos serviços de finanças, nomeadamente, os relativos às declarações fiscais e liquidações. No entanto, afigura-se que, pelo menos, em caso de recurso esses elementos devem ser juntos sob a forma de originais, ou cópias certificadas dos mesmos.

– As testemunhas e peritos ficam sujeitas a sanção pecuniária, no caso de não comparência, a fixar actualmente entre 13 000$00 e 144 000$00, conforme resulta do Dec Lei n.º 212/89, de 30/6, sendo que actualmente o salário mínimo nacional em vigor é o decorrente do Dec.Lei n.º 573/99, de 30/12, aplicável até ao final de 2002.

Artigo 73.º

Apreensão de bens

1 – A apreensão de bens que tenham constituído objecto da contra-ordenação pode ser efectuada no momento do levantamento do auto de notícia ou no decurso do processo pela entidade competente para a aplicação da coima.

2 – O disposto no número anterior vale também para os meios de transporte utilizados na prática das contra-ordenações previstas nos artigos 108.º e 109.º, quando a mercadoria objecto da infracção consista na parte de maior valor relativamente à restante mercadoria transportada e desde que esse valor líquido de imposto exceda 3750 euros, salvo se se provar que a utilização foi efectuada sem o conhecimento e sem a negligência dos seus proprietários.

3 – As armas e demais instrumentos utilizados na prática das contra-ordenações referidas no número anterior, ou que estiverem destinadas a servir para esse efeito, serão igualmente apreendidos, salvo se se provar que a utilização foi efectuada sem o conhecimento e sem a negligência dos seus proprietários.

4 – São correspondentemente aplicáveis as disposições do n.º 6 do artigo 18.º, do n.º 3 do artigo 19.º, do n.º 3 do artigo 20.º e do n.º 2 do artigo 38.º.

5 – O interessado pode requerer ao tribunal tributário competente a revogação da decisão que determinou a apreensão de bens com fundamento em ilegalidade.

NOTAS:

– Segundo o n.º 2, também nos casos de descaminho e introdução irregular no consumo pode ter lugar a apreensão dos meios de transporte, desde que a mercadoria objecto de infracção, ou a parte de maior valor, exceda o valor líquido de imposto em 3750 ecus (cerca de 750 000$00) imposto – equivalente ao das contra-ordenações simples –, critério que não tem a ver obviamente com o valor total de cada parte. Dantes apenas era possível, quanto a transportador público, a apreensão nos casos de contrabando, ocultação e transporte de mercadorias em regime suspensivo – neste sentido, art. 42.º n.º do RJIFA e Regime Jurídico das Infracções Fiscais Aduaneiras anotado e comentado, de Casimiro Gonçalves, Rui Oliva e Mário Lage, ed. Rei dos Livros, 1990, p. 72.

– As referências feitas no n.º 4 a outros dispositivos desde regime, respeitam à impossibilidade de identificar os donos das mercadorias (o que não impede a apreensão) e a afectação das mercadorias, objectos e armas a serviços públicos.

– O n.º 5 constitui disposição paralela daquela que, tratando-se de crime, permite que a modificação ou revogação da apreensão possa ser requerida ao juiz de instrução, nos termos do art. 178.º n.º 6 do CPP.

ARTIGO 74.º
Indícios de crime tributário

1 – Se até à decisão se revelarem indícios de crime tributário, é de imediato instaurado o respectivo processo criminal.

2 – Se os indícios de crime tributário respeitarem ao facto objecto do processo de contra-ordenação, suspende-se o procedimento e o respectivo prazo de prescrição até decisão do processo crime.

NOTA:
– Trata-se de disposição que reproduz praticamente o art. 76.º da LQCO.

JURISPRUDÊNCIA:
– Se o juiz, em recurso de contra-ordenação que lhe é dirigido, entender que os autos indiciam a prática pelo arguido de um crime fiscal e não de contra-ordenação fiscal pela qual foi condenado, pode remeter os autos ao Ministério Público para dedução de acusação por crime fiscal, ao abrigo do disposto nos arts. 227.º n.º s do CPT e 76.º n.º 1 do DL n.º 433/82, de 27/10 – ac. do TCA de 19/6/2001, no proc 5143/01, conforme sumário disponível na NET.

– Aos arguidos falece legitimidade processual para recorrer jurisidicionalmente das decisões (art. 680.º do CPC) que se traduzam na remessa dos autos ao Ministério Público para instrução/inquérito, por se entender que os factos são antes e porventura susceptíveis de integrar a prática de crime, casos em que, face ao sentido do decidido, se não descortina prejuízo directo e imediato para o arguido, não podendo consequentemente e para o sindicado efeito considerar-se vencido – ac. do STA de 15/1/03 no proc. 0924/03, com sumário na base de dados informatizada da DGSI.

ARTIGO 75.º
Antecipação do pagamento da coima

1 – Tratando-se de contra-ordenação simples, o infractor que pagar a coima no prazo para a defesa beneficia, por efeito da antecipação do pagamento, da redução da coima para um valor igual ao

mínimo legal cominado para a contra-ordenação e da redução a metade das custas processuais.

2 – Caso o infractor não proceda, no prazo legal ou no prazo que for fixado, à regularização da situação tributária, perderá o direito à redução previsto no número anterior e o processo de contra-ordenação prosseguirá para fixação da coima e cobrança da diferença.

NOTAS:
– O prazo para defesa encontra-se previsto no art. 70.º deste regime e é de 10 dias, a contar da notificação que a esse respeito tem de ser feita.
– Outras reduções se encontram previstas nos arts. 29.º e 78.º deste regime, antes da instauração deste processo, ou antes da decisão, referindo--se este art. apenas a contra-ordenações simples (até 3750 ecus, ou seja cerca de 750 000$00).

Artigo 76.º
Aplicação da coima pelo dirigente do serviço tributário e outras entidades

1 – Finda a produção de prova, o dirigente do serviço tributário aplicará a coima, se esta for da sua competência e não houver lugar à aplicação de sanções acessórias.

2 – Se o conhecimento da contra-ordenação couber a outra entidade tributária, o dirigente do serviço tributário remete-lhe o processo para a aplicação da coima.

3 – A entidade competente para conhecer da contra-ordenação pode delegar em funcionários qualificados a competência para a aplicação da coima ou para o arquivamento do respectivo processo.

4 – Em caso de concurso de contra-ordenações cujo conhecimento caiba ao dirigente do serviço tributário e a outras entidades tributárias, cabe a esta aplicar a respectiva coima.

NOTAS:
– Sobre a competência para aplicar as coimas no caso de infracções tributárias, cfr. art. 52.º deste regime.

– No caso de arquivamento de processo, deverá o mesmo ser comunicado ao visado, nem que seja por carta simples (aplicável caso o valor em causa vá até 3750 ecus, ou seja 750 000$00, nos termos do art. 23.º n.º 3 deste regime).

JURISPRUDÊNCIA:
– A invocação de dificuldades financeiras não configura causa de exclusão da ilicitude ou da culpa por infracção decorrente da falta de entrega do imposto (IVA) liquidado e recebido de terceiros e não entregue ao Estado no prazo legal. Não deixa de haver prejuízo para o Estado pelo facto de o IVA não entregue oportunamente nos cofres vir a ser entregue, acrescido de juros, após aplicação da respectiva coima – ac. do TCA de 29/9/98 no proc. 690/98, conforme sumário disponível na NET.

Artigo 77.º
Arquivamento do processo

1 – Ocorrendo causa extintiva do procedimento ou havendo dúvidas fundadas sobre os factos constitutivos da contra-ordenação que não seja possível suprir, a entidade competente para o seu conhecimento arquiva o processo.

2 – O arquivamento será comunicado nos primeiros 10 dias de cada trimestre ao superior hierárquico da entidade com competência para conhecer da contra-ordenação, podendo aquele ordenar o prosseguimento do processo de contra-ordenação.

NOTA:
– Segundo o princípio da simplicidade, constante do art. 51.º da LQCO, a decisão não transitada que haja aplicado uma coima pode ser revogada.

JURISPRUDÊNCIA:
– Tendo o imposto causal da infracção fiscal sido anulado por via administrativa, tal anulação não constitui fundamento para julgar extinta a instância por inutilidade superveniente da lide (...); (...) tal anulação firmou-se na ordem jurídica com efeitos semelhantes ao do caso julgado ou decidido; e no julgamento das infracções contra-ordenacionais é de acatar tal anulação

(...) *e por isso não se mostram preenchidos os pressupostos de cada uma das infracções – ac. do TCA de 8/5/2001, no proc. 2425/99, com sumário disponível na NET.*

Artigo 78.º
Pagamento voluntário

1 – O infractor pode requerer, até à decisão, o pagamento voluntário da coima.

2 – O pagamento voluntário da coima determina a sua redução para 75% do montante fixado, não podendo, porém, a coima a pagar ser inferior ao montante mínimo respectivo, e sem prejuízo das custas processuais.

3 – Fixada a coima pela entidade competente, o infractor é notificado para pagar voluntariamente no prazo de 15 dias, sob pena de perder o direito à redução.

4 – O pagamento voluntário da coima não afasta a aplicação das sanções acessórias previstas na lei.

5 – Se o arguido, até à decisão, não regularizar a situação tributária, perde o direito à redução a que se refere o n.º 2 e o processo prossegue para cobrança da parte da coima reduzida.

NOTA:
– O requerimento a que o presente art. se refere ocorre na pendência de decisão, em que se beneficia ainda de redução de que se goza no caso de pagamento voluntário, sendo de informar deste direito também aquando do exercício do direito de defesa.

Artigo 79.º
Requisitos da decisão que aplica a coima

1 – A decisão que aplica a coima contém:

a) A identificação do infractor e eventuais comparticipantes;
b) A descrição sumária dos factos e indicação das normas violadas e punitivas;

c) A coima e sanções acessórias, com indicação dos elementos que contribuíram para a sua fixação;
d) A indicação de que vigora o princípio da proibição da *reformatio in pejus*, sem prejuízo da possibilidade de agravamento da coima, sempre que a situação económica e financeira do infractor tiver entretanto melhorado de forma sensível;
e) A indicação do destino das mercadorias apreendidas;
f) A condenação em custas.

2 – A notificação da decisão que aplicou a coima contém, além dos termos da decisão e do montante das custas, a advertência expressa de que, no prazo de 20 dias, o infractor deve efectuar o pagamento ou recorrer judicialmente, sob pena de se proceder à sua cobrança coerciva.

3 – A notificação referida no número anterior é sempre da competência do serviço tributário referido no artigo 67.º

NOTAS:

 – *As notificações são efectuadas pelos serviços fiscais periféricos, territorialmente competentes, e que tenham aplicado as coimas.*

 – *Prevê-se a possibilidade de excepção ao princípio de proibição da "reformatio in pejus", ou seja é possível a imposição posterior de sanção superior no caso de melhoria da situação económica de forma sensível – para o que serão utilizados os índices existentes nas respectivas leis reguladoras de impostos.*

 – *Reflecte ainda o princípio da tributação em custas (art. 92.º da LQCO).*

 – *Para a cobrança coerciva, é de extrair certidão, decorrendo a execução perante o órgão da execução fiscal onde tiver decorrido o processo da sua aplicação, nos termos dos arts. 162.º al. b) e 150.º do CPPT, sendo tal aplicável a qualquer das entidades previstas no art. 52.º deste regime.*

JURISPRUDÊNCIA:

 – *Após a entrada em vigor do DL 244/95, de 14/9, e face à redacção por ele introduzida nos arts. 75.º n.º 1 al. a) e 72.º A do DD n.º 433/82, a "reformatio in pejus" passou a ser proibida no âmbito do regime geral das contra-ordenações naqueles casos em que o recurso foi interposto somente pelo arguido ou no seu exclusivo interesse – ac. do TCA de 6/6/2000 no proc. 3550/00, com sumário disponível na NET.*

SUBSECÇÃO II
Da fase judicial

ARTIGO 80.º
Recurso das decisões de aplicação das coimas

1 – As decisões de aplicação das coimas e sanções acessórias podem ser objecto de recurso para o tribunal tributário de 1.ª instância, no prazo de 20 dias após a sua notificação, a apresentar no serviço tributário onde tiver sido instaurado o processo de contra-ordenação.

2 – O pedido contém alegações e a indicação dos meios de prova a produzir e é dirigido ao tribunal tributário de 1.ª instância da área do serviço tributário referido no número anterior.

3 – Até ao envio dos autos ao tribunal a autoridade recorrida pode revogar a decisão de aplicação da coima.

NOTAS:
 – *Para além do já constante em anotação ao art. 70.º, é de levar em conta que se esclarece que o prazo de impugnação é o geral de 20 dias.*
 – *Este, apesar de não ter natureza judicial, mas equivalente ao de propositura de acção – cfr. Recursos Jurisidicionais em Contencioso Fiscal, de Jorge Sousa e Simas Santos, ed. do Rei dos Livros – suspende-se aos sábados domingos e feriados, por força do disposto no art 60.º da LQCO.*
 – *Assim, havendo vários arguidos, o mesmo só começa a correr com a notificação do último – arts. 47.º n.º 4 da LQCO.*
 – *O n.º 3 trata da revogação da decisão pela própria autoridade que aplicou a coima; pode ainda ser interposto recurso hierárquico, que funciona apenas em um grau, o qual é decidido até ao Director-Geral de Impostos, ou mesmo, não existindo delegação de competências legal ou voluntária, pelos membros do Governo do Ministério das Finanças, nos termos do art. 66.º do C.P.P.T., sendo de decidir em 60 dias – art. 67.º do mesmo.*

JURISPRUDÊNCIA:

– O processo judicial de contra-ordenação que compreende essencialmente a regulamentação, embora incompleta, do "recurso judicial das decisões de aplicação das coimas e sanções acessórias", é uma das espécies do processo judicial tributário – ac. do STA de 11/2/98 no proc. 22215, conforme sumário na NET.

– A oposição à execução é meio processual inadequado ao pedido de redução (...) do montante da coima exequenda aplicada no respectivo processo de contra-ordenação. O meio processual adequado à modificação da decisão de aplicação de coima pela autoridade administrativa, incluindo a medida quantitativa da mesma, é o recurso judicial (art. 213.º do CPT) – ac. do TCA de 31/10/2000 no proc. 3089/99, conforme sumário disponível na NET.

– Se o recorrente nas suas alegações e conclusões se alheia do decidido e também inexiste questão de conhecimento oficioso, o recurso assim minutado não poderá deixar de soçobrar (...), para mais quando não houvera advogado constituído nos autos – ac. do TCA de 24/4/2001 no proc. 4592/00, conforme sumário disponível na NET.

Artigo 81.º
Remessa do processo ao tribunal competente

1 – Recebida a petição, o dirigente do serviço tributário remete o processo, no prazo de 30 dias, ao tribunal tributário competente.

2 – Sempre que o entender conveniente, o representante da Fazenda Pública pode oferecer qualquer prova complementar, arrolar testemunhas, quando ainda o não tenham sido, ou indicar os elementos ao dispor da administração tributária que repute conveniente obter.

NOTAS:

– Os recorrentes podem, a todo o tempo, renunciar ao recurso interposto, nos termos do art. 60.º da LQCO.

– O juiz pode rejeitar o recurso por despacho, se interposto fora de prazo, ou sem respeito pelas exigências de forma, nos termos do art. 63.º da LQCO.

JURISPRUDÊNCIA:

– A falta de formulação de conclusões na motivação de recurso, por via do qual se intenta impugnar a decisão da autoridade administrativa que aplicou uma coima, não pode implicar a rejeição do recurso, sem que o recorrente seja previamente convidado a efectuar tal formulação – ac. 363/2000 do T.C. de 19/6/2001 no DR I s. de 16/7/2001.

– Se o juiz, em recurso de contra-ordenação que lhe é dirigido, entender que os autos indiciam a prática pelo arguido de um crime fiscal e não de contra-ordenação fiscal pela qual foi condenado, pode remeter os autos ao Ministério Público para dedução de acusação por crime fiscal, ao abrigo do disposto nos arts. 227.º n.º s do CPT e 76.º n.º 1 do DL n.º 433/82, de 27/10 – ac. do TCA de 19/6/2001, no proc 5143/01, conforme sumário disponível na NET.

– Não é por força da diferente qualificação jurídica feita nesse despacho que tqis factos têm tal natureza, mas sim pelo facto de serem qualificados pelo tribunal criminal; tendo sido, nestas circunstâncias admitido o recurso deste despacho do juiz do tribunal tributário, impõe-se, mesmo oficiosamente, indeferi-lo, por falta de legitimidade do arguido, por tal despacho de admissão não vincular este Tribunal – ac. do TCA de 3/7/2001 no proc. 4987/01, com sumário disponível na NET.

Artigo 82.º
Audiência de discussão e julgamento

1 – O Ministério Público deve estar presentes na audiência de discussão e julgamento.

2 – O representante da Fazenda Pública pode participar na audiência.

3 – O arguido não é obrigado a comparecer à audiência, salvo se o juiz considerar a sua presença como necessária ao esclarecimento dos factos, podendo sempre fazer representar-se por advogado.

NOTAS:

– Ainda segundo o princípio da simplicidade, na fase judicial pode decidir-se por despacho, ou em audiência de discussão e julgamento (art. 58.º n.º 2 al. b) da LQCO).

– *Pese embora o princípio da não imutabilidade da acusação pública, vigente em processo penal, o M.º P.º, nesta fase, pode retirar a acusação até à sentença, nos termos gerais, pese embora dever estar presente na audiência (art. 65.º n.º 2 e 71.º n.º 1 da LQCO).*
– *Vigora ainda a proibição da redução da prova a escrito na fase contenciosa (arts. 66.º da LQCO).*

JURISPRUDÊNCIA:
– *Tendo numa impugnação judicial de decisão de aplicação de coima por contra-ordenação aduaneira, o M.º P.º emitido 2 pareceres antes de o juiz decidir, estes 2 pareceres, por maioria de razão, valem como acusação, para efeitos do disposto no art. 62.º n.º do DL 433/82 – ac. do STA de 15/11/2000 no proc. 25326, com sumário disponível na NET.*

Artigo 83.º
Recurso da sentença

1 – O arguido e o Ministério Público podem recorrer da decisão do tribunal tributário de 1.ª instância para o Tribunal Central Administrativo, excepto se o valor da coima aplicada não ultrapassar um quarto da alçada fixada para os tribunais judiciais de 1.ª instância e não for aplicada sanção acessória.

2 – Se o fundamento exclusivo do recurso for matéria de direito, é directamente interposto para a Secção de Contencioso Tributário do Supremo Tribunal Administrativo.

3 – O recurso é interposto no prazo de 20 dias a contar da notificação do despacho, da audiência do julgamento ou, caso o arguido não tenha comparecido, da notificação da sentença.

NOTAS:
– *A alçada dos tribunais judiciais de 1.ª instância é actualmente de 3740,98 euros, segundo o art. 24.º da LOFTJ, na redacção do Dec.-lei n.º 105/03; fixa-se, no caso de coima aplicada, para efeitos de recurso o mínimo de ¹/₄ desse valor (€ 935,24); no caso de sanção acessória, o recurso está sempre assegurado.*
– *Segundo o princípio da proibição da redução da prova a escrito na fase contenciosa, fica limitado o recurso à matéria de facto já produzida, ou*

anulação da decisão e devolução do processo ao tribunal recorrido (art. 75.º da LQCO).

JURISPRUDÊNCIA:
– *O Representante da Fazenda Pública não tem legitimidade para recorrer, em processo de contra-ordenação fiscal aduaneira, do ac. de 2.ª Instância que apreciou sentença que se havia pronunciado sobre decisão de aplicação de coima, pois não está prevista, neste tipo de recursos jurisdicionais, a intervenção do RFP – ac. do STA de 18/11/98 no proc. 21010, conforme sumário na NET.*

– *Tendo corrido termos processo de contra-ordenação em que o recorrente foi condenado e tendo essa condenação transitado em julgado, não é possível em processo de oposição à execução fiscal discutir a legalidade de tal condenação, bem como de eventuais excepções ou nulidades cometidas naquele processo – ac. do TCA de 12/1/99 no proc. 65234, com sumário disponível na NET.*

– *A decisão jurisdicional que deva ser proferida em processo de contra-ordenação pode interessar, não só à situação económica do arguido, mas sobremaneira o despacho da Administração Fiscal que tiver recaído sobre um requerimento dele, em que haja pedido o pagamento do imposto em dívida e "a regularização da contra-ordenação" (...).A deficiência ao nível da investigação de factos indispensáveis à boa decisão da causa (...) determina a remessa do processo ao Tribunal "a quo", para uma nova decisão, baseada em melhor e mais conveniente apuramento da matéria de facto – ac. do TCA de 12/1/99 no proc. 652641, conforme sumário disponível na NET.*

– *Das decisões proferidas em processo judicial de reapreciação de coima fiscal cabe recurso, para o TCA ou para o STA, se os fundamentos deste se restringirem exclusivamente à matéria de direito, sempre que a medida da coima aplicada seja superior a um quarto da alçada fixada para os tribunais judiciais de 1.ª instância e não seja acompanhada de qualquer outra sanção acessória (art. 83.º n.ºs 1 e 2 do RGIT)-ac. do STA de 15/1/03 no proc. 0924/03, com sumário na base de dados informatizada da DGSI.*

– *I-O disposto no art. 73.º n.º 2 do RGCO é aplicável subsidiariamente ao RGIT. II-Aquele n.º 2 compreende as decisões concretizadas tanto por sentença, como ali expressamente refere, como pelo despacho referido no seu art. 64.º. III-A expressão, "melhoria da aplicação do direito", dali constante, não deve restringir-se, ao contrário do que parece resultar da sua letra, a casos em que estejam em causa questões de interpretação ou aplicação da regra jurídica, propriamente ditas. IV – Mas, antes, servindo de válvula de segurança do sistema, deve compreender também casos de erros claros na decisão judicial, nomeadamente de manifesto lapso na contagem ou cálculo do prazo de prescrição do procedimento criminal – ac. do STA de 18/6/03, no proc. n.º0503/03, com sumário na base de dados informatizada da DGSI.*

Artigo 84.º
Efeito suspensivo

O recurso só tem efeito suspensivo se o infractor prestar garantia no prazo de 20 dias, por qualquer das formas previstas nas leis tributárias, salvo se demonstrar em igual prazo que a não pode prestar, no todo ou em parte, por insuficiência de meios económicos.

NOTAS:
 – *Reflecte o princípio da executoriedade judicial das decisões (art. 88.º da LQCO).*
 – *Sobre a verificação da insuficiência de meios económicos, é de levar em conta o disposto na lei de apoio judiciário, actualmente constante da Lei n.º 30-E/2000, de 20/12, nomeadamente as presunções do art. 20.º, em especial a da sua alínea c) do n.º 1, e n.º 2 – rendimentos mensais, provenientes de trabalho, iguais ou inferiores a uma vez e meia o salário mínimo nacional (S.M.N.), ou no caso de agregado familiar, o triplo do S.M.N.; quanto a pessoas colectivas, o montante da caução tem de ser consideravelmente superior às possibilidades económicas daquelas, aferidas em função do volume de negócios, do valor do capital ou do património e numero de trabalhadores ao seu serviço, nos termos do art. 7.º da mesma.*

JURISPRUDÊNCIA:
 – *O recurso da decisão que manteve a decisão de aplicação da coima só terá efeito suspensivo nos termos do art. 224.º do C.P.T. se a recorrente prestar garantia, no prazo de 15 dias (ora, 20 dias), ou demonstrar em igual prazo que a não podia prestar, no todo ou em parte, por insuficiência de meios económicos. E não logra demonstrá-lo quando o recurso foi interposto em Março de 1999 e apenas se provou que a partir de 1975 a sociedade começou a lutar com dificuldades económicas – ac. do TCA de 17/10/2000 no proc. 2351/99, conforme sumário disponível na NET.*

ARTIGO 85.°
Revisão das coimas e sanções acessórias. Competência

1 – A revisão da decisão da autoridade administrativa cabe ao tribunal competente para o conhecimento do respectivo recurso judicial, dela cabendo recurso para a instância imediatamente superior.

2 – Quando a coima tiver sido aplicada pelo tribunal, a revisão cabe à instância judicial imediatamente superior, excepto se a decisão tiver sido tomada pelo Supremo Tribunal Administrativo.

NOTAS:
– A revisão deve ocorrer quando da definição da situação tributária resultar que inexiste o facto tributário ou tenha sido revogada em recurso interposto a liquidação de imposto.
– Sobre a revisão, cfr. arts. 80.º e 81.º da LQCO, em que há limitação decorrente de valor patrimonial diminuto e de, quanto à sanção acessória, ser de valor patrimonial considerável; por outro lado, não podem ter decorrido mais de 2 anos sobre a decisão a rever, quando, no processo fiscal, nos termos do art. 293.º do C.P.P.T., é possível interpor recurso de revisão no prazo de 4 anos, nomeadamente baseado em falsidade de documento, ou justificadamente em documento novo, sendo ainda possível por nulidade quando o processo tenha corrido à revelia.
– A revisão contra o arguido, é restrita, à prática de crime. Neste caso, cfr. ainda arts. 449.º e ss. do actual C.P.P., subsidiariamente aplicável.

ARTIGO 86.°
Recurso em processo de revisão

Da decisão proferida em processo judicial de revisão da coima aplicada pelo tribunal tributário de 1.ª instância ou pelo Tribunal Central Administrativo só cabe recurso em matéria de direito para a Secção de Contencioso Tributário do Supremo Tribunal Administrativo.

NOTA:
– A competência para o recurso, prevista neste art. restrita para o recurso em matéria de direito, está de acordo com o disposto na parte final do n.º 1 do art. 280.º do C.P.P.T.

PARTE III
Das infracções tributárias em especial

TÍTULO I
Crimes tributários

CAPÍTULO I
Crimes tributários comuns

ARTIGO 87.º
Burla tributária

1 – Quem, por meio de falsas declarações, falsificação ou viciação de documento fiscalmente relevante ou outros meios fraudulentos, determinar a administração tributária ou a administração da segurança social a efectuar atribuições patrimoniais das quais resulte enriquecimento do agente ou de terceiro é punido com prisão até três anos ou multa até 360 dias.

2 – Se a atribuição patrimonial for de valor elevado, a pena é a de prisão até cinco anos ou multa até 600 dias.

3 – Se a atribuição patrimonial for de valor consideravelmente elevado, a pena é a de prisão de dois a oito anos para as pessoas singulares e a de multa de 480 a 1920 dias para as pessoas colectivas.

4 – As falsas declarações, a falsificação ou viciação de documento fiscalmente relevante ou a utilização de outros meios fraudulentos com o fim previsto no n.º 1 não são puníveis autonomamente, salvo se pena mais grave lhes couber.

5 – A tentativa é punível.

NOTAS:
– Elementos do tipo:

– *por falsas declarações, falsificação, viciação de documento, ou outros meios fraudulentos*[25] *(por acção, ou omissão, uma vez que há obrigação de conhecer que tal conduz à fraude);*
– *nexo causal entre tal e as atribuições patrimoniais efectuadas pela administração tributária (AT) ou pela administração da segurança social (ASS);*
– *resultar ainda enriquecimento ilegítimo do agente ou de terceiro;*
– *dolo (específico): querer que a AT ou a ASS a efectuem, por essa forma, as ditas atribuições patrimoniais.*
– *A tentativa é sempre punível.*

– *Constitui um novo tipo legal de crime, que contraria a anterior jurisprudência dominante, a qual afastava maioritariamente a possibilidade de concurso real entre burla comum (e falsificação, ora claramente afastada pelo n.º 4), por se entender que o tipo legal de fraude fiscal consumia os demais, sendo agora a burla tributária que, nos casos de concurso, passa a consumir a fraude, pelo menos; no sentido da existência de semelhante disposição em ordenamentos jurídicos estrangeiros congéneres no caso de reembolsos –, cfr. conselheiro Alfredo José de Sousa, Infracções fiscais-não aduaneiras, Almedina, p. 68.*

– *Segundo Figueredo Dias e Manuel de Andrade, na Revista Potuguesa de Ciência Criminal, Ano 6, Fasc. 1, p. 100 e Nuno de Sá Gomes em "Relevância jurídica, penal e fiscal das facturas falsas e respectivos fluxos financeiros e da sua eventual destruição pelos contribuintes", em C.T.F. n.º 177, p. 8 e ss., na utilização de "facturas falsas", ou a simulação é total, ou não há mesmo simulação, mas facturas forjadas, por conluio entre emitente e utilizador.*

– *De acordo com a posição assumida no artigo publicado na Revista do M.º P.º n.º 65, p. 124, Facturas Falsas, por Nogueira da Costa, o crime de burla poderia consumar-se, no caso de IRC, mesmo não existindo reembolso, com a declaração periódica no art. 96.º do respectivo Código, ou seja, em 31/5 do ano seguinte à declaração, consumando-se o de fraude na data da declaração do imposto; segundo anotação de Paulo Dá Mesquita ao ac. do*

---

[25] "As sociedades conseguem frequentemente, mediante artificios de contabilidade, ocultar parte do seu lucro" – cfr.Prof. Teixeira Ribeiro, A Reforma fiscal, Coimbra Editora, p. 114, jusitificando-se na dupla tributação, sendo certo que actualmente se tributam apenas os lucros que sejam distribuídos como mais-valias, não cabendo tal justificação.

S.T.J. de 28/4/99, na mesma Revista, n.º 79, p. 165, acórdão que rejeita essa possibilidade, mas deixa em aberto a hipótese de crime de burla, existindo e comprovando-se reembolsos, desde que se prove a conexão com a utilização efectuada, de facturas falsas.

– Trata-se de tal com a presente previsão de burla tributária, a qual, num contexto de concurso aparente com a fraude fiscal, configura um caso de valoração autónoma de agravação da pena pela produção do resultado danoso, as ditas atribuições patrimoniais – assim, Augusto Silva Dias, em artigo na revisto Fisco n.º 22, p. 7.

– No caso do IVA, o sujeito passivo é quem tem o dever de liquidar o imposto, de o cobrar e de o entregar nos cofres do Estado, mas que está exonerado por lei, através do mecanismo da repercussão fiscal de o suportar, conforme Silvério Mateus e Natureza do Direito à Dedução no Imposto sobre o IVA, na revista Fisco, 12/13, p. 36. Opera por compensação, mas o reembolso é possível quando o crédito de imposto exceder 25 vezes o salário mínimo nacional, ou metade desse valor nos 6 primeiros meses de actividade. Pelo Despacho Normativo n.º 342/93, de 30/10, com as alterações do Despacho Normativo n.º 470/94, de 6-7, foi estabelecido que para o reembolso poder ter lugar é necessário efectuar pedido documentado, dirigido à DSIVA-Serviço de Rembolsos, devendo estes ter lugar, em princípio, no prazo de 30 dias, distinguindo-se as situações, conforme os montantes:
– até 1 500 000$00;
– entre este montante e 10 000 000$00, com cópias das declarações periódicas e do balancete sintético, com nota justificativa, assinada pelo sujeito passivo ou mandatário;
– acima de 10 000 000$00, em que é exigida ainda extractos de fornecedores;
– no caso de constarem 75% de operações isentas, é necessária já a prestação de garantia.

– No caso de transmissões intracomunitárias, mediante declaração da instituição de crédito, comprovando que o preço de venda foi ou vai na mesma ser liquidado[26];

– No caso de exportações para países terceiros, é necessário documento comprovativo da exportação, passado pela competente estância aduaneira, ou a declaração bancária; transitoriamente (até ao final do 2.º mês seguinte)

---

[26] Em legislação anexa consta o art. 21.º do RITI e Dec.-Lei n.º 408/87, de 31/12.

são aceites fotocópia do documento de transporte, ou documento de seguro de transporte, acompanhada da declaração de empresa, contendo o n.º de factura, data e valor relativo à operação praticada
  – Quanto a reembolsos de IEC´s regem os arts. 13.º, 14.º e 42.º e ss. do respectivo Código, existindo ainda a circular 187/95, s. II – cfr. Os Impostos Especiais de Consumo, de Sérgio Vasques, Almedina, p. 273: no caso das transmissões intracomunitárias o documento bancário também pode ser utilizado; no caso das exportações, é necessário o documento comprovativo das exportações, e a comprovação de o imposto estar pago em território nacional e a prestação de garantia.
  – Documento fiscalmente relevante é, nomeadamente, nos termos do art. 28.º do C IVA:
    – declaração de início de actividade;
    – factura (sendo que esta tem de ter a indicação da tipografia respectiva) ou documento equivalente;
    – declaração mensal relativa ás operações efectuadas no 2.º mês precedente, com a indicação do imposto devido ou crédito existente, entre outras;
    – declaração de informação contabilística e fiscal relativa às operações realizadas no ano anterior;
    – mapa recapitulativo com a indicação dos sujeitos passivos clientes e fornecedores (desde que o montante total das operações seja superior a 10 000$00;
    – outros documentos contabilísticos, como livros, balanços, balancetes, cheques, recibos, etc.
  – Formas agravadas dos n.ᵒˢ 2 e 3: aplicam-se os critérios referidos no art. 11.º deste regime, e conforme nota 1 ao mesmo.
  – Para efeitos do n.º 4: segundo o presente regime, a prática de faslsificação, em fraude fiscal não é punível, sendo que a falsificação, como infracção fiscal punível, se enquadra em mera contra-ordenação[27]*. Sendo que o crime de falsificação de documento, nomeadamente de escritura pública, é punível, segundo o disposto no art.256.º do C. Penal, com prisão até 5 anos, pode configurar-se a hipótese de subsunção nesse caso a este tipo legal, face ao crime de burla tributária do n.º 1(simples), e caso não seja consumida pela fraude fiscal (n.ᵒˢ 2 e 3 do art. 104.º deste regime). Contudo, mesmo situações, como a divergência no preço, podem não integrar os elementos típicos*

---

[27] Cfr. art. 119.º deste regime, e suas notas.

do crime de falsificação de documento autêntico, desde que integrem meras estipulações acessórias.

JURISPRUDÊNCIA:

– Comete o crime de burla e não o de infracção fiscal (art 23 do RJIFNA) aquele que arranja facturas fictícias e as utiliza para fazer crer ao Fisco que consubstanciavam transacções comerciais e assim obtem "reembolsos" de IVA – ac. do STJ de 18/2/93 tirado em recurso do T. Círculo de Sto. Tirso, que confirmou, e registado na NET sob o n.º 22606; no mesmo sentido, ac. de 15/12/93 in Acs STJ Ano II, t. 2, p. 203, consuindo jurisprudência que foi abandonada por se entender haver concurso aparente.

– O delito de fraude fiscal consuma-se no momento da prática dos actos descritos na lei, independentemente e antes da lesão efectiva do património público, do que resulta que a lesão do património público não constitui um seu elemento constitutivo, mas apenas circunstância a atender na graduação da pena.

– Sendo não coincidentes os interesses protegidos entre os crimes de burla e os tutelados pelo direito fiscal, a prática de ambos integra um concurso real de crimes, sem prejuízo da lesão efectiva do património público apenas deve ser considerada na punição do crime de burla, por não ser violado o princípio "ne bis in idem"-ac. do STJ de 26/9/94, registado na NET sob o n.º 28244, a confirmar parcialmente sentença do T J de Sta Maria da Feira[28], jurisprudência que também foi sendo abandonada, por se ter vindo a entender ser caso de concurso aparente, mas com prevência da previsão fiscal, dando origem ao ac. uniformizador referida a final.

– Constitui um só crime continuado de burla a realização plúrima do mesmo tipo de crime ou de vários crimes que fundamentalmente protegam o mesmo bem, executado de forma essencialmente homogénea e no quadro de solicitação de uma mesma situação exterior que diminua sensivelmente a culpa do agente-ac. do STJ de 4/10/95, no NET sob o n.º 18704; no mesmo sentido, ainda, acórdão do tribunal do Círculo de Loulé de 8/11/96, Col. Jur. t. 3, p. 272.

---

[28] E acrescentava: porque o crime de falsificação de documentos visa a salvaguarda da boa fé pública dos documentos e o de fraude fiscal a protecção e a transparência na s relações tributárias, a prática de ambos integra um concurso real de infracções.

– Os crimes de peculato e burla protegem bens jurídicos distintos, podendo ocorrer em reembolsos de impostos não recebidos pelos contribuintes-ac. do STJ de 25/3/98 no BMJ 475, p. 502.

– O gerente que deposita na sua própria conta bancária cheque destinado à própria firma pratica o cime de burla, sendo irrelevante que a mesma tenha sido contabilizada "dívida a terceiros-accionistas", como passivo, e em "dívidas de terceiros-subscritores de capital, em violação ao POC – Dec.-Lei n.º 410/89, de 21/11-se houver outros elementos de que se possa concluir que a entrada a sócio foi obtida fraudulentamente – ac. do STJ de 11/2/98 no BMJ 474, p. 151.

– Na vigência do RJIFNA não se verifica concurso real entre o crime de fraude fiscal, previsto pelo art. 23.º daquele, e os crimes de falsificação e burla, previstos no C. Penal, sem que estejam em causa interesses fiscais do Estado, mas somente concurso aparente de normas, com prevalência das que prevêem o crime de natureza fiscal – ac. de uniformização de 7/5/03, no proc. 735/99, 3.ª secção do STJ., tornando firme a jurisprudência iniciada a 3/10/96 na Col. de Jur.-ACSTJ ano IV, t. III, p. 152 e que se crê que já era dominante desde, pelo menos, os acs. de 28/4/99, no proc. 302/97-3.ª, de 27/5/99, na Col. de Jur.-ACSTJ Ano VII, t. 2, p. 222 e de 10/11/99-p.º 754/99-3.ª.; anteriormente, e no mesmo sentido acs. do STJ de 3/10/96, de 19/3/98 na Col. Jur. t. III, p. 152 e t. I, p. 235, dos respectivos anos, e ainda o ac. do STJ de 5/5/98 com o registo n.º 36569, acessível na base de dados da DGSI. cfr. ainda o ac. da R. do Porto de 8/7/98, com o n.º 9810239, acessível na mesma base de dados.

Artigo 88.º
Frustração de créditos

1 – Quem, sabendo que tem de entregar tributo já liquidado ou em processo de liquidação ou dívida às instituições de segurança social, alienar, danificar ou ocultar, fizer desaparecer ou onerar o seu património com intenção de, por essa forma, frustar total ou parcialmente o crédito tributário é punido com prisão até dois anos ou multa até 240 dias.

2 – Quem outorgar em actos ou contratos que importem a transferência ou oneração de património com a intenção e os efeitos referidos no número anterior, sabendo que o tributo já está liquidado ou em

processo de liquidação ou que tem dívida às instituições de segurança social, é punido com prisão até um ano ou multa até 120 dias.

NOTAS:
  – *Elementos do tipo:*
    – *a conduta das entidades a quem estejam a ser ou tenham já sido liquidados impostos, sejam entidades empregadoras ou trabalhadores independentes, que consistam em alienar, danificar, ocultar, fazer desaparecer ou onerar o seu património;*
    – *dolo (específico): intenção de frustar, total ou parcialmente, crédito de imposto.*
  – *Consuma-se, nomeadamente, depois de provada em execução fiscal, a impossibilidade de o credor tributário cobrar o crédito fiscal, por insolvência do devedor.*
  – *Tem forma agravada no caso de outorgar em actos ou contratos que visem a diminuição do património, ainda que actue em comparticipação que se afigura abrangida.*
  – *Pela circular n.º 4/99, de 28/5, da P.G.R. foi explicitado que, nos casos de insolvência dolosa, era de efectuar pedido de intervenção do Núcleo de Assessoria Técnica(NAT), que funciona agora junto do mesmo DCIAP, em casos de:*
    – *descapitalização das empresas, através de retiradas de suprimentos, empréstimos a sócios, ou despesas confidenciais;*
    – *alterações sucessivas dos pactos sociais;*
    – *ou vendas a preços reduzidos.*

Artigo 89.º
Associação criminosa

1 – Quem promover ou fundar grupo, organização ou associação cuja finalidade ou actividade seja dirigida à prática de crimes tributários é punido com pena de prisão de um a cinco anos, se pena mais grave não lhe couber, nos termos de outra lei penal.

2 – Na mesma pena incorre quem fizer parte de tais grupos, organizações ou associações ou que os apoiar, nomeadamente fornecendo armas, munições, instrumentos de crime, armazenagem, guarda ou locais para as reuniões, ou qualquer auxílio para que se recrutem novos elementos.

3 – Quem chefiar ou dirigir os grupos, organizações ou associações referidos nos números anteriores é punido com pena de prisão de dois a oito anos, se pena mais grave não lhe couber, nos termos de outra lei penal.

4 – As penas referidas podem ser especialmente atenuadas ou não ter lugar a punição se o agente impedir ou se esforçar seriamente para impedir a continuação dos grupos, organizações ou associações, ou comunicar à autoridade a sua existência, de modo a esta poder evitar a prática de crimes tributários.

NOTAS:
  – *Elementos do tipo:*
    – *promoção (de acordo com a formulação geral da revisão de 19995 ao art. 299.º do C. Penal) fundação de grupo, organização ou associação;*
    – *que esta se dedique à actividade de crimes tributários (e não de meras contra-ordenações);*
  – *dolo: acordo estável de vontades para a finalidade da dita actividade (projecto) e saber ser proibida e criminosa, nomeadamente expressa no mesmo tido de crimes.*
  – *Desagrava-se a punição, face ao art. 34.º do RJIFA, na redacção do Dec.-Lei n.º 255/90, de 7/8, a qual estava prevista, desde 1994[29], de 1 a 8 anos de prisão, para os fundadores de associação criminosa. Semelhante punição se encontra prevista no art. 373.º do Código Fiscal alemão que, pela sua versão de 1987, pune o contrabando por quadrilhas, mesmo com armas, com pena semelhante à ora prevista, até 5 anos de prisão Contudo, têm-se constatado infracções fiscais de elevado valor, algumas das quais com a possível consequência de o Estado português ter de pagar os correspondentes impostos, que constituem fonte de financiamento do orçamento comunitário, e para as quais não se prevê especial punição[30].*

---

[29] Na redacção dada ao RJIFA, pelo Dec.-Lei n.º 98/94, de 18/4.

[30] Veja-se artigo "PJ investiga fraude de 14 milhões de contos", no Público de 11/6/2001: as diligências visam esclarecer o"desaparecimento" de 74 vagões de tabaco americano e proveniente da Suíça. Caso não seja identificada a rede, o Estado português – directamente ou através da CP (Caminhos de ferro de Portugal – arrisca--se a ter de pagr a Bruxelas os 14 milhões de contos em que os "contrabandistas" lesaram o oçamento comunitário.

– O n.º 4 está de acordo com a política criminal, de protecção aos arrependidos, como forma de melhor se desmamtelar estas organizações.

JURISPRUDÊNCIA:

– Não existe incompatibilidade entre a prática do crime de contrabando e o de associação criminosa-ac. da R. de Évora de 23/7/86 na Col. de Jur. De 8/7/86, t. 4, p. 296.

– O contrabando de circulação (arts. 36, n.º 5 do CA e 22 do DL 376-AS/ /89, de 25-10) sempre foi considerado um crime de perigo. Ao contrário da co-autoria, na associação criminosa não é contraditório não se estabelecer qualquer ligação entre os seus membros. Comete o crime do art 384, n.1 do CP de 82, ou do art 374 do CP revisto, o arguido que, ziguezagueando com o seu veículo pelo meio da estrada, põe em risco a integridade física dos elementos da GNR, seus perseguidores, obstruindo a marcha da viatura, permitindo que outro veículo fugisse – ac. do STJ de 6/11/97 na NET sob o n.º 33457.

– Havendo o réu sido pronunciado pelos crimes de associação criminosa para o crime de contrabando e de corrupção não é de suspender a prisão preventiva, havendo receio de fuga – ac. do STJ de 30 /5/90 no BMJ 397, p. 399.

– Para a verificação do crime de associação criminosa é essencail verificar-se o fim abstracto da prática de crimes, a estabilidade organizativa e uma ideia de permanência, de duração. Fica preenchido o crime quando os arguidos fundaram e aproveitaram uma sociedade legalmente constituída, para a prática de vários crimes de burla (...)-ac. do STJ de 26/5/93 no Col. Jur.-Acs. do STJ t. II, p. 237

– Como pressuposto necessário do crime de fraude fiscal, a relação tributária é sempre verdadeira, nunca pode ser simulada. Inexistindo essa relação juridica,estamos num crime de burla comum(...). Age com dolo quem, sabendo da finalidade criminosa da organização, desempenhe alguma das finalidades previstas na norma incriminadora, com acordo de vontades que certa permanência (de finais de 1991 e até 1994) e um mínimo de organização (arregimentar colaboradores para representar as mais diversas actividades dos 25 inscritos, empresários em nome individual e sociedades entretanto consitutídas) – ac do STJ de 5/11/97, na Col. de Jur. ACSTJ tomo III, p. 222.

– Não se provando qualquer tipo de organização pode existir um bando, para efeitos do actual art. 204.º n.º 2 al. g) do CP, sendo nesse caso o furto punido com 2 a 8 anos de prisão – ac STJ de 4/7/98 no BMJ 478, p. 7.

– Ainda que o arguido tenha a sua responsabilidade indiciada por referência aos crimes de fraude fiscal e de associação criminosa, este do artigo 89.º n.º 1 do RGIT, não é caso de autorizar qualquer aditamento ao prazo do regime-regra para a prisão preventiva previsto no art. 215.º n.º 1 do C.P.P., e por aí a declaração de excepcional complexidade do procedimento do respectivo n.º 3, por nenhum deles constar do elenco dos que no n.º 2 do mesmo artigo jusitificam a adopção de tal medida – ac. da relação de Guimarães de 17/3/03, acessível na base de dados da FGSI, acessível na NET.

Artigo 90.º
Desobediência qualificada

A não obediência devida a ordem ou mandado legítimo regularmente comunicado e emanado do Director-geral dos Impostos ou do Director-geral das Alfândegas e dos Impostos Especiais sobre o Consumo ou seus substitutos legais ou de autoridade judicial competente em matéria de derrogação do sigilo bancário é punida como desobediência qualificada, com pena de prisão até dois anos ou de multa até 240 dias.

NOTAS:
– Elementos do tipo:
– ordem ou mandado legítimo (requisito substancial): a ordem é legítima nos casos previstos nos arts. 63.º A e B da LGT, a qual no seu art. 14.º expressamente prevê este tipo legal de crime;
– ordem ou mandado formalmente válido (requisito substancial): a ordem é válida quando é emanada das ditas autoridades da administração fiscal (sem possibilidade de delegação), ou do juiz do tribunal tributário, em caso de recurso; do juiz de instrução criminal ou do tribunal da Relação, em caso de incidente de quebra de segredo, por dúvidas quanto à legitimidade da ordem ou mandado;
– regularidade da comunicação: em regra, pressupõe a pessoalidade da comunicação, a qual deve conter referência às normas legais violadas;
– dolo: não obediência livre e voluntária a essa ordem ou mandado.

– Com esta disposição, e a presente tutela penal, se relaciona a doutrina do parecer do C. C. da P.G.R. n.º 138/83, de 574/84, no BMJ n.º 342, p. 55, produzido sobre os poderes de fiscalização e o exame pela administração fiscal, a qual se formara no sentido de a dispensa do dever de obediência ao segredo bancário ser de negar pelo órgão de direcção da instituição de crédito –, o que apenas poderia ocorrer por autorização do cliente – excepção que veio a ser prevista, nos termos gerais do art. 79.º n.º 1 do Dec-Lei n.º 298/92, de 31/12, que rege o regime das instituições de crédito.
– Com efeito, mesmo que se considerasse a possibilidade de cooperação das entidades de supervisão, os seus fins eram apenas os previstos no n.º 4 do art. 81.º do mesmo, entre os quais os fiscais não se incluíam, só restando à administração fiscal requerer ao tribunal competente que, em pedido fundamentado, autorizasse os ditos exames ou diligências.
– Actualmente, a sua esfera de aplicação e procedimento consta do arts. 63.º a 64.º do C.P.P.T., sendo que para melhor compreensão vão extractadas, a final, tais disposições e outras conexas.
– Quanto à aplicação, versa desde logo os rendimentos de categoria B do C. (pequenos e médios industriais e comerciantes) do IRS e C. do IRC, permitindo-se o acesso a informação relativa a operações com cartões de crédito, nos termos ora previstos no n.º 2 do dito art. 63.º A. Com efeito, tal pode permitir, de forma significativa, o apuramento do valor tributável da transmissões de bens ou prestações de serviços a que se proceda com base na factura "Unibanco" (valor ilíquido, da comissão devida à entidade emissora do cartão, que está isenta de IVA, e salvo se constarem gratificações) – Of. Circ. n.º 10185, de 29/9/89, da DSIVA.
– Nos termos do n.º 2 do art. 63.º B, é também aplicável quando se trate de documentos de suporte de registos contabilísticos dos sujeitos passivos de IRS e de IRC que se encontrem sujeitos a contabilidade organizada.
– É ainda aplicável para controlo de benefícios fiscais ou de regimes fiscais privilegiados de que o contribuinte usufrua.
– Não é aplicável em caso de informações prestadas para recurso a crédito, nos termos do mesmo n.º 2(corpo), nem para casos que não sejam situações graves em concreto – n.º 2, c) "a contrario".
– A decisão só pode ter lugar, por decisão fundamentada do Director-geral, após prévia audição do contribuinte, com recurso, que é suspensivo – n.º 3 do mesmo 63.º B.
– O n.º 8 deste mesmo dispositivo permite, porém, que se proceda a investigação por infracção penal, se for caso disso, sendo então tal da auto-

ridade judiciária competente, juiz de instrução, ou tribunal da Relação – art. 135.º do C.P.P.

Artigo 91.º
Violação de segredo

1 – Quem, sem justa causa e sem consentimento de quem de direito, dolosamente revelar ou se aproveitar do conhecimento do segredo fiscal ou da situação contributiva perante a segurança social de que tenha conhecimento no exercício das suas funções ou por causa delas, é punido com prisão até um ano ou multa até 240 dias.

2 – O funcionário que, sem estar devidamente autorizado, revele segredo de que teve conhecimento ou que lhe foi confiado no exercício das suas funções ou por causa delas com a intenção de obter para si ou para outrem um benefício ilegítimo ou de causar prejuízo ao interesse público, ao sistema de segurança social ou a terceiros é punido com prisão até três anos ou multa até 360 dias.

3 – A pena prevista no número anterior é aplicável ao funcionário que revele segredo de que teve conhecimento ou que lhe foi confiado no exercício das suas funções ou por causa delas, obtido através da derrogação do sigilo bancário ou outro dever legal de sigilo.

NOTAS:
  – Elementos do tipo:
    – conduta de revelar ou aproveitar de segredo fiscal;
    – sem justa causa;
    – sem consentimento de quem de direito;
    – conhecimento no exercício de funções públicas ou por causa delas;
    – susceptibilidade de causar prejuízo ao Estado ou a terceiros.
    – dolo especifico: intenção de causar prejuízo ao interesse público ou a terceiros.
  – Convem obter a queixa, se o ofendido for terceiro, pois pode ser caso de se aplicar o art. 198.º do C. Penal, obviamente em processo penal comum
  – Tem formas agravadas nos n.ᵒˢ 2 e 3, no caso de o funcionário ter intenção de obter para si ou para outrem benefício ilegítimo, ou violar outro

segredo, como o bancário, que fica assim também abrangido, obviamente sem prejuízo de pena mais grave que ao crime que proporciona a sua obtenção couber.

– O dever de "guardar sigilo profissional, nomeadamente, revelar quaisquer elementos sobre a situação profissional ou rendimentos dos contribuintes" está consignado desde a lei orgânica da DGCI aprovada pelo Dec.-Lei n.º 363/78, de 28/11, voltando a constar do art. 64.º da LGT, cujos arts. 63.º, 63.º A e 63.º B, integram disposições que impõem inequivocamente a sua revelação por parte das instituições de crédito, mas em casos limitados, e por determinação do Director-Geral, da DGI ou DGAIEC [31].

– Mantem-se a indicação específica constante dos arts. 1.º n.º 2 e 8.º do Dec-Lei n.º 463/79, de 30/11, alterado pelos Decs.-Leis n.os 266/91, de 6/8 e 81/03, de 23 de Abril,, quanto ao n.º de contribuinte, em que se estipula que "todos os funcionários que, por força do exercício das suas funções, tomem conhecimento dos elementos constantes dos registos referenciados pelo número fiscal ficam obrigados a guardar segredo dos mesmos", o que se refere a " o número fiscal das pessoas singulares é o que lhes for atribuído pela D.G.C.I., para uso exclusivo no tratamento de índole fiscal(...)", o que é extensivo a "não residentes que não obtenham em território português rendimentos sujeitos a retenção".

JURSIPRUDÊNCIA:

– O sigilo bancário é regulado pelo Dec.-Lei n.º 2/78, de 9/1[32], *segundo um modelo que se aproxima muita da protecção exaustiva do direito*

---

[31] Tais disposições constam da legislação relativa à "administração tributária e banca", extractada em anexo. Aliás, semelhante determinação não é agora possível efectuar, regra geral, pelo M.º P.º, atenta a actual redacção do art. 181.º n.º 1 do C.P.P, por ser da competência exclusiva do juiz de instrução. Cfr. regime das excepções ao dever de segredo, num contexto em que os bancos têm instruções de se efectuar uma interpretação restritiva, artigos Segredo bancário, de Maria Eduarda Azevedo, em separata da CTF, 1990; Perspectivas de reformulação do segredo bancário no Direito Português, de Alexandra Folque de Gouvêa, em Documentação e Direito Comparado n.º 11, p. 8; Segredo profissional e revelação jurisdicional, de Luis Guilherme Catarino, na Revista do M.º P.º n.º 74 p. 68 e ss. Nas obras gerais Segredo Profssional, de Santiago Neves, Almedina, analisa as diferenças entre revelação e aproveitamento e em Direito Bancário, de José Maria Pires, I vol., p. 121., o conteúdo do dever, em que se afigura ser de incluir ainda os referentes à prestação de serviços bancários.

[32] Actualmente, nos arts. 78.º a 82.º do Dec.-Lei n.º 298/92, de 31/12, na redacção do Dec-.Lei n.º 250/2000, de 13/10.

ao sigilo, quer em face do público em geral, quer perante os órgãos de gestão e o próprio Estado.

O legislador, com este diploma, entendeu que "a reconstrução do País implica o estabelecimento de um clima de confiança na banca que permita a captação e recuperação do dinheiro entesourado".

Assim:

O legislador sobrepõe o dever de sigilo ao dever de cooperação com a justiça por que o dever de segredo só poderá deixar de verificar-se nos casos em que uma lei imponha, inequivocamente, a sua revelação – ac. do STJ de 20/10/88 no BMJ 380, p. 492.

– Nunca a quebra de sigilo deve ir além do necessário, sendo necessário proceder a uma concreta ponderação de interesses – ac. da R. do Porto de 6/5/93, na Col. de Jur. T.3, p 195.

– O sigilo fiscal cessa quando os elementos de natureza tributária relativos à situação de contribuintes se destinarem á investigação por eventuais crimes de abuso de confiança r infidelidade, nos termos do art. 135.º n.º 3 do CPP – ac. da R. do Porto de 9/1/02, na CJ Ano XXVI, tomo I, p. 221.

CAPÍTULO II

Crimes aduaneiros

ARTIGO 92.º

Contrabando

1 – Quem, por qualquer meio:

a) Importar ou exportar ou, por qualquer modo, introduzir ou retirar mercadorias do território nacional sem as apresentar às estâncias aduaneiras ou recintos directamente fiscalizados pela autoridade aduaneira para cumprimento das formalidades de despacho ou para pagamento da prestação tributária aduaneira legalmente devida;

b) Ocultar ou subtrair quaisquer mercadorias à acção da administração aduaneira no interior das estâncias aduaneiras ou

recintos directamente fiscalizados pela administração aduaneira;
c) Retirar do território nacional objectos de considerável interesse histórico ou artístico sem as autorizações impostas por lei;
d) Obtiver, mediante falsas declarações ou qualquer outro meio fraudulento, o despacho aduaneiro de quaisquer mercadorias ou um benefício ou vantagem fiscal;

é punido com pena de prisão até três anos ou com pena de multa até 360 dias, se o valor da prestação tributária em falta for superior a € 7500 ou, não havendo lugar a prestação tributária, a mercadoria objecto da infracção for de valor aduaneiro superior a € 25 000, se pena mais grave lhe não couber por força de outra disposição legal.
2 – A tentativa é punível.

NOTAS:
– *Elementos do tipo, em geral:*
  – *entrada ou saída de mercadorias do território nacional;*
  – *sem as passar pelas estâncias aduaneiras, ou recintos fiscalizados pela administração aduaneira, ou, ainda que passando, ocultando-as, subtraindo-as, ou obtendo fraudulentamente despacho aduaneiro, benefício ou vantagem;*
  – *condição de punibilidade: valor superior a 25 000 euros (cerca de 5 000 000$00), ou, estando em causa prestação tributária, 7 500 euros (cerca de 1 500 000$00);*
  – *dolo: não querer cumprir as formalidades de despacho ou não pagar a prestação tributária aduaneira legalmente devida.*
– *Tipo em especial:*
  – *saída de objectos de considerável interesse histórico ou artístico do território nacional;*
  – *sem autorização legal;*
  – *dolo: intenção de retirar tais objectos do dito território.*
  – *condição de punibilidade: valor superior a 25 000 euros (cerca de 5 000 000$00). Caso o valor seja superior a 50 000 euros (cerca de 10 000 000$00) tem a forma agravada do art. 97.º*
– *Trata-se de um tipo de crime de perigo, em que a tentativa é punível, e que, talvez por isso, admite a realização de escutas telefónicas – art. 187.º n.º 1 al. e) do C.P.P.*

– *O actual tipo abrange factos que eram anteriormente enquadrados, em parte, no descaminho – obtenção de despacho, benefício ou vantagem, fraudulentamente.*

– *A exportação ilícita de bem classificados obras de considerável interesse histórico ou artístico é actualmente punida pelo art. 102.º da Lei n.º 107/2001, de 8/9, com pena de prisão até 5 anos ou multa até 600 dias, preenchendo-se, assim, a excepção da parte final do n.º 1. Contudo, podem ainda existir situações de concurso com crimes, agravados, de furto, roubo, ou mesmo dano que o CP pune ainda mais gravemente, sendo que a competência para investigar este último tipo de criminalidade está presumivelmente delegada na P.J .*

– *Neste tipo legal se integra o património histórico e cultural do país, as quais são classificadas como de interesse nacional, público ou concelhio, nos termos dos arts. 24.º e 30.º do Decreto n.º 20 985, de 7/3/1932, arts. 7.º n.º 1 e 12.º da Lei n.º 13/85, de 6/7, 12.º da Lei n.º 13/85, de 6/7, e art 2.º do Dec.-Lei n.º 120/97, de 16/7, em decreto-lei ou portaria.*

– *Também nesse tipo legal se integram os bens de relevante interesse arquitectónico e arqueológico, conforme classificação do Dec.-Lei n.º 67/97, de 31/12. A exportação definitiva de bens arquivísticos classificados ou em vias de classificação era punida, nos termos do art. 39.º n.º 2 do Dec.-Lei n.º16/93, de 23/1, como crime de dano agravado. Actualmente, e tendo tal disposição sido tacitamente revogada pelo presente regime, afigura-se que se enquadra nos arts. 102.º da Lei n.º 107/2001, de 8/8..*

– *O Dec-Lei n.º 214/84, de 4/7(Convenção CITES), sujeita a licenciamento prévio o comércio de espécies da fauna e da flora selvagens ameaçadas de extinção, estando no art. 17.º prevista contra-ordenação.*

JURISPRUDÊNCIA:

– *Não se falando em exame directo, nem no valor aduaneiro, com base no qual são calculados os direitos e demais imposições dessa índole em dívida, o preço pressupõe o valor comercial da mercadoria – ac. do S.T.J. de 29/10/86 no B.M.J. 360 p. 371.*

– *O que define o contrabando de importação é a introdução no país, vinda de país estrangeiro, de mercadoria, seja qual for a sua origem, sem o devido controlo alfandegário. A apreensão de mercadorias deve manter-se desde que o respectivo proprietário não demonstre que o contrabando se consumou sem o seu consentimento ou sem negligência da sua parte – ac. do S.T.J. no BMJ n.º 380, p. 259.*

– *Só há crime de descaminho a respeito de mercadorias de importação ou exportação proibidas ou que forem transportadas ao abrigo de convenções internacionais de trânsito – ac. do S.T.J. de 26/11/86 no B.M.J. 361 p. 296.*

– *As escutas telefónicas levadas a cabo pela PJ, sob autorização fundamentada do juiz de instrução têm valor probatório, independentemente de exame – ac. do STJ de 23/11/88 no B.M.J. 381, p. 327.*

Artigo 93.º
Contrabando de circulação

1 – Quem, por qualquer meio, colocar ou detiver em circulação, no interior do território nacional, mercadorias em violação de leis aduaneiras relativas à circulação interna ou comunitária de mercadorias, sem o processamento das competentes guias ou outros documentos legalmente exigíveis ou sem a aplicação de selos, marcas ou outros sinais legalmente prescritos, é punido com pena de prisão até três anos ou com pena de multa até 360 dias, se o valor da prestação tributária em falta for superior a € 7500 ou, não havendo lugar a prestação tributária, a mercadoria objecto da infracção for de valor aduaneiro superior a € 25 000.

2 – A tentativa é punível.

NOTAS:
   – *Elementos do tipo:*
      – *circulação de mercadorias no interior do território nacional;*
      – *sem documentos, guias, selos, marcas ou outros sinais.*
      – *dolo: intenção de violar as leis aduaneiras.*
      – *condição de punibilidade: valor superior a 25 000 euros (cerca de 5 000 000$00), ou, estando em causa prestação tributária, 7 500 euros (cerca de 1 500 000$00).*
   – *Trata-se de crime de perigo, em que a tentativa é punível.*
   – *Embora se continue a reportar a território nacional, tal como é definido no art. 5.º da C.R.P., acrescentou-se a violação de leis aduaneiras não só internas, como das relativas à circulação comunitária de mercadorias, o que restringe o seu campo, tornando aplicável o regime de responsabilidade previsto no art. 36.º n.º 4 do C. dos IEC's, no qual se presume que, no caso da mercadoria não chegar ao destino, a infracção é cometida no Estado da*

expedição, o que pode implicar, na prática, a consideração do conceito de Território da Comunidade, tal como definido no art. 227.º do Tratado CEE..

JURISPRUDÊNCIA:
— *Não se julga inconstitucional a norma do parágrafo 4 do art 691 do Reg das Alfândegas que exige o acompanhamento de determinados documentos para as mercadorias nele identificadas e das "que venham a ser especialmente designadas", face ao art. 32 da Constituição, pois se presume meramente a origem estrangeira das mercadorias. Também não procede por isso a referência, feita no art 22 do RJIFA aprovado pelo DL 376-A/89, de 25-10, a mercadorias de circulação condicionada e a documentos que as devem acompanhar, embora a lei ou DL não possa deixar de indicar todos os elementos do crime, sendo-lhe vedado deixar para regulamento a indicação de algum deles — ac. do T. Constitucional de 1/7/92 no DR II s. n.º 248, p. 10090.*
— *A chapa de matrícula de um veículo automóvel integra o conceito de documento do art 255 do CP — ac. do STJ de 18/3/98 na NET sob o n.º 33434.*

Artigo 94.º
Contrabando de mercadorias de circulação condicionada em embarcações

Quem, a bordo de embarcações de arqueação não superior a 750 t, detiver mercadorias de circulação condicionada destinadas a comércio, com excepção de pescado, é punido com prisão até três anos ou com pena de multa até 360 dias.

NOTAS:
— *Elementos do tipo:*
  — *detenção de mercadorias de circulação condicionada;*
  — *em embarcações de arqueação não superior a 750 toneladas;*
  — *dolo: querer destinar as mercadorias, excepto pescado, ao comércio.*
— *Trata-se de um crime de perigo, pelo qual se visa evitar o transporte de certo tipo de mercadorias em pequenas embarcações, nomeadamente por falta de condições exigíveis em proceder ao mesmo.*
— *A circulação de mercadorias condicionada consta, nomeadamente, do parágrafo 4.º do art. 691.º do Reg das Alfândegas, referindo-se àquelas*

mercadorias que têm de circular acompanhadas dos documentos comprovativos dos respectivos direitos, guias ou facturas, visadas pelas alfândegas ou Brigada Fiscal. Dantes, constavam o café em grão, canetas, miolo de amêndoa, peles, tecidos, produtos de perfumaria, tecidos e respectivas obras, de quantidades consideráveis.

– Actualmente, e não referindo o CAC que tipo de mercadorias se encontram abrangidas, enquadram-se, desde logo, as mercadorias, obviamente desde que provenientes de países terceiros, sobre as quais incidam impostos especiais de consumo (tabaco, produtos alcoólicos e petrolíferos), que geram elevados direitos, enquadrando-se nos produtos ditos sensíveis. Para além destes, outros produtos sujeitos a contingentes ou tectos pautais são os têxteis, por terem sido objecto de cláusulas convencionais internacionais de protecção; também os produtos siderúrgicos estão sujeitos a acordos de limitação, celebrados também com certos países, e a regulamentos de aplicação – sobre tal, cfr. Trinta Anos de Direito Comunitário, ed. da Comissão das Comunidades Europeias, 1981, p. 403.

JURISPRUDÊNCIA:
– Os rádios amplificadores e os radios gravadores não são mercadorias de importação proibida – ac. do S.T.J. de 26/11/86 no B.M.J. 361 p. 296.

Artigo 95.º
Fraude no transporte de mercadorias em regime suspensivo

1 – Quem, no decurso do transporte de mercadorias expedidas em regime suspensivo:

a) Subtrair ou substituir mercadorias transportadas em tal regime;

b) Alterar ou tornar ineficazes os meios de selagem, de segurança ou de identificação aduaneira, com o fim de subtrair ou de substituir mercadorias;

c) Não observar os itinerários fixados, com o fim de se furtar à fiscalização;

d) Não apresentar as mercadorias nas estâncias aduaneiras de destino;

é punido com pena de prisão até três anos ou com pena de multa até 360 dias, se o valor da prestação tributária em falta for superior a € 7500 ou, não havendo lugar a prestação tributária, a mercadoria objecto da infracção for de valor aduaneiro superior a € 25 000.
2 – A tentativa é punível.

NOTAS:
– *Elementos do tipo:*
  – *Existência de regime suspensivo de imposto;*
  – *Estar a decorrer o transporte das mercadorias;*
  – *ocorrer subtracção ou substituição de mercadorias/alteração de itinerários/alteração ou destruição dos meios de identificação/não observar os itinerários fixados/não apresentação das mercadorias nas estâncias de destino;*
  – *Dolo: vontade de subtrair ou substituir as mercadorias/vontade de evitar a fiscalização/vontade da dita não apresentação.*

– *O regime aduaneiro pode ser suspensivo, nos termos do CAC e, obrigatoriamente, nos termos do art. 6.º n.º 3 do Código, aprovado pelo Dec-Lei n.º 566/99, de 22/12, alterado pelo Dec-lei n.º 58/2001, de 19/2, dito dos IEC's, aplicável ao álcool e bebidas alcoólicas, aos produtos petrolíferos e aos tabacos manufacturados, por englobarem os impostos especiais de consumo. Dizem-se especiais, face ao imposto geral sobre o consumo que é o IVA, a cujo regime afinal tendem a assemelhar-se, nomeadamente, no que respeita à liquidação a efectuar com base no valor declarado na factura, ou documento equivalente, mas divergem, nomeadamente, face às mais elevadas taxas que os oneram, e que impõem agora a prestação de garantias..*

– *As mercadorias em circulação em regime suspensivo têm de ser apresentadas, pelo menos documentalmente na estância aduaneira de destino, que deve fechar o circuito, enviando um exemplar desse documento à estância de partida, conforme adoptado pelo Regulamento (CEE) n.º 1214/92, da Comissão, de 21/4/92 e depois no CAC e em várias outras disposições como o C. dos IEC's. Caso tal não aconteça, indicia-se a prática deste crime (art. 36.º deste último).*

– *O Dec.-Lei n.º 180/88, de 20/5, veio regular a exportação de mercadorias do território nacional, definindo que as mercadorias, com título de propriedade, cuja presença estivesse no recinto dessa estância ou num local designado ou aprovado pelos serviços aduaneiros, se consideravam apresentadas numa estância aduaneira, pelo que o crime não pode então ocorrer.*

JURISPRUDÊNCIA:

– Configurando os factos (alteração de itinerário) uma contravenção e não um crime, por ausência de fraude, a entidade competente para julgamento é a auditora fiscal e não o tribunal comum – ac. do S.T.J. de 18/12/85 registado na NET sob o n.º 27041.

– As mercadorias sujeitas a IEC´s que circulem em regime de suspensão devem ser acompanhadas de documentos administrativos de acompanhamento (DAAs) depositário autorizado expedidor, ou o seu agente, pode, durante o transporte dos produtos, escolher um local alternativo, sem autorização da autoridade competente, embora tal deva ser anotado nas DAAs.- Reg. (CEE) n. 2225/93 da Comissão, de 27/7/93 e circ. n.º 93/93, da D.G.A.

ARTIGO 96.º
Introdução fraudulenta no consumo

1 – Quem, com intenção de se subtrair ao pagamento dos impostos especiais sobre o álcool e as bebidas alcoólicas, produtos petrolíferos ou tabaco:

a) Introduzir no consumo produtos tributáveis sem o cumprimento das formalidades legalmente exigidas;
b) Produzir, receber, armazenar, expedir, transportar, deter ou consumir produtos tributáveis, em regime suspensivo, sem o cumprimento das formalidades legalmente exigidas;
c) Receber, armazenar, expedir, transportar, deter ou consumir produtos tributáveis, já introduzidos no consumo noutro Estado membro, sem o cumprimento das formalidades legalmente exigidas;
d) Introduzir no consumo, deter ou consumir produtos tributáveis com violação das normas nacionais ou comunitárias aplicáveis em matéria de marcação, coloração, desnaturação ou selagem;
e) Introduzir no consumo, deter ou consumir produtos tributáveis destinados a consumo noutra parcela do território nacional ou com fiscalidade diferenciada;

é punido com pena de prisão até três anos ou com pena de multa até 360 dias, se o valor da prestação tributária em falta for superior a € 7500 ou, não havendo lugar a prestação tributária, se os produtos objecto da infracção forem de valor líquido de imposto superior a € 25 000.

2 – A tentativa é punível.

NOTAS:
– *Elementos do tipo:*
  – *introduzir no consumo produtos sujeitos a impostos especiais, sem o cumprimento de formalidades, ou noutra parcela do território nacional ou com fiscalidade diferenciada/produção de produtos desse tipo em regime suspensivo, sem o cumprimento de formalidades/recebimento, armazenagem, expedição, transporte, detenção e consumo de produtos desse tipo em regime suspensivo, ou já introduzidos no consumo noutro Estado membro da EU, sem o cumprimento de formalidades/ introdução no consumo, detenção ou consumo desses produtos, sem a respectiva marca fiscal (coloração, desnaturação ou selagem);*
  – *Dolo: querer subtrair-se ao pagamento dos impostos especiais;*
  – *Condição objectiva de punibilidade: montante mínimo da prestação tributária a 7500 euros, ou seja, cerca de 1 500 000$00, ou das mercadorias a 25 000 euros, cerca de 5 000 000$00.*

– *As alíneas a) e d) ao referir-se a "formalidades legalmente exigíveis", remete para o disposto noutras leis, nomeadamente no dito Código dos IEC´s, em que está previsto, por exemplo, a declaração para a introdução no consumo (DIC).*[33]

– *No caso das alíneas b) e c), apesar da extinção da obrigatoriedade de apresentar um título de propriedade das mercadorias, para efeitos da declaração para um regime aduaneiro, operada pelo Dec.-Lei n.º 291/89, de 2/9, em que foram genericamente admitidos procedimentos simplificados de exportação, com ou sem factura, é exigido, para as mercadorias sujeitas a IEC´s poderem circular, que exista:*
  – *um documento de acompanhamento emitido pelo expedidor – factura, guia de remessa, nota de venda, nota de devolução;*

---

[33] Sobre tal, cfr. legislação anexada a este diploma sobre impostos sensíveis.

– ou, se já declarados para consumo, a respectiva declaração (DIC), ou nota de carregamento-cfr. alteração do Dec.-Lei n.º 25/97, de 23/1 ao Dec.-lei n.º45/89, de 11/2[34]; cfr. ainda o regime de registo prévio, constante do Dec.-Lei n.º 126/90, de 16/4 e portaria n.º 628/90, de 7/8.

– Pela al. e) vem consagrar ainda algumas outras criminalizações de diferentes situações, por marca fiscal previstas em leis especiais – cfr., sobre tal, Impostos Especiais de Consumo (Legislação Actualizada e Anotada), de Brigas Afonso e Álvaro Caneira, Grafteam, p. 183 e ss.: assim, a coloração tem lugar nos óleos minerais usados no gasóleo e petróleo utilizados na agricultura. Pode ainda consultar-se IVA, Documentos de transporte dos bens em circulação, de António Jacob, Rei dos Livros.

ARTIGO 97.º
Qualificação

Os crimes previstos nos artigos anteriores são punidos com pena de prisão até cinco anos ou 600 dias de multa, quando se verifique qualquer das seguintes circunstâncias:

a) A mercadoria objecto da infracção for de importação ou de exportação proibida;
b) A mercadoria objecto da infracção tiver valor superior a € 50 000;
c) Tiverem sido cometidos com uso de armas, ou com o emprego de violência, ou por duas ou mais pessoas;
d) Tiverem sido praticados com corrupção de qualquer funcionário ou agente do Estado;

---

[34] Este indicava que as mercadorias devem ainda ser acompanhadas de documento de transporte, do tipo do "documentos de acompanhamento emitido pelo expedidor" ou guia de transporte (salvo tratando-se de circulação intracomunitária, em que aquele não era necessário, mas sendo aquele ainda exigido na circulação com destino ao armazém do transitário ou terminal internacional-of. circ. n.º 124 118, de 30/12/94 da DSIVA).

e) O autor ou cúmplice do crime forem funcionários da administração tributária ou agentes de órgão de polícia criminal;
f) Quando em águas territoriais tiver havido transbordo de mercadorias contrabandeadas;
g) Quando a mercadoria objecto da infracção estiver tipificada no anexo à I Convenção sobre o Comércio Internacional das Espécies da Fauna e da Flora Selvagens Ameaçadas de Extinção.

NOTAS:
 – *Agravantes qualificativas dos tipos anteriores:*
   – *mercadoria de importação ou exportação proibida;*
   – *mercadoria de valor superior a 50 000 euros, cerca de 10 000 000$00;*
   – *com uso de armas;*
   – *com violência;*
   – *por duas ou mais pessoas;*
   – *com corrupção, de acordo com os conceitos dos arts. 372.º a 374.º do CP;*
   – *com transbordo de mercadorias contrabandeadas em águas territoriais – até 50 milhas, segundo a Lei n.º 33/77, de 29/5;*
   – *como mercadoria constante do Anexo à I Convenção sobre o Comércio Internacional das Espécies da Fauna e da Flora Selvagens Ameaçadas de Extinção, – aprovada para ratificação pelo Dec n.º 50/80, de 23/7, encontram-se várias espécies de mamíferos (marsupiais, primatas, cetáceos, proboscídeos), aves (falconiformes, gruiformes), répteis (crocodilos, serpentes), peixes (salmonídeos), moluscos e plantas (aráceas, liliáceas).*

Segundo o art. 1.º, abrange qualquer animal ou planta, vivo ou morto, produto ou derivado que se integrem nas ditas sub espécies (indicadas a título meramente exemplificativo), e desde que destinadas a fins não comerciais.

O regime de licenciamento prévio dessas espécies, consta do Dec.-Lei n.º 219/84, de 4 de Julho, que manda proceder ao registo de licença de (re) exportação e de importação, utilizadas ou autorizadas, o qual é feito, entre nós, pelo Instituto da Conservação da Natureza, o qual foi pelo mesmo designado Autoridade Administrativa Principal, embora não tenha o estatuto de OPC.

Artigo 98.º
Violação das garantias aduaneiras

1 – Quem, sendo dono, depositário ou transportador de quaisquer mercadorias apreendidas nos termos da lei, as destruir, danificar ou tornar inutilizáveis, no acto de apreensão ou posteriormente, é punido com prisão até três anos ou com pena de multa até 360 dias.

2 – Na mesma pena incorre quem, depois de tomar conhecimento da instauração contra si ou contra um comparticipante de processo por crime ou contra-ordenação relativos a infracção prevista no presente diploma, destruir, alienar ou onerar bens apreendidos ou arrestados para garantia do pagamento da importância da condenação e prestação tributária, ainda que esta seja devida por outro comparticipante ou responsável.

NOTAS:
  – Elementos do tipo:
    – destruição, danificação ou inutilização de mercadorias pelo seu dono, depositário ou transportador;
    – as mercadorias terem sido apreendidas, ou arrestadas, nos termos da lei;
    – dolo: querer violar, livre e voluntariamente, a apreensão, ou arresto, desde logo no acto, ou posteriormente, de modo a frustar a garantia de pagamento da importância da condenação e prestação tributária, simplesmente ou com conhecimento da instauração de processo crime ou por contra-ordenação, ainda que devida por outro comparticipante ou responsável.
  – No n.º 1 deste tipo legal, a violação reporta-se aos casos de penhora e arresto, mais frequentemente aplicados em fase executiva, ou ,nos termos do art. 136.º do C.P.P.T., e em que o representante da Fazenda Nacional requer, havendo receio de que aquelas providências ocorram. Também, pela aplicação do art. 391.º do C.P.C.(garantia penal da providência cautelar) resultaria por esta forma preenchido o tipo legal.
  – Também a apreensão podem acontecer em processo de contra-ordenação, em que as mercadorias funcionam como garantia a conservar – cfr. art. 73.º deste regime –, ou em processo penal, resultando a apreensão normalmente, como produto da actividade criminosa, como forma de evitar que esta

aconteça, ou continue – cfr. sobre ambos os casos o art. 178.º do C.P. –; afigura-se já muito duvidoso aplicar o arresto preventivo, previsto no art. 228.º do C.P.P., para os efeitos de mera garantia do pagamento – cfr. nota 1 ao art. 2.º deste regime, pedido que teria de ser formulado pelo M.º P.º. É à possível violação de todas estas garantias que se dirige o n.º 2 deste dispositivo.

– Em regime aduaneiro, a exigência de garantia é praticamente, um poder discricionário, uma vez que as próprias mercadorias, garantem o pagamento dos impostos, mesmo que as mercadorias tenham sido destruídas. Contudo, casos há, como os de garantia global ou individual, como a prevista no C. dos IEC´s, em que se prevê à partida a necessidade da sua constituição, obrigatoriamente – cfr. arts. 42.º e ss.; também casos há, como os dos selos e estampilhas previstos nos arts. 67.º e 93.º deste Código; a violação, quer da garantia global, quer de individual, não resulta abrangida.

– Desagrava-se a punição, pese embora o art. 355.º do C.P. preveja que a mesma seja até 5 anos de prisão, "se pena mais grave lhe não couber por força de outra disposição legal".

Artigo 99.º
Quebra de marcas e selos

1 – Quem abrir, romper ou inutilizar, total ou parcialmente, marcas, selos e sinais prescritos nas leis aduaneiras, apostos por funcionário competente, para identificar, segurar ou manter inviolável mercadoria sujeita a fiscalização ou para certificar que sobre esta recaiu arresto, apreensão ou outra providência cautelar, é punido com prisão até três anos ou com pena de multa até 360 dias.

2 – A tentativa é punível.

NOTAS:
 – *Elementos do tipo:*
  – *marcas, selos, sinais identificadores, apostos por funcionário competente;*
  – *abrir, romper ou inutilizar;*
  – *dolo: querer violar, livre e voluntariamente, a identificação, seguro ou a mercadoria sujeita a fiscalização, ou a certificação feita de sobre a mesma, depois de ter recaído arresto, apreensão ou providência cautelar.*

– Cfr. art. 184.º do C.P.P., subsidiariamente aplicável, sobre a forma como se procede à aposição e levantamento de selos, embora sem especificar que selos são utilizados, os quai deverão ser lacrados pela autoridade que os aplicar.

Artigo 100.º
Receptação de mercadorias objecto de crime aduaneiro

1 – Quem, com intenção de obter para si ou para terceiro vantagem patrimonial, dissimular mercadoria objecto de crime aduaneiro, a receber em penhor, a adquirir por qualquer título, a detiver, conservar, transmitir ou contribuir para transmitir, ou de qualquer forma assegurar a sua posse é punido com prisão até três anos ou com pena de multa até 360 dias.

2 – Se o agente fizer modo de vida da receptação, a pena é de prisão até cinco anos ou até 600 dias.

3 – A pena pode ser livremente atenuada, ou ser decretada a isenção da pena, se o agente do crime, antes de iniciado o processo penal ou no seu decurso, entregar a mercadoria objecto de crime aduaneiro à autoridade competente e indicar, com verdade, de quem a recebeu.

4 – O disposto no número anterior não é aplicável se no decurso do processo se provar que o arguido faz da receptação de mercadorias objecto de crime aduaneiro modo de vida, bem como se se verificar que já foi condenado pelo crime previsto no n.º 1.

NOTAS:
   – Elementos do tipo:
      – dissimular, receber em penhor, adquirir, transmitir, detiver, conservar ou assegurar a posse de mercadoria;
      – a mercadoria ter sido objecto de crime aduaneiro;
      – dolo: querer, por qualquer desses meios, obter vantagem patrimonial, livre e voluntariamente, sabendo que é essa a origem da mesma.
   – Tem forma agravada, fazendo o agente modo de vida, ou mesmo no caso de condenação anterior; resulta também forte desagravamento da pena, face ao disposto no art. 231.º do C. P., mais acentuado nesta forma, cuja punição pode ascender a 8 anos de prisão.

– *Tem atenuação, até à isenção da pena, se a mercadoria for entregue à autoridade e indicar, com verdade, de quem a recebeu.*

Artigo 101.º
Auxílio material

Quem auxiliar materialmente outrem a aproveitar-se do benefício económico proporcionado por mercadoria objecto de crime aduaneiro é punido com prisão até dois anos ou com pena de multa até 240 dias.

NOTAS:
– *Elementos do tipo:*
  – *auxílio material, por acção, a aproveitar-se de benefício económico proporcionado por mercadoria;*
  – *a mercadoria ter sido objecto de crime aduaneiro;*
  – *dolo: querer proceder, livre e voluntariamente, a esse aproveitamento, sabendo que a mercadoria resulta de crime aduaneiro.*
– *Cfr. sobre este tipo legal e o anterior, arts. 232.º e 233.º do C. Penal, resultando também um significativo desagravamento das penas.*

Artigo 102.º
Crimes de contrabando previstos em disposições especiais

Os factos expressamente qualificados em disposições especiais como crime de contrabando são punidos, conforme as circunstâncias, com as penas previstas nos artigos anteriores, salvo se daquelas disposições resultar pena mais grave.

NOTA:
– *Cfr., entre outras disposições especiais, a importação e comércio de ouro em barra e amoedado, previsto no Dec.-Lei n.º 227/83, de 27/5, sendo que as disposições sancionatórias, constantes do Regulamento das Contrastarias, foram revogadas pelo Dec.-Lei n.º 171/99, de 19/5, que as passou a punir com coimas. Também o C.P. no seu art. 266.º, na redacção da Lei n.º 97/2001, de 26/8, passou a punir a importação, exportação, transporte e depósito de moeda metálica depreciada, ou não autorizada, para ser posta em circulação, com pena de prisão inferior.*

Capítulo III
Crimes fiscais

Artigo 103.º
Fraude

1 – Constituem fraude fiscal, punível com pena de prisão até três anos ou multa até 360 dias, as condutas ilegítimas tipificadas no presente artigo que visem a não liquidação, entrega ou pagamento da prestação tributária ou a obtenção indevida de benefícios fiscais, reembolsos ou outras vantagens patrimoniais susceptíveis de causarem diminuição das receitas tributárias. A fraude fiscal pode ter lugar por:

a) Ocultação ou alteração de factos ou valores que devam constar dos livros de contabilidade ou escrituração, ou das declarações apresentadas ou prestadas a fim de que a administração fiscal especificamente fiscalize, determine, avalie ou controle a matéria colectável;
b) Ocultação de factos ou valores não declarados e que devam ser revelados à administração tributária;
c) Celebração de negócio simulado, quer quanto ao valor, quer quanto à natureza, quer por interposição, omissão ou substituição de pessoas.

2 – Os factos previstos nos números anteriores não são puníveis se a vantagem patrimonial ilegítima for inferior a € 7500.

3 – Para efeitos do disposto nos números anteriores os valores a considerar são os que, nos termos da legislação aplicável, devam constar de cada declaração a apresentar à administração tributária.

NOTAS:
– *Elementos do tipo:*
– *ocultação de factos ou valores declarados (por acção), /ocultação de factos ou valores que devam ser declarados (por omissão) /simulação, quanto ao valor, à natureza, por interposição, omissão,*

ou substituição de pessoas, praticada em negócios, de que resultem factos sujeitos a tributação;
— *dolo (específico): visar a não liquidação, entrega ou pagamento de imposto, ou a obtenção indevida de benefícios fiscais, reembolsos ou outras vantagens patrimoniais susceptíveis de causarem diminuição das receitas tributárias/ no caso de simulação, é a consciência de emitir uma declaração negocial que não corresponde à vontade real.*

— *Vantagem patrimonial ilegítima relevante: não inferior a 7 500 euros (cerca de 1500 000$00), desaparecendo a distinção anterior, de 1000 contos para as pessoas singulares e de 2000 contos para as pessoas colectivas, ou entes fiscalmente equiparados.*

— *É um crime de perigo em que, nos impostos sobre o rendimento, é possível a consumação, independentemente da forma externa dos factos reais em que o rendimento se objectiva. Já nos impostos sobre a despesa ou sobre o capital, em que será mais frequente a simulação, a consumação ocorre com o preenchimento do carácter formal dos factos jurídicos; assim, neste último caso, a sisa, cujo regime de inexistência ou nulidade do acto deve ser conhecido pela administração fiscal, se provocado pelas partes ou necessário aos interesses do Estado-neste sentido, Abílio Manuel de Almeida Morgado, A Evasão fiscal face à teoria da interpretação da lei fiscal em Documentação e Direito Comparado n.*os *41/42, ed. do BMJ, p. 115.*

— *Deixou aqui de haver referência à tentativa ser punível, a qual resulta, assim, não punida, nos termos do art. 23.º n.º 1 do CP, visto se tratar de crime de moldura até 3 anos de prisão, sendo certo que neste tipo legal não se afigura que se enquadrem actos de falsificação — cujo crime comum, apesar de com moldura até 3 anos de prisão, tem a forma de tentativa punível, nos termos do art. 297.º n.*os *1 e 2 do CP..*

— *Abrange: a simulação relativa ou absoluta; situações geradoras de reembolsos fraudulentos que visem o enriquecimento mas sem que estes cheguem a ser consumados*[35]*, não chegando consequentemente a ocorrer os mesmos.*

— *Não abrangendo, só por si, negócios fiscalmente menos onerosos ou manipulações contabilísticas lícitas (cfr. art. 57.º do C. I.R.C.), podem estes actos vir a integrar actos executivos da fraude, mesmo que praticados sob a*

---

[35] Sobre tais outras situações, cfr. notas 3 e 4 ao art. 87.º

forma de omissão, como não anotar actos nos livros, desde que dolosa-neste sentido, ob. Cit. de Munoz Conde, p. 998.

JURISPRUDÊNCIA:

– *Deve ser julgado amnistiado o crime de falsificação, se o crime de fraude fiscal de que ele seria instrumental não chegou a ser praticado-ac. do STJ de 30/1/95 na NET sob o n.º 25093.*

– *No sentido de o crime de fraude fiscal só poder existir quando o agente, encarregado da cobrança e retenção de importâncias de imposto, as cobra em função de factores tributários adequadamente deduzidos – ac. do STJ de 28/11/97 na NET sob o n.º 35316.*

– *No art. 23 n.º 2 al. c) do Dec-Lei 20-A/90, de 15-1(versão inicial do RJIFNA), apenas se encontra contemplada a simulação relativa e não também a simulação absoluta. Não é possível falar em simulação quando o agente não celebrou qualquer negócio, sendo totalmente falsa-acs. do STJ de 1/6/98, registado na NET sob o n.º 35312, e tirado sobre ac. do T. Círculo de Coimbra de 1/6/98, que confirmou, no sentido de não haver nesse caso fraude fiscal; e de 3/12/98 no BMJ 482, p. 63 e ss.*

– *"A existência de prejuízo para o Estado e/ou de benefício para o agente não constitui elemento do tipo legal de fraude fiscal. Este crime encontra-se configurado no nosso ordenamento jurídico como "crime de resultado cortado", procurando, pois, o agente um resultado que não é, todavia, necessário ser alcançado para que se verifique a consumação do crime. Necessário e suficiente ao preenchimento do tipo objectivo é apenas o atentado à verdade e transparência, traduzido nas diferentes modalidades previstas (...) – ac. da R. de Lisboa de 23/1/03 no proc. 3519/02-9.ª, com sumário na base de dados da PGDLisboa.*

– *I. Não há dívida que a conduta tipificada na al. a) do art. 23.º do RJIFNA, na redacção introduzida pelo DL 384/93, de 24/11, não pode ser imputada aos arguidos, porquanto não forma eles que subscreveram a declaração de rendimentos da sociedade. II. Todavia, tal declaração foi elaborada em conformidade com o que constava na escrita da sociedade, pelo que não podem eles deixar de ser responsabilizados, já que exerciam a gerência, ao tempo em que a escrita foi realizada, e eram os seus únicos sócios. Nos termos do art. 3.º n.º 1 al. a) do C. do IRC, aprovado pelo DL 442-B/88, de 30/11, aquele imposto, relativamente às sociedades comerciais incide sobre o lucro. III. O RJIFNA, ao tempo em que foi proferida a decisão instrutória de não pronúncia, já não se encontrava em vigor, tendo sido revogado pelo actual RGIT, que entrou em vigor a 5 de Julho de 2001 (cfr. seu art. 14.º). IV. A fraude fiscal é agora punível nos termos dos arts. 103.º e 104.º, não se tendo verificado no caso concreto uma descriminalização da conduta imputável aos arguidos. V. A responsabilidade só se extingue, nos termos dos arts 1.º e 3.º do DL 51-A/96, de 9/12 (crimes de fraude fiscal, cujas dívidas estejam abrangidas pelos DLs 225/94, de 5/9, e 124/96, de 10/8) desde que haja "pagamento integral dos impostos e acréscimos legais ...", não sendo suficiente o pagamento daqueles sem que se mostrem igualmente liquidados os acréscimos legais – ac. da R. de Lisboa de 13/3/03, no proc. 624703-9.ª, com sumário na base de dados informatizada da PGDLisboa.*

– No sentido da prevalência do crime de fraude fiscal[36]*, em concurso aparente com o de burla e o de falsificação, com predominância da relação de especialidade pelo crime de natureza fiscal*[37]*, donde a consagração deste tipo especial relativamente ao tipo comum de burla e ao de falsificação, previstos nos arts. 217.º e 256.º n.º 1 do C. Penal, tidos em concurso aparente de normasfalsificação dos documentos, sempre que estejam em causa apenas interesses fiscais do Estado – ac. de uniformização de 7/5/03, no proc. 735/99, 3.ª secção do STJ.*

Artigo 104.º
Fraude qualificada

1 – Os factos previstos no artigo anterior são puníveis com prisão de um a cinco anos para as pessoas singulares e multa de 240 a 1200 dias para as pessoas colectivas quando se verificar a acumulação de mais de uma das seguintes circunstâncias:

a) O agente se tiver conluiado com terceiros que estejam sujeitos a obrigações acessórias para efeitos de fiscalização tributária;
b) O agente for funcionário público e tiver abusado gravemente das suas funções;
c) O agente se tiver socorrido do auxílio do funcionário público com grave abuso das suas funções;

---

[36] Antes da introdução do tipo do art. 87.º.
[37] Que, aliás, se mantém, sendo acolhida no art.º 10.

d) O agente falsificar ou viciar, ocultar, destruir, inutilizar ou recusar entregar, exibir ou apresentar livros, programas ou ficheiros informáticos e quaisquer outros documentos ou elementos probatórios exigidos pela lei tributária;
e) O agente usar os livros ou quaisquer outros elementos referidos no número anterior sabendo-os falsificados ou viciados por terceiro;
f) Tiver sido utilizada a interposição de pessoas singulares ou colectivas residentes fora do território português e aí submetidas a um regime fiscal claramente mais favorável;
g) O agente se tiver conluiado com terceiros com os quais esteja em situação de relações especiais.

2 – A mesma pena é aplicável quando a fraude tiver lugar mediante a utilização de facturas ou documentos equivalentes por operações inexistentes ou por valores diferentes ou ainda com a intervenção de pessoas ou entidades diversas das da operação subjacente.

3 – Os factos previstos nas alíneas d) e e) do n.º 1 do presente preceito com o fim definido no n.º 1 do artigo 103.º não são puníveis autonomamente, salvo se pena mais grave lhes couber.

NOTAS:
– *Circunstâncias qualificativas agravantes do tipo legal:*
   – *o agente ser funcionário público, abusando das suas funções;ou*
   – *o auxílio de funcionário público;ou*
   – *o uso de documentos falsos;ou*
   – *a interposição de pessoas residentes fora do território português, em regime fiscal claramente mais favorável;*
– *Nestes casos o crime é punível com pena de prisão, mínima, de 1, e até 5 anos. De notar que, pese embora o agravamento no mínimo, a punição se encontra aquém da prevista noutros ordenamentos jurídicos próximos, como para os 3 primeiros comportamentos descritos, no art. 370.III do dito C. Fiscal alemão – prisão de 6 meses até 10 anos, na dita versão.*
– *Quanto às alíneas f) e g), que são novas, cfr. o conceito de "regime claramente mais favorável", próximo dos de "regime fiscal privilegiado" e de "excesso de endividamento", constantes dos arts dos 57.º A a C do CIRC.*
– *Portugal celebrou com vários países Convenções para eliminar a dupla tributação e prevenir a evasão fiscal em matéria de impostos sobre o*

rendimento, admitindo-se, regra geral, a limitação da taxa incidente sobre os rendimentos das empresas e capitais, e prevendo-se a tributação no país de origem. Assim, quanto à Alemanha,[38] Áustria[39], Bélgica[40], Brasil[41], China[42], Cuba[43], Dinamarca[44], Espanha[45], Estónia[46], EUA[47], Finlândia[48], França[49], Grécia[50], Holanda[51], Índia[52], Itália[53], Irlanda[54], e Lituânia[55], Luxemburgo[56], Macau[57], Malta[58], Marrocos[59], México[60], Moçambique[61], Noruega[62], Paquistão[63], Reino Unido[64], Rússia[65], Singapura[66], Suíça[67], Suécia[68], Tuní-

---

[38] Lei n.º 12/82, de 3/6.
[39] Dec.-Lei n.º 70771, de 8/3.
[40] Resolução (Res.) da Assembleia da República (AR) 82/2000, de 14/12.
[41] Dec-Lei n.º 244/71, de 2 /6.
[42] Res da A R n.º 28/2000, de 30/3.
[43] Res da A R n.º 49/2001, de 13/7.
[44] Dec-Lei n.º 365/73, de 2/6.
[45] Res da A R n.º 6/95, de 28/1.
[46] Res da A R n.º 12/2003, de 28/2.
[47] Res da A R n.º 39/95, de 12/10.
[48] Dec-Lei n.º 494/70, de 23/10.
[49] Dec-Lei n.º 105/71, de 26/3.
[50] Res da A R n.º 25/2002, de 4/4.
[51] Res da A R n.º 62/2000, de 12/7.
[52] Res da A R n.º 20/2000, de 6/3.
[53] Lei n.º 10/83, de 1/6.
[54] Res da A R n.º 29/1994, de 24/6.
[55] Aviso n.º 123/2003, de 22/3.
[56] Aviso n.º 256/2000, DE 30/12.
[57] Res da A R n.º 80-A/99, de 16712.
[58] Res da A R n.º 12/2002, de 25/2.
[59] Res da A R n.º 69-A/98, de 23/12.
[60] Aviso n.º 49/2001, de 21/5.
[61] Res da A R n.º 36/1992, de 30/12.
[62] Dec-Lei n.º 504/70, de 27/10.
[63] Res da A R n.º 66/2003, de 28/2.
[64] Dec-Lei n.º 48 497, de 24/7/68.
[65] Res da A R n.º 10/2002, de 25/2.
[66] Res da A R n.º 85/2000, de 15/12.
[67] Dec-Lei n.º 716/74, de 12/12.
[68] Res da A R n.º 20/2003, de 11/3.

sia[69] e Ucrânia[70]. No entanto, várias destas Convenções apontam para a necessidade de se apurar o beneficiário efectivo, sendo que o seu valor se sobrepõe mesmo à presente lei e às leis fiscais, por força do art. 8.º n.º 2 da Constituição.

– No entanto, outros países há, relativamente aos quais não está publicada no D.R. Convenção, como acontece com a Argentina e a Venezuela. Tal implicará, nomeadamente, que "um português residente em país com o qual Portugal não celebrou tratado de dupla tributação não poderá invocar os tratados celebrados por Portugal com terceiro país no qual tenha interesses", segundo expõe Alberto Xavier, em Direito Tributário Internacional, Almedina, 1993, p. 113.

– Obviamente que estão em causa regimes ou situações em que os rendimentos são isentos ou tributados a uma taxa "anormalmente" baixa, que existem um pouco por toda a parte e, por isso, são chamados paraísos fiscais.

– Está em causa a utilização de "trusts", em que, pela intermediação de terceiros, se beneficia de um sistema pelo qual bens, e em especial, as contas bancárias são confiados a outrém, e se torna anónima a identificação do seu proprietário, e difícil, senão impossível determinar os responsáveis, sendo tais empresas admitidas em vários países, entre os quais a Venezuela, Quebeque, Mónaco, Suíça e Panamá, conforme se refere na ob. cit., p. 118.

– Quanto às entidades que exerçam actividade nas Zonas Francas da Madeira e da Ilha de Santa Maria, mas não o façam em exclusivo, foi determinado, pela Portaria n.º 555/2002, de 4/6, que se procedesse à tributação por 80% do lucro tributável pela actividade exercida fora do seu âmbito.

– Pode recorrer-se à supervisão bancária, relativamente ás empresas sediadas em Arruba, Bahamas, Bahrein, Barbados, Bermudas, Ilhas Caiman, Ilhas de Jersey e Guernsey, Chipre, Gibraltar, Ilha de Man, Hong Kong, Líbano, Malta e Antilhas, segundo intervenção do prof. Dr. Dirk Scherp de 22/10/98, no seminário Fraude aos interesses financeiros da Comunidade Europeia, organizado em Lisboa, pela UCLAF/PJ.

---

[69] Res da A R n.º 33/2000, de 31/3.
[70] Res da A R n.º 15/2002, de 8/3.

Artigo 105.º
Abuso de confiança

1 – Quem não entregar à administração tributária, total ou parcialmente, prestação tributária deduzida nos termos da lei e que estava legalmente obrigado a entregar, é punido com pena de prisão até três anos ou multa até 360 dias.

2 – Para os efeitos do disposto no número anterior, considera-se também prestação tributária a que foi deduzida por conta daquela, bem como aquela que, tendo sido recebida, haja obrigação legal de a liquidar, nos casos em que a lei o preveja.

3 – É aplicável o disposto no número anterior ainda que a prestação deduzida tenha natureza parafiscal e desde que possa ser entregue autonomamente.

4 – Os factos descritos nos números anteriores só são puníveis se tiverem decorrido mais de 90 dias sobre o termo do prazo legal de entrega da prestação.

5 – Nos casos previstos nos números anteriores, quando a entrega não efectuada for superior a € 50 000, a pena é a de prisão de um a cinco anos e de multa de 240 a 1200 dias para as pessoas colectivas.

6 – Se o valor da prestação a que se referem os números anteriores não exceder € 1000, a responsabilidade criminal extingue-se pelo pagamento da prestação, juros respectivos e valor mínimo da coima aplicável pela falta de entrega da prestação no prazo legal, até 30 dias após a notificação para o efeito pela administração tributária.

7 – Para efeitos do disposto nos números anteriores os valores a considerar são os que, nos termos da legislação aplicável, devam constar de cada declaração a apresentar à administração tributária.

NOTAS:
- *Elementos do tipo:*
  - *não entrega ao credor tributário da prestação tributária retida na fonte, a titulo definitivo/ não entrega ao credor tributário da prestação tributária deduzida por conta daquele/ não entrega da prestação tributária recebida de terceiros, que haja obrigação legal de liquidar/ não entrega ao credor da prestação parafiscal retida na fonte, a título definitivo.*

– *condição objectiva de punibilidade: decurso de 90 dias sobre o termo do prazo legal da entrega prestação;*
– *dolo: querer não entregar as ditas prestações retidas, deduzidas ou recebidas de terceiros, sabendo que há a obrigação legal de as liquidar.*
– *Cfr. Arts. 20.º, 91.º a 94.º e 96.º do C. IRS e 7.º, 8.º al. b) e 91.º do C. IRC. A retenção na fonte é a dedução pelo devedor do imposto de imposto que recai sobre o titular dos rendimento. Corresponde a uma forma de cobrança por substituição tributária, em que o sujeito passivo contribuinte continua a ser o titular dos rendimentos passíveis de imposto, mas a obrigação de o pagar e os respectivos deveres acessórios incumbem, em primeira linha, ás entidades que devem tais rendimentos ao contribuinte. Contudo, trata-se de uma responsabilidade subsidiária, mesmo que solidária entre os vários responsáveis, isto é, em execução fiscal, funciona primeiro contra o contribuinte sujeito passivo e só na falta ou insuficiência de bens contra aquele obrigado. Face ao carácter indisponível da relação tributária, parece que resulta irrelevante a sucessão inter vivos da relação tributária – assim, Cardoso da Costa, Curso de Direito Fiscal, Coimbra, 1972, ps. 262 e 287, Alberto Xavier, Manual de Direito Fiscal, I, Lisboa, 1981, p. 407 e Leite de Campos.*
– *Existe dolo independentemente das ditas prestações terem de ser entregues autonomamente, pois o sujeito passivo sabe que "as quantias entregues ao sujeito passivo" são "para serem devolvidas ao Estado", sendo que "nesta medida está a privar o Estado de algo que lhe pertence"-neste sentido ainda Leite de Campos, em Separata da Ordem dos Advogados, ps. 550 e ss, Ano 55-II, Julho de 1995; no mesmo sentido defendem também Jorge Sousa e Simas Santos, em Regime Geral das Infracções Tributárias Anotado, p. 588: "a não entrega total ou parcial da prestação tributária ou equiparada traduz-se num apropriar-se, num fazer sua coisa alheia"; contra, Rogério Ferreira, em "Gestão, Contabilidade e Fiscalidade", para quem nesse caso se trata de mera dívida de impostos;*
– *No tipo legal anterior, o dolo (específico) era extraído do elemento do tipo "apropriação da prestação retida", o qual levantava dificuldades práticas quanto ao critério da sua comprovação. Defendeu-se na 1.ª edição que pareceu ter-se procedido a uma clarificação no sentido do que era praticado anteriormente, bastando uma verificação do saldo em cada momento existente e até pagamento, conjugadamente com as deduções constantes dos recibos ou facturas, não sendo, em princípio, exigível uma perícia contabilística, incluindo todos os documentos de suporte: assim, actualmente, parece que se quer apenas levar em conta a situação verificada 90 dias após a retenção,*

sendo que com a simples não entrega se consuma o crime, sendo a inversão do título de posse, elemento típico do crime de abuso de confiança, pré-existente, desde a dedução ou retenção;

– *Com a inclusão do n.º 2, resulta que a consumação se refere não só à liquidação definitiva, prevista no art. 96.º do C. do I.R.C., bem como quanto aos pagamentos por conta que são meras antecipações do pagamento do imposto futuro. No sentido de a consumação só ocorrer com a primeira, uma vez que os montantes entregues só se podiam considerar como dados em pagamento, se resultasse I.R.C. igual ou superior aos pagamentos por conta, se pronunciou ao abrigo da lei anterior que não continha semelhante disposição, J.M. Nogueira de Brito, em Contributo para uma dogmática do Direito Penal Fiscal, relatório de pós-graduação, 1999, Universidade de Coimbra.*

– *Quanto a I.R.S., estipula-se no art. 102.º do respectivo Código, alterado pelo Dec.-Lei n.º 160/2003, de 19/7, que não é exigível o pagamento por cada entrega por conta de montante inferior a € 50, de que se pode obter agora um valor mínimo para a punição,), de cerca de € 600, anuais, que, aliás, é próximo do que constava do RJIFNA.*

– *Assim, de tal montante e até € 1000 (cerca de 200 000$00) é ainda possível a extinção da responsabilidade criminal com o pagamento do capital, juros e coima do art.114.º deste mesmo regime;*

– *acima de 50 000 euros (cerca de 10 000 000$00) tem pena agravada, mínima, de 1, e até 5 anos de prisão*

JURISPRUDÊNCIA:

– *Nos impostos periódicos, como o I.V.A., há tantos crimes quantos os períodos a que respeita* – Ac. da Relação do Porto de 15/10/97, na Col. Jur., t. IV, p. 245.

– *Objectivamente, não é de afastar a apropriação da prestação retida ainda que a mesma seja utilizada para pagar salários ou a fornecedores* – Ac. do S.T.J. de 15/1/97, Col. Jur. do STJ, t. 1, p. 190.

– *O abuso de confiança fiscal é constitucional, mesmo face ao princípio de ninguém poder ser privado da liberdade por não cumprir uma obrigação contratual, pois o seu fundamento radica na obrigação do agente entregar a importância que tem de reter ao Estado, estando na posse de uma quantia que não lhe pertence e que dissipa em seu benefício ou de outrem, e sendo que essa obrigação se revela não no contribuinte originário, mas no substituto (a empresa), quando dispõe de contabilidade organizada (art. 94.º do C. do IRS)* – acs. do T. Constitucional de 20/6/2000, no D. R. II s. n.º 240 de 17/10/00, *p. 16729 e da R. de Lisboa de 3/10/01 e 19/11/02 nos procs. 9853/01-3.ª e 4909/02-5.ª, com sumários na base de dados da PDGLisboa.*

– *No crime de abuso de confiança, na forma continuada, deve-se atender ao valor a que correspondente qualquer apropriação da prestação tributária, e não ao total de todas as prestações que integram a continuação criminosa, para se apurar se a respectiva conduta corresponde à sua cominação simples ou agravada – ac. do STJ de 12/10/2000 na Col. de Jur. t. 3, p.194.*

– *É de manter a condenação de gerente em multa, em montante equivalente ao imposto em falta pela sociedade, aplicada pelo crime de abusos de confiança fiscal, na forma continuada, p.ª e p.ª pelo art. 24.º do RJIFNA, na redacção do DL 394/93, não sendo admissível a suspensão da execução, tendo os factos se consumado em Dezembro de 1996, data em que estava já plenamente em vigor o art. 50.º n.º 1 do C. Penal que não admite a suspensão da pena de multa – ac. da R. de Évora 2668/01 no proc. 2668/01.*

– *Não pode considerar-se que o Presidente duma Câmara Municipal agiu em estado de necessidade ou de conflito de deveres quando, face à debilidade financeira da C. M. a que preside, determinou que as quantias retidas nos salários dos trabalhadores a título de IRS fossem aplicadas no pagamento de avenças e salários, em vez de serem entregues ao Estado – ac. da R. de Lisboa de 31/1/02 no proc. 10689/01-9.ª, com sumário na base de dados informatizada da PGDLisboa.*

– *Tendo havido uma actividade dolosa que se "desenrolou homogénea e reiteradamente"; tendo existido "uma circunstância que voltou a verificar--se, favorável à repetição dos factos"; com um mesmo "meio apto para a realização do delito"; com uma "determinação criminosa que se foi renovando no tempo, sempre dentro do mesmo quadro circunstancial", e tendo a acção sido "sempre praticada da mesma maneira e com os mesmos fins, sendo o arguido motivado pela mesma facilidade e êxito do crime, visando pagar salários dos trabalhadores e agindo neste contexto de dificuldade económica", estão verificados os pressupostos do crime continuado, a punir coma pena aplicável à conduta mais grave que integra a continuação criminosa, ou seja, no caso a do abuso de confiança fiscal – ac. da R. de Lisboa de 28/11/02, no proc. 7749/02-9.ª, com sumário da base de dados da PGDLisboa.*

– *A apropriação não tem de ser material, podendo ser, como quase sempre é, apenas contabilística. A apropriação verifica-se com a não entrega das contribuições à segurança social e respectiva afectação a finalidades diferentes, por parte da entidade empregadora. As dificuldades financeiras e económicas da entidade empregadora – com vista à salvaguarda dos postos de trabalho pagou aos trabalhadores e aos fornecedores com dinheiro de que era apenas fiel depositária e tinha de entregar à segurança social – não são de molde a afastar a ilicitude ou a culpa, pelo que não configuram as causas de justificação dos arts. 34.º , 35.º e 36.º do C. P.-acs. da R. do Porto de 12/3/03, no processo 0210289, com texto na base de dados da DGSI, acessível na NET, da R. Coimbra de 14/5/03 na Col. de Jur. Ano XXVIII, t. III, p. 38, da R. de Lisboa de 25/11/03 no proc. 1758/03-5.ª, com sumário na base de dados informatizada da PGDLisboa.*

– Muito embora no actual RGIT (art. 105.º) – e ao contrário do que sucedia no anterior RJIFNA (art. 24.º) – não se faça referência à apropriação, todavia, ela está contida (pelo menos de forma implícita) no espírito do texto normativo, sendo ela consequência lógica do desvio das prestações tributárias retidas. E nem se diga que a apropriação de que antes falava o legislador visava tão só o enriquecimento do património pessoal do agente e já não o desvio das prestações para fins de gestão da empresa (pagamento a fornecedores e a empregados), pois a lei não faz tal distinção, além de que a ideia fulcral do crime de abuso de confiança, seja ele fiscal ou não, é sempre a de que se dá a valores licitamente recebidos um rumo diferente daquele a que se está obrigado. Assim, comete tal crime quem, em nome e no interesse da sociedade de que era sócio-gerente· utilizou em benefício da mesma quantias (relativo ao IVA) que havia liquidado e recebido dos seus clientes, em vez de os entregar nos cofres do Estado, conforme estava obrigado – ac. do STJ de 3/4/2003 em ACSTJ-C. J. tomo I. p. 234.

– O crime de abuso de confiança fiscal, actualmente previsto no art. 105.º do RGIT não tem como pressuposto nem a intenção de obter para si ou para outrem vantagem patrimonial indevida (como sucedeu na previsão do art. 24.º do RJIFNA na sua redacção inicial), nem a apropriação, total ou parcial, da prestação deduzida nos termos da lei (como acontecia na redacção dada àquele artigo 24.º do DL n.º 394/93, de 14/1), bastando-se com a não entrega total ou parcial à administração tributária da prestação tributária deduzida nos termos da lei – ac. da R. de Coimbra de 23/4/03, tomo II, p. 46.

– I – O abuso de confiança fiscal, previsto nos arts. 6.º e 24.º do RJIFNA, verifica-se quando há apropriação de prestação tributária nos termos da lei, que o agente estava legalmente obrigado a entregar ao credor tributário, considerando-se também prestação tributária a que foi deduzida por conta daquela, bem como aquela que, tendo sido recebida, haja a obrigação legal de a liquidar, nos casos em que a lei o preveja. II-No caso do IVA, o imposto é devido e torna-se exigível no momento em que os bens são postos

à disposição do adquirente, sendo que, realizado o negócio jurídico por um certo preço e conhecida a taxa do imposto, a liquidação se opera por força da lei. O facto tributário é aqui instantâneo: logo que se verifica o elemento material, a transmissão do bem, a prestação do serviço, etc. surge o imposto, a obrigação de imposto, certa e exigível. III – O sujeito passivo deve ao Estado o imposto que recebeu dos contribuintes com que realizou os negócios sujeitos a IVA e, se não proceder à entrega, está a reter quantias que não lhe pertenciam. Se utiliza essas importâncias no pagamento de salários ou no pagamento a fornecedores, utiliza-as como se fossem suas, consumando-se o crime – ac. da R. de Coimbra de 14/5/2003, na Col. de Jur. Ano XXVIII, tomo III, p. 38.

– I – As prestações a título de retenções na fonte revestem a natureza de pagamento de imposto devido, segundo o que resulta do art. 91.º n.º 1 do CIRS (subordinado à epígrafe Retenção na fonte-regras gerais), redacção da Lei n.º 65/90, de 28/12 e do art. 34.º da LGT. II – É para tal que apontam os dizeres do art. 28.º, 2 da mesma Lei: quando a retenção for efectuada a título de pagamento por conta do imposto devido a final. III – A natureza dos pagamentos por conta da retenção na fonte está genericamente prevista no n.º 1 do art. 98.º do CIRS, apenas não tendo tal natureza os rendimentos sujeitos a taxas liberatórias especiais previstos no art. 71.º do esmo Código, e mesmo estes passarão a ter tal natureza se o contribuinte optar pelo seu englobamento no rendimento total 8 n.º 7 deste art. 71.º. – ac. do STA de 18/6/03 no proc. 0869/03 com texto na base de dados da DGSI.

– O art. 105.º, n.º 6 do R.G.I.T. pressupõe que o processo se encontra na fase administrativa. Não se aplica aos processos que estavam em tribunal no momento da entrada em vigor do R.G.I.T. – ac. da R. do Porto de 24/9/03 na Col. de Jur. Ano XXVIII, tomo IV, p. 209.

Capítulo IV
Crimes contra a segurança social

Artigo 106.º
Fraude contra a segurança social

1 – Constituem fraude contra a segurança social as condutas das entidades empregadoras, dos trabalhadores independentes e dos beneficiários que visem a não liquidação, entrega ou pagamento, total ou parcial, ou o recebimento indevido, total ou parcial, de prestações de segurança social com intenção de obter para si ou para outrem vantagem patrimonial ilegítima de valor superior a € 7500.

2 – É aplicável à fraude contra a segurança social a pena prevista no n.º 1 do artigo 103.º e o disposto nas alíneas a) a c) do n.º 1 e o n.º 3 do mesmo artigo.

3 – É igualmente aplicável às condutas previstas no n.º 1 deste artigo o disposto no artigo 104.º.

4 – Para efeito deste artigo consideram-se prestação da segurança social os benefícios previstos na legislação da segurança social.

NOTAS:
- *Elementos do tipo:*
  - *conduta das entidades empregadoras ou dos trabalhadores independentes, perante a Segurança Social, que consistam na ocultação ou alteração de factos ou valores que devam constar das declarações efectuadas/ocultação de factos ou valores não declarados e que devam ser revelados/celebração de negócio simulado*
  - *quanto ao valor, ou à natureza;*
  - *a ilegitimidade de tal conduta;*
  - *que a mesma vise a não liquidação da taxa contributiva, a obtenção de prestações da segurança social, ou outras prestações susceptíveis de causar diminuição de receitas.*
  - *vantagem patrimonial ilegítima: superior a 7 500 euros 8 cerca de 1 500 000$00).*
- *Como assinala Carlos Rodrigues de Almeida em "Crimes contra a Segurança social previstos no RJIFNA", publicado na R. do M.º P.º n.º 72, p. 96, trata-se de uma criminalização introduzida pelo Dec.-Lei n.º 140/95, de 14/6, diploma semelhante a um outro espanhol, mas que originou os correspondentes artigos do C. Penal espanhol.*
- *Vigora actualmente um regime de taxa social única-a taxa do regime geral das contribuições devidas à Segurança Social é de 34,75% (considerando 0,5% do risco de doença profissional), segundo a última alteração constante da Lei n.º 39-B/94, de 27 de Dezembro, introduzida pelo Dec-Lei n.º 199/99, de 8 de Junho. – incumbe às entidades empregadoras deduzir 11% nas retribuições pagas, taxa que devem ser suportadas pelos prestadores de trabalho.*

– As entidades empregadoras são ainda responsáveis pela inscrição dos trabalhadores ao seu serviço que sejam independentes, incluindo os desportistas, vigorando o Dec.-Lei n.º 323/93, de 25-9, alterado pelo Dec-Lei n.º 240/96, de 14-12, que estabeleceu as taxas de 25,4% e 32% a partir de 1997, consoante o esquema de prestações for obrigatório, ou alargado às prestações na doença. O início de actividade deve, pelos mesmos, ser declarado até ao dia 15 do segundo mês seguinte ao do início de actividade, devendo ser comunicadas as alterações posteriores e comprovadas as remunerações auferidas durante o mês de Março de cada ano.

– 4. Há a forma qualificada, nos termos do tipo" fraude qualificada", para que remete. Assim, são circunstâncias qualificativas agravantes do tipo legal:

– o agente ser funcionário público, abusando das suas funções;ou
– o auxílio de funcionário público;ou
– o uso de documentos falsos;ou
– a interposição de pessoas residentes fora do território português, em regime fiscal claramente mais favorável;

sendo nestes casos o crime punível com pena de prisão, mínima, de 1, e até 5 anos.

Artigo 107.º
Abuso de confiança contra a Segurança Social

1 – As entidades empregadoras que, tendo deduzido do valor das remunerações devidas a trabalhadores e membros dos órgãos sociais o montante das contribuições por estes legalmente devidas, não o entreguem, total ou parcialmente, às instituições de segurança social, são punidas com as penas previstas nos n.ºs 1 e 5 do artigo 105.º.

2 – É aplicável o disposto nos n.ºs 4, 6 e 7 do artigo 105.º.

NOTAS:
– *Elementos do tipo:*
  – *dedução, pelas entidades empregadoras, do valor das remunerações por estas legalmente devidas;*
  – *a não entrega, total ou parcial, das mesmas à Segurança Social, no prazo de 90 dias;*
  – *querer-se a existência da dedução e da não entrega.*

– *Desapareceu o elemento "apropriação "do montante dessas contribuições, bastando verificar-se querer-se a existência da dedução ou da não entrega, dolosas; veja-se anotação a pág. 162 e respectiva jurisprudência.*

– *Segundo o artigo 62.º da Lei n.º 17/2000, de 8 de Agosto (bases gerais do sistema de solidariedade e de segurança social), as contribuições dos trabalhadores por conta de outrem, determinadas pela incidência fixada na lei sobre as remunerações ou equiparadas, devem ser nestas descontadas pela entidade empregadora juntamente com a contribuição própria. Incumbe--lhe, pois, deduzir 11% nas retribuições pagas, nos termos da Lei n.º 39-B/94, de 27 de Dezembro, introduzida pelo Dec.-Lei n.º 199/99, de 8 de Junho. Quanto aos membros dos corpos sociais, reporta-se àqueles que auferiram também retribuição, como os gerentes ou administradores.*

– *Assume-se a condição de procedibilidade do n.º 4 do artigo 105.º, não entrega decorridos 90 dias.*

– *Há a forma qualificada, nos termos dos n.º 4 do art. 105.º, ou seja, acima de 50 000 euros (cerca de 10 000 contos) tem pena agravada, mínima, de 1, e até 5 anos de prisão.*

– *Admite ainda a extinção da responsabilidade pelo valor mínimo de 1 000 euros, ou seja 200 000$00, por cada prestação, juros e coima.*

JURISPRUDÊNCIA:

– *I. Provado que a sociedade agrícola arguida, face à carência económica que sofreu e para poder continuar a laborar, decidiu entregar aos seus trabalhadores apenas os montantes líquidos dos respectivos salários sendo que, sem correspodente existência pecuniária, fez constar da documentação emitida, por imperativo legal, para a sua contabilidade e para relevar perante a Segurança Social os correlativos montantes com deduções fiscais a título de contribuição devida a esta, que nunca chegou a entregar, pois nunca os deduziu nem reteve, há que concluir não ter incorrido na prática do crime de abuso de confiança fiscal previsto e punido à data dos factos pelos arts. 24.º n.ᵒˢ 1 e 5 e 27-B do Dec.-Lei n.º 20-A/90, de 15/1, na redacção do Dec.-Lei n.º 140/90, de 14/6. II. Com efeito, nunca o arguido se apropriou das prestações que eram declaradas no papel, mas sem existência do correspectivo numerário susceptível de apropriação, que à data da prática dos factos era elemento constitutivo do crime – ac. da R. do Porto de 11/12/2002, no processo 0240713, com texto na base de dados da DGSI, acessível na NET.*

Título II
Contra-ordenações tributárias

Capítulo I
Contra-ordenações aduaneiras

Artigo 108.º
Descaminho

1 – Os factos descritos nos artigos 92.º, 93.º e 95.º da presente lei que não constituam crime em razão do valor da prestação tributária ou da mercadoria objecto da infracção, ou, independentemente destes valores, sempre que forem praticados a título de negligência, são puníveis com coima de € 150 a € 150 000.

2 – Os meios de transporte utilizados na prática da contra-ordenação prevista no número anterior serão declarados perdidos a favor da Fazenda Nacional quando a mercadoria objecto da infracção consistir na parte de maior valor relativamente à restante mercadoria transportada e desde que esse valor exceda € 3750, valendo, também nesses casos, as excepções consagradas nas alíneas a) e b) do n.º 1 do artigo 19.º.

3 – A mesma coima é aplicável:

a) Quando for violada a disciplina legal dos regimes aduaneiros económicos ou suspensivos;
b) Quando tenha havido desvio do fim pressuposto no regime aduaneiro aplicado à mercadoria;
c) Quando forem utilizadas ou modificadas ilicitamente mercadorias em regime de domiciliação antes do desembaraço aduaneiro ou as armazenar em locais diversos daqueles para os quais foi autorizada a descarga, de modo a impedir ou dificultar a acção aduaneira, sem prejuízo da suspensão do regime prevista nas leis aduaneiras;

d) Quando, através de diversos formulários de despacho, se proceder à importação de componentes separados de um determinado artefacto que, após montagem no País, formem um produto novo, desde que efectuado com a finalidade de iludir a percepção da prestação tributária devida pela importação do artefacto acabado ou se destine a subtrair o importador aos efeitos das normas sobre contingentação de mercadorias.

4 – A mesma coima é aplicável às seguintes infracções, praticadas no âmbito do regime geral e regimes especiais da fiscalidade automóvel:

a) O incumprimento dos prazos de apresentação às alfândegas dos veículos que se destinam a ser introduzidos no consumo ou a permanecer temporariamente em território nacional;
b) A condução ou utilização de veículo com guia aduaneira ou livrete de trânsito caducados ou fora das condições impostas por lei ou pelas autoridades aduaneiras, bem como a posse de veículo em situação irregular por falta de pagamento do imposto no prazo legalmente previsto;
c) A obtenção de despacho de benefício ou vantagem fiscal por meio de falsas declarações ou por qualquer outro meio fraudulento que tenha induzido em erro os serviços aduaneiros;
d) A utilização do veículo em desvio do fim e o incumprimento de quaisquer condicionalismos ou ónus que acompanhem a concessão de benefício ou vantagem fiscal, designadamente em matéria de alienação, aluguer, cedência ou empréstimo a terceiros não autorizados legalmente;
e) A circulação de veículos a que foram alteradas as características determinantes da classificação fiscal, designadamente a alteração da cilindrada do motor para uma superior, a mudança de chassis e a transformação de veículos que implique a reclassificação fiscal numa categoria a que corresponda uma taxa de imposto mais elevada, sem que se mostre previamente regularizado o imposto devido;

f) A permanência de veículo em território nacional para além dos prazos de admissão ou de importação legalmente estabelecidos.

5 – A mesma coima é aplicável a infracções praticadas no âmbito dos regimes especiais de admissão ou importação, com quaisquer isenções, de bens destinados a fins sociais, culturais ou filantrópicos, quando forem afectos ou cedidos a terceiros, ao comércio ou a outros fins, em violação do respectivo regime.
6 – A tentativa é punível.

NOTAS:
– Os tipos legais referidos no texto, que correspondem aos crimes de contrabando, contrabando de circulação e fraude no transporte em regime suspensivo cuja prestação tributária seja de valor igual ou inferior a 7500 euros (cerca de 1 500 000$00) ou cuja mercadoria seja de valor igual ou inferior a 25 000 euros (cerca de 5 000 000$00) enquadram-se no descaminho; se acima desses valores, os factos integradores deste tipo legal, são consumidos por aqueles tipos legais, desde que praticados com dolo; por negligência, são puníveis, a título da presente contra-ordenação, desde 1/1/2004..

– O descaminho era definido no n.º 1 do art. 35.º do R.J.I.F.A, como "todo o facto que tenha por fim evitar, no todo ou em parte, o pagamento da prestação tributária aduaneira (...) ou fazer passar através das alfândegas ou delas retirar quaisquer mercadorias sem serem submetidas ás competentes formalidades de desembaraço fiscal, ou mediante falsas declarações". Assim se distingue do contrabando, em que as mercadorias não chegam a ser sujeitas a controlo alfandegário, por não passarem pelas alfândegas, contrariamente ao que acontece no descaminho.

– Existe descaminho ainda nos casos do n.º 3, os quais, na falta de definição legal, se afiguram como taxativos, não sendo as respectivas situações de enquadrar em tipo legal de crime:

– violação da disciplina dos regimes aduaneiros económicos ou suspensivos: de acordo com os arts. 84.º e ss. do CAC, os "regimes aduaneiros económicos" pode aplicar-se, mediante autorização das autoridade aduaneiras, aos regimes de entreposto, aperfeiçoamento activo, transformação sob controlo aduaneiro, importação

temporária e aperfeiçoamento passivo; conforme vimos[71], *os "regimes suspensivos" podem aplicar-se ao trânsito externo (desde que exista acordo internacional, como é o caso da Suíça, que faz parte da EFTA), só não sendo possível enquadrar-se o regime de aperfeiçomento passivo, por manifesta impossibilidade;*
— *desvio do fim pressuposto: violação de normas aplicáveis a mercadorias sujeitas a regimes aduaneiros, em virtude de estarem preenchidos os respectivos regimes legais, como o da sujeição a peritagens, de restituições à exportação, de garantias;*
— *utilização ou modificação ilícitas de mercadorias em regime de domiciliação ou armazenamento em locais diversos do autorizado, nomeadamente fora de entreposto;*
— *importação de componentes separados de artefactos, com a finalidade de não pagar a prestação tributária devida pelo produto final ou iludir as normas sobre contingentação, as chamadas práticas anti-"dumping".*

— Especifica agora o n.º 4 as várias formas de contra-ordenação fiscal quanto a veículos automóveis, e a imposto automóvel, com referência aos vários regimes geral e especiais deste imposto. O regime geral consta do respectivo Código, em que se previam já várias normas sancionatórias, como a inserta no art. 12.º do Dec.-Lei n.º 152/89, de 10/5, alterado pelo Dec-Lei n.º 78/92, de 6/5 e nos arst. 11.º e 19.º n.ºs 3 e 4 do Dec.-Lei n.º 40/93, de 18/2. Este diploma veio adaptar aquele C. do I.A., quanto aos procedimentos aduaneiros decorrentes da realização do mercado interno, sendo ainda aplicável o Regulamento (CEE) 2144/87, de 13/7, como do mesmo consta.

— Nos termos dos arts. 1.º e 2.º do Dec. Lei n.º 40/93, o imposto automóvel incide, pois, também sobre a importação de veículos automóveis, a qual pode ter lugar por operadores, registados ou não. No conceito de veículos automóveis incluem-se:
— *os automóveis ligeiros de passageiros;*
— *os veículos ligeiros de mercadorias transformados em veículos de passageiros e carga, caso o peso bruto seja inferior a 2500 Kg;*
— *os automóveis de uso misto, cujas características são definidas no art. 2.º, quer tenham, pois, mais ou menos do que esse peso;*
— *os automóveis de corrida;*

---

[71] Cfr., nomeadamente, arts. 95.º e 96.º deste regime, e notas.

– os automóveis principalmente concebidos para o transporte de pessoas, com exclusão das autocaravanas.

– Na anterior previsão legal que foi, assim, alterada, de modo a abranger todos os regimes especiais, apenas se referiam 2 situações:
– de emigrantes, por transferência ou cedência ilícita de residência de particulares: de acordo como os Decs.-Leis n.º s 467/88, de 16/12 e 264/93, de 30/7, conforme ocorra de países terceiros, ou de países comunitários: exige-se, entre outras condições[72], a comprovação da propriedade do veículo há pelo menos 12 meses e da permanência da residência em 185 dias do ano civil, a efectuar com os documentos do veículo e certificado de residência e cancelamento de residência emitido pela autoridade competente do Estado-Membro (prova positiva) ou pela entidade consular e certidão emitida pelos competentes serviços de finanças (prova negativa); os veículos não podem ser cedidos durante 1 ano;
– de deficientes: de acordo com o Dec.-Lei n.º 103-A/90, de 22/3, alterado pelo art. 37.º da Lei n.º 10-B/96, de 23/3 (de Orçamento de Estado para 1996), o conceito fundamental é o de deficientes motores, portadores de 60% de incapacidade, pelo menos – no sentido da aplicabilidade da actual TNI, cfr. nossa edição da "Tabela Nacional de Incapacidades (Notas às instruções gerais)", p. 29, e, pelo menos, segundo parte da jurisprudência, segundo dá Sousa Diniz no artigo Dano corporal em acidentes de viação na Col. de Jur. dos Acórdãos do STJ, tomo 1, de 2001, p. 8[73], – a comprovar por atestado a passar pelos serviços de saúde pública, das forças armadas ou dos serviços de segurança.

Outras formas de isenção existem, como sejam as de veículos de bombeiros, ambulâncias, militares, táxis e para veículos usados, as quais constam fundamentalmente dos arts. 7.º, do Dec.-Lei n.º 40/93, de 18/2. Outras existem, ainda, constantes de diplomas especiais, como as referentes a diplomatas.

---

[72] Segundo a Resolução da Assembleia da República n.º 1/98, de 12/1, as condições deverão ser mesmos iguais, sendo que emigrantes provenientes de 3.os países exige-se apenas a posse do veículo por 6 meses, mas que se proceda à prova pela autoridade do Estado de procedência, quanto aos do espaço comunitário o prazo é de 1 ano e com comprovação consular.

[73] Seja como for, não competirá às autoridades fiscais pôr em causa o grau de incapacidade.

— Os veículos usados e táxis gozam de benefícios previstos nos arts. 1.º n.ᵒˢ 4 e 5, e 8.º do mesmo Dec-Lei.

— O presente regime sancionatório é ainda aplicável, segundo o n.º 5, em caso de afectação ou cedência a terceiros de bens destinados a fins sociais, culturais ou filantrópicos (os quais ficam, enquanto se mantiver a situação, e mediante autorização aduaneira, numa situação de importação temporária, durante a qual não são sujeitos à exigência de direitos), como será, desde logo, o caso de ambulâncias ou veículos de bombeiros, isenção prevista na al. a) do art. 7.º do Dec.-Lei n.º 40/93, de 18/2.

— Quanto às als. a) e b) do n.º 4 ora em anotação: nos termos do art. 5.º deste diploma, os veículos importados com matrícula só podem circular durante 4 dias, mediante guia de circulação obtida na estância aduaneira de entrada, devendo a apresentação do mesmo ocorrer na âlfandega em 90 dias, prazos esses contados desde a data de entrada no país. Nos termos do art. 13.º n.º 3, no caso de o destino ser a exportação, os veículos não podem permanecer mais de 90 dias, desde atribuição das respectivas matrículas;

— Quanto às al. c) do n.º4: a declaração do tipo e características do veículo consta de DVL (declaração de veículo ligeiro), nos termos do art. 4.º n.º 1 do Dec.-Lei n.º 40/93;

— O caso do pedido de restituição de imposto formulado por operador registado, nos termos do art. 14.º deste diploma, não é já de subsumir a contra-ordenação;

— Quanto à al. d) do n.º 4: no caso dos veículos isentos ou que gozem de benefício por serem táxis, não podem ser alienados ou substituídos decorridos 5 anos, segundo o art. 8.º n.º 3 e 12.º n.º 1 do dito Dec.-Lei n.º 40/93, sendo que a sua violação se inclui na al. d) do n.º 4 ora em anotação.

— A importação temporária tem o regime consagrado na Convenção sobre a Importação Temporária, aprovada pelo Dec.-Lei n.º 54-A/97, de 2/10, a qual é aplicável nos casos de cedência a terceiros daquele tipo de bens, inexistindo norma específica em qualquer desses regimes.

— A coima aplicável vai de 150 a 150 000 euros, ou seja de cerca de 30 000$00 a 3 000 000$00.

— Os meios de transporte só são declarados perdidos desde que a mercadoria (ou a parte em causa) seja de valor superior a 3 750 euros, ou seja cerca de 750 000$00, sem prejuízo da poder ser possível o pagamento do respectivo valor.

JURISPRUDÊNCIA:

– *"A criminalidade no domínio do furto de automóveis e contrafacção dos respectivos elementos identificadores"*, *não é de considerar como concurso aparente.O art. 2 do Dec-Lei 433/82, de 27/10, não obsta a punição do descaminho como contra-ordenação-ac. do STJ de 28/2/85 na NET sob o n.º 1156.*

Artigo 109.º
Introdução irregular no consumo

1 – Os factos descritos no artigo 96.º da presente lei que não constituam crime em razão do valor da prestação tributária ou da mercadoria objecto da infracção, ou, independentemente destes valores, sempre que forem praticados a título de negligência, são puníveis com coima de € 150 a € 150 000.

2 – A mesma coima é aplicável a quem:

a) Não apresentar os documentos de acompanhamento, as declarações de introdução no consumo ou documento equivalente e os resumos mensais de vendas, nos termos e prazos legalmente fixados;

b) Desviar os produtos tributáveis do fim pressuposto no regime fiscal que lhes é aplicado;

c) Não inscrever imediatamente na contabilidade prevista no Código dos Impostos Especiais sobre o Consumo as expedições, recepções e introduções no consumo de produtos tributáveis;

d) Expedir produtos tributáveis em regime suspensivo, sem prestação da garantia exigível ou quando o seu montante seja inferior ao do respectivo imposto;

e) Armazenar produtos tributáveis em entreposto fiscal diferente do especialmente autorizado em função da natureza do produto;

f) Misturar produtos tributáveis distintos sem prévia autorização da estância aduaneira competente;

g) Apresentar perdas de produtos tributáveis em percentagens superiores às franquiadas por lei;
h) Expedir produtos tributáveis, em regime suspensivo, de um entreposto fiscal de armazenagem com destino a outro entreposto fiscal de armazenagem, situado no território do continente, sem autorização prévia do director da alfândega respectiva, quando esta seja exigível;
i) Expedir produtos tributáveis já introduzidos no consumo titulando essa expedição com facturas ou documentos equivalentes que não contenham os elementos referidos no artigo 105.º do Código dos Impostos Especiais sobre o Consumo;
j) Omitir a comunicação do não apuramento do regime de circulação em suspensão do imposto, findo o prazo de dois meses a contar da data de expedição dos produtos;
k) Não actualizar os certificados de calibração e não mantiver em bom estado de operacionalidade os instrumentos de medida, tubagens, indicadores automáticos de nível e válvulas, tal como exigido por lei;
l) Alterar as características e valores metrológicos do equipamento de armazenagem, medição e movimentação dos entrepostos fiscais sem a comunicação prévia à estância aduaneira competente;
m) Introduzir no consumo ou comercializar produtos tributáveis a preço diferente do preço homologado de venda ao público, quando ele exista;
n) Recusar, obstruir ou impedir a fiscalização das condições do exercício da sua actividade, nomeadamente a não prestação de informação legalmente prevista ao serviço fiscalizador;
o) Introduzir no consumo ou comercializar produtos com violação das regras de selagem, embalagem ou comercialização estabelecidas pelo Código dos Impostos Especiais sobre o Consumo.

3 – A tentativa é punível.
4 – Ser devida coima, ainda que reduzida a metade, mesmo no caso de no caso de os produtos serem tributados à táxa zero, acentua o carácter de violação de legalidade.

NOTAS:

– Trata-se de uma nova contra-ordenação, a qual é sobreponível ao crime de introdução frudulenta no consumo, cuja prestação tributária seja de valor igual ou inferior a 7500 euros (cerca de 1 500 000$00) ou cuja mercadoria seja de valor igual ou inferior a 25 000 euros (cerca de 5 000 000$00), e desde que praticado com dolo; por negligência, é punível, a título da presente contra-ordenação, desde 1/1/2004..

– O n.º 4, ao referir ser devida coima, ainda que reduzida a metade, mesmo no caso de os produtos serem tributados à taxa zero, "acentua o carácter de violação de legalidade", segundo constava da proposta de lei.

– A coima é igual à do artigo anterior, embora excepcionando o constante de leis especiais, que o art. 26.º não impede.

Artigo 110.º
Recusa de entrega, exibição ou apresentação de documentos e mercadorias

1 – A recusa de entrega, exibição ou apresentação de escrita, contabilidade, declarações e documentos ou a recusa de apresentação de mercadorias às entidades com competência para a investigação e instrução das infracções aduaneiras é punível com coima de € 100 a € 10 000.

2 – A mesma coima é aplicável a quem, por qualquer meio, impedir ou embaraçar qualquer verificação, reverificação ou exame ordenado a mercadorias por funcionário competente.

NOTAS:

– Desaparecem as referências no n.º 1 "quando não constitua descaminho" e o n.º 3, em que se previa a punição da negligência, nomeadamente, quanto a esta, face ao ora disposto no art. 24.º deste regime geral.

– O n.º 2 mantém-se, sendo aplicável às referidas situações, ocorridas em desembaraço fiscal de mercadorias.

– A coima vai de 100 a 10 000 euros, ou seja, de cerca de 20 000$00 a 2 000 000$00, sendo o mínimo uma excepção à regra do n.º 3 do art. 2.º deste regime.

Artigo 111.º
Violação do dever de cooperação

A violação dolosa do dever legal de cooperação, no sentido da correcta percepção da prestação tributária aduaneira, ou a prática de inexactidões, erros ou omissões nos documentos que aquele dever postula, quando estas não devam ser consideradas como infracções mais graves, é punível com coima de € 50 a € 5000.

NOTAS:
  – A violação desse dever tem de ser dolosa e não abrange a tentativa.
  – Pode ser aplicável a funcionários de serviço público ou equiparado. Sobre o conceito de funcionário, cfr. art. 385.º do CP, abrangendo aqueles que forem chamados a prestar funções, definitiva ou transitoriamente na função administrativa ou jurisdicional, em organismos de utilidade pública, de capital público, ou empresa concessionária de serviço público, assim se abrangendo todos os empregados bancários que forem chamados a colaborar na actividade administrativa ou jurisdicional, mediante a prestação de informações, sem qualquer resposta, ainda que fora desse contexto apenas os funcionários de instituição bancária de capital público se encontrem abrangidos.
  – A coima vai apenas de 50 a 5 000 euros, ou seja de de cerca de 10 000$00 a 1 000 000$00, sendo o mínimo outra excepção à regra do n.º 3 do art. 2.º deste regime.

Artigo 112.º
Aquisição de mercadorias
objecto de infracção aduaneira

1 – Quem, sem previamente se ter assegurado da sua legítima proveniência, adquirir ou receber, a qualquer título, coisa que, pela sua qualidade ou pela condição de quem lha oferece ou pelo montante do preço proposto, faça razoavelmente suspeitar de que se trata de mercadoria objecto de infracção aduaneira, quando ao facto não for aplicável sanção mais grave, é punido com coima de € 50 a € 5000.

2 – É aplicável, com as necessárias adaptações, o disposto nos n.ºs 3 e 4 do artigo 100.º.

NOTAS:

– Trata-se obviamente de aquisição não autorizada, nomeadamente fora de venda judicial ou administrativa.
– A aquisição de mercadorias pode ser negligente, mas já não consta que abranja a tentativa.
– A coima é igual à do anterior artigo. Se dolosa é aplicável o art. 100.º deste regime, com punição 3 vezes mais grave.

Capítulo II
Contra-ordenações fiscais

Artigo 113.º
Recusa de entrega, exibição ou apresentação de escrita e de documentos fiscalmente relevantes

1 – Quem dolosamente recusar a entrega, a exibição ou apresentação de escrita, de contabilidade ou de documentos fiscalmente relevantes a funcionário competente, quando os factos não constituam fraude fiscal, é punido com coima de € 250 a € 25 000.

2 – Quando a administração tributária deva fixar previamente prazo para a entrega, exibição ou apresentação de escrita, de contabilidade e de documentos fiscalmente relevantes a funcionário competente, a infracção só se considera consumada no termo desse prazo.

3 – Considera-se recusada a entrega, exibição ou apresentação de escrita, de contabilidade ou de documentos fiscalmente relevantes quando o agente não permita o livre acesso ou a utilização pelos funcionários competentes dos locais sujeitos a fiscalização de agentes da administração tributária, nos termos da lei.

4 – Para os efeitos dos números anteriores, consideram-se documentos fiscalmente relevantes os livros, demais documentos e suportes informáticos, indispensáveis ao apuramento e fiscalização da situação tributária do contribuinte.

NOTAS:
 – *O dever de apresentação encontra-se previsto em várias normas, nomeadamente nos artigos 133.º e 135.º do C. do IRS, no 119.º e 125.º do C. do IRC, e 28.º n.º 1 al. f) e 108.º do C. do IVA.*
 – *A violação tem de ser dolosa e não abrange a tentativa.*
 – *Pode ser aplicável a funcionários de serviço público ou equiparado, vinculados ao dever de cooperação a que o art. 133.º do C. do IRS, 119.º do C. do IRC e 28.º n.º 1 al. f) do C. do IVA se refere quanto à elaboração de mapa recapitulativo por parte de organismos oficiais e outras entidades, incluindo municípios, instituições privadas de solidariedade social e pessoas colectivas públicas.*
 – *A coima agrava-se relativamente à contra-ordenação também de recusa de entrega, prevista no art. 110.º deste regime, para a correspondente infracção aduaneira. Assim, a mesma vai de 250 a 50 000 euros, ou seja, a cerca de 50 000$00 a 10 000 000$00.*
 – *À equiparação dos suportes informáticos aos documentos fiscalmente relevantes, é de incluir a facturação electrónica, regulada pelo Dec.-Regulamentar n.º 16/2000, de 2/10.*

Artigo 114.º
Falta de entrega da prestação tributária

1 – A não entrega, total ou parcial, pelo período até 90 dias, ou por período superior, desde que os factos não constituam crime, ao credor tributário, da prestação tributária deduzida nos termos da lei é punível com coima variável entre o valor da prestação em falta e o seu dobro, sem que possa ultrapassar o limite máximo abstractamente estabelecido.

2 – Se a conduta prevista no número anterior for imputável a título de negligência, e ainda que o período da não entrega ultrapasse os 90 dias, será aplicável coima variável entre 10% e metade do imposto em falta, sem que possa ultrapassar o limite máximo abstractamente estabelecido.

3 – Para os efeitos do disposto nos números anteriores considera-se também prestação tributária a que foi deduzida por conta daquela, bem como aquela que, tendo sido recebida, haja obrigação legal de liquidar nos casos em que a lei o preveja.

4 – As coimas previstas nos números anteriores são também aplicáveis em qualquer caso de não entrega, dolosa ou negligente, da prestação tributária que, embora não tenha sido deduzida, o devesse ser nos termos da lei.

5 – Para efeitos contra-ordenacionais são puníveis como falta de entrega da prestação tributária:

a) A falta de liquidação, liquidação inferior à devida ou liquidação indevida de imposto em factura ou documento equivalente ou a sua menção, dedução ou rectificação sem observância dos termos legais;
b) A falta de pedido de liquidação do imposto que deva preceder a alienação ou aquisição de bens;
c) A falta de pedido de liquidação do imposto que deva ter lugar em prazo posterior à aquisição de bens;
d) A alienação de quaisquer bens ou o pedido de levantamento, registo, depósito ou pagamento de valores ou títulos que devam ser precedidos do pagamento de impostos;
e) A falta de liquidação, do pagamento, ou da entrega nos cofres do Estado do imposto que recaia autonomamente sobre documentos, livros, papéis e actos;
f) A falta de pagamento, total ou parcial, da prestação tributária devida a título de pagamento por conta do imposto devido a final.

7 – O pagamento do imposto por forma diferente da legalmente prevista é punível com coima de € 50 a € 1250.

NOTAS:
– Trata de contra-ordenação no caso de não ocorrer a subsunção ao tipo legal de abuso de confiança, crime previsto no art. 105.º, previsto no caso denão entrega por período superior a 90 dias, com dolo. O n.º 2 do presente dispositivo prevê a punição, no caso de negligência, com graduação da coima entre 10% e metade do imposto em falta.
– Sobre a obrigação de dedução, cfr. arts. 98.º do C. IRS, 87.º a 89.º do C. IRC. e 95.º n.º 1 do C. IVA.

– Nos termos da Lei do OE para 2003(art. 26.º), a infracção ao art. 98.º do C. IRC. (regime dos pagamentos especial por conta) "é punido, nos termos da alínea f) do n.º 5 do artigo 114.º do RGIT, com coima variável entre 50% e o valor da prestação tributária em falta, no caso de negligência, e como coima variável entre o valor e o triplo da prestação tributária em falta, quando a infracção for cometida dolosamente".

– No n.º 4, enquadra-se a falta de cumprimento do dever de dedução, entre a contra-ordenação. No entanto, sendo forma de preenchimento do crime do art. 105.º, a sua violação, poderá ser por este abrangida, se praticado com dolo, ou não for abrangida pelo procedimento criminal.

– No n.º 5, enumeram-se várias situações, como as praticados em factura e em pagamentos por conta – alíneas a) e f) (nomeadamente, para efeitos de imposto sobre o rendimento e IVA); e outras, para efeitos de sisa – als. b) e c), de imposto automóvel – al. d) –, de selo – al. e).

– O limite da coima é variável, mas o máximo é, nos termos do art. 26.º, de 110 000 euros, ou seja cerca de 22 000 000$00.

– O mínimo de 50 euros, cerca de 10 000$00, previsto no n.º 7, constitui excepção à regra do n.º 3 do art. 2.º deste regime.

JURISPRUDÊNCIA:

– A falta de liquidação de IVA em factura ou documento equivalente, é, nos termos do art. 29.º n.º 6 al. a) do RJIFNA, equiparada à falta de entrega da prestação tributária-ac. do STA de 26/3/03 no proc. 01894/03, com sumário na base de dados informatizada da DGSI.

Artigo 115.º
Violação de segredo fiscal

A revelação ou aproveitamento de segredo fiscal de que se tenha conhecimento no exercício das respectivas funções ou por causa delas, quando devidos a negligência, é punível com coima de € 50 a € 1000.

NOTAS:

– Não se exige que da revelação ou aproveitamento do segredo tenha de resultar prejuízo.

– Pode ser aplicável a funcionário de serviço público, ou equiparado. O dever de segredo resulta directamente da lei, nomeadamente estando em causa o n.º de contribuinte.

– *Admite agora o pagamento voluntário da coima, nos termos gerais do art. 78.º, pois a mesma vai de 50 a 1000 euros, ou seja de 10 000$00 a 200 000$00, sendo o mínimo outra excepção à regra do n.º 3 do art. 2.º deste regime.*

Artigo 116.º
Falta ou atraso de declarações

1 – A falta de declarações que para efeitos fiscais devem ser apresentadas a fim de que a administração tributária especificamente determine, avalie ou comprove a matéria colectável, bem como a respectiva prestação fora do prazo legal, é punível com coima de € 100 a € 2500.

2 – Para efeitos deste artigo, são equiparadas às declarações referidas no número anterior as declarações que o contribuinte periodicamente deva efectuar para efeitos estatísticos ou similares.

NOTAS:
  – *As declarações fiscais e respectivos prazos, para efeitos de determinação da matéria colectável, encontram-se previstas nos arts 57.º, 60.º, 113.º e 119.º do C. IRS, 47.º a 51.º e 109.º do C. IRC, 281.º n.º 1 al. c), 40.º n.º 1, 42.º e 82.º n.º 4 do C. IVA.*
  – *Sobre as declarações de retenções na fonte, cfr. arts. 98.º do C. IRS e 75.º do C. IRC., os quais prevêem a sua entrega até ao dia 20 do mês seguinte àquele em que os rendimentos foram deduzidos.*
  – *A coima vai de 100 a 2500 euros, ou seja, de 20 000$00 a 500 000$00, sendo o mínimo também excepção à regra do n.º 3 do art. 2.º deste regime.*

Artigo 117.º
Falta ou atraso na apresentação ou exibição de documentos ou de declarações

1 – A falta ou atraso na apresentação ou a não exibição, imediata ou no prazo que a lei ou a administração tributária fixarem, de declarações ou documentos comprovativos dos factos, valores ou situações

constantes das declarações, documentos de transporte ou outros que legalmente os possam substituir, comunicações, guias, registos, ainda que magnéticos ou outros documentos e a não prestação de informações ou esclarecimentos que autonomamente devam ser legal ou administrativamente exigidos é punível com coima de €100 a € 2500.

2 – A falta de apresentação ou a apresentação fora do prazo legal, das declarações de início, alteração ou cessação de actividade, das declarações autónomas de cessação ou alteração dos pressupostos de benefícios fiscais a das declarações para inscrição em registos que a administração fiscal deva possuir de valores patrimoniais é punível com coima de € 200 a € 5000.

3 – A falta de exibição pública dos dísticos ou outros elementos comprovativos do pagamento do imposto que seja exigido é punível com coima de € 25 a € 500.

4 – À falta de apresentação ou apresentação fora do prazo legal das declarações ou fichas para inscrição ou actualização de elementos do número fiscal de contribuinte das pessoas singulares é punível com coima de € 50 a € 250.

NOTAS:
– Reporta-se a declarações que não visam especificamente a determinação da matéria colectável, como as declarações de início e cessação de actividade, previstas nos arts. 112.º do C. IRS. e 110.º do C. IRC, as declarações periódicas de IVA., ou as relações de bens para efeitos de imposto sobre sucessões e doações.

– A exibição de dísticos, comprovativos do pagamento do imposto sobre veículos automóveis, motociclos, aeronaves e barcos de recreio, encontra-se previsto no art. 13.º do Dec.-Lei n.º 143/78, de 12/6, que regulamentou o Dec.-Lei n.º 599/72, que criou tal imposto.

– Procede a uma gradação de contra-ordenações, desde a falta ou atraso na declaração de início de actividade, de 200 a 5000 euros, ou seja de 40 000$00 a 1 000 000$00, até à falta de exibição de dístico ou outros elementos comprovativos de imposto cujo mínimo é de 25 euros, cerca de 5 000$00, nova excepção à regra do n.º 3 do art. 2.º deste regime.

JURISPRUDÊNCIA:
– A circunstância referida na al. a) do art. 116.º da LGT pressupõe que não seja ocasionado prejuízo à receita fiscal. Tal não será o caso se a

declaração periódica de IVA for entregue, sem que a mesma seja acompanhada do respectivo meio de pagamento. Em tal caso não há extinção da responsabilidade por contra-ordenação-ac. do STA de 14/2/02 no proc. 025939, com sumário na base de dados informatizada da DGSI.

– É dever do contribuinte zelar para que as declarações de impostos a que se refere o art. 26.º, 1 e 40.º, 1 do CIVA sejam entregues na repartição de finanças, acompanhados dos respectivos meios de pagamento. Se o contribuinte omite essa vigilância, dando azo a que o contabilista da firma não entregue tais declarações e embolse o dinheiro que devia ser entregue ao Estado, procede com negligência – ac. do STA de 2/7/03 no proc. 0168/02, com sumário na base de dados informatizada da DGSI. Tem 1 voto de vencido.

Artigo 118.º
Falsificação, viciação e alteração
de documentos fiscalmente relevantes

1 – Quem dolosamente falsificar, viciar, ocultar, destruir ou danificar elementos fiscalmente relevantes, quando não deva ser punido pelo crime de fraude fiscal, é punido com coima variável entre € 500 e o triplo do imposto que deixou de ser liquidado, até € 25 000.

2 – No caso de não haver imposto a liquidar, os limites das coimas previstas no número anterior são reduzidas para metade.

NOTAS:

– Trata-se de nova contra-ordenação, de comportamento doloso.

– A "falsificação fiscal" é discriminalizada, pois com esta contra-ordenação se abrange a falsificação, viciação e alteração de documento fiscalmente relevante, mas que não integre elemento de crime fiscal. Dúvidas não podem restar de não ser possível existir concurso real com o crime de falsificação dos ditos documentos, pelo menos para efeitos fiscais. Havendo imposto a liquidar, necessário se torna que se proceda a liquidação adicional da prestação tributária.

– A coima vai de 500 a 25 000 euros, ou seja de 100 000$00 a 5 000 000$00, ou a metade não havendo imposto a liquidar, sendo o mínimo uma excepção à regra do n.º 3 do art. 2.º deste regime.

ARTIGO 119.º
Omissões e inexactidões nas declarações ou em outros documentos fiscalmente relevantes

1 – As omissões ou inexactidões relativas à situação tributária que não constituam fraude fiscal nem contra-ordenação prevista no artigo anterior, praticadas nas declarações, bem como nos documentos comprovativos dos factos, valores ou situações delas constantes, incluindo as praticadas nos livros de contabilidade e escrituração ou noutros documentos fiscalmente relevantes que devam ser mantidos, apresentados ou exibidos, são puníveis com coima entre € 250 e € 15 000.

2 – No caso de não haver imposto a liquidar, os limites das coimas previstas no número anterior são reduzidas para metade.

3 – Para os efeitos do n.º 1 são consideradas declarações as referidas no n.º 1 do artigo 116.º e no n.º 2 do artigo 117.º.

4 – As inexactidões ou omissões praticadas nas declarações ou fichas para inscrição ou actualização de elementos do número fiscal de contribuinte das pessoas singulares são puníveis com coima entre € 25 a € 500.

NOTAS:
– Inclui as omissões e inexactidões nas declarações de início, alteração ou cessação de actividade que noutros ordenamentos jurídicos são tidas até como crime (o que não é afastado, embora dependente de outros requisitos).
– Cfr. ainda sobre outras declarações, arts. 28.º n.º 1 al. c) e 40.º do C. IVA, 38.º n.º 1 al. e) – declaração de entrada de património para realização de capital social –, 50.º, 65.º n.º 2 al. a) e n.º 4, 76.º n.ºs 1 al. c) e 2 e 90.º – casos a originarem reforma de liquidação – do C. IRS, 53.º n.º 7, 115.º n.ºs 2 e 4 – casos a originarem fixação de rendimentos pela DGCI – e 116.º n.ºs 2 e 3 – obrigações contabilísticas respectivas – do C. IRC.
– A coima vai, em regra, de 250 a 15000 euros, ou seja, de 50 000$00 a 3000 000$00, sendo reduzidas a metade não havendo imposto a liquidar, ou ainda de 25 a 500 euros, ou seja, de 5 000$00 a 100 000$00 se respeitante ao n.º de contribuinte, sendo este mínimo uma excepção à regra do n.º 3 do art. 2.º deste regime.

ARTIGO 120.º
**Inexistência de contabilidade
ou de livros fiscalmente relevantes**

1 – A inexistência de livros de contabilidade ou de escrituração, obrigatórios por força da lei, bem como de livros, registos e documentos com eles relacionados, qualquer que seja a respectiva natureza, é punível com coima de € 150 a €15 000.

2 – Verificada a inexistência de escrita, independentemente do procedimento para aplicação da coima prevista nos números anteriores, é notificado o contribuinte para proceder à sua organização num prazo a designar, que não pode ser superior a 30 dias, com a cominação de que, se o não fizer, fica sujeito à coima do artigo 113.º.

NOTAS:
– A existência de contabilidade e de livros de escrituração consta dos arts. 28.º, 44.º, 50.º, 65.º do C. IVA, 116.º a 118.º do C. IRS e 115.º a 118.º do C. IRC.

– É irrelevante que os livros tenham existido, mas se encontrem destruídos ou inutilizados, devendo pelas empresas ser conservados pelo período mais longo previsto que é de 10 anos – art. 98.º n.º 2 do C. IRC.

– A coima vai de 150 a 15 000 euros, ou seja de 30 000$00 a 3 000 000$00, podendo, na falta de regularização, ir até 50 000 euros, ou seja, 10 000 000$00.

ARTIGO 121.º
**Não organização da contabilidade de harmonia com as regras
de normalização contabilística e atrasos na sua execução**

1 – A não organização da contabilidade de harmonia com as regras de normalização contabilística, bem como o atraso na execução da contabilidade, na escrituração de livros ou na elaboração de outros elementos de escrita, ou de registos, por período superior ao previsto na lei fiscal, quando não sejam punidos como crime ou como contra-ordenação mais grave, são puníveis com coima de € 50 a € 1750.

2 – Verificado o atraso, independentemente do procedimento para a aplicação de coima prevista nos números anteriores, o contribuinte é notificado para regularizar a escrita em prazo a designar, que não pode ser superior a 30 dias, com a cominação que, se não o fizer, é punido com a coima do artigo 113.º.

NOTAS:
– A normalização contabilística refere-se aos princípios contabilísticos geralmente aceites, a saber, o da continuidade, da consistência, da especialização, do custo histórico, da prudência, da substância sobre ao forma e da materialidade, de modo a que a contabilidade "evidencie uma imagem verdadeira e apropriada da situação financeira e dos resultados da empresa" – cfr. Noções de Contabilidade e de Análise Financeira, dos Drs. Rosa Sá e Artur Lourenço, técnicos do NAT, preparadas para curso no CEJ a 19 e 20/11/98; de ordem geral, cfr. António Borges e e Martins Ferrão, O Novo POC Comentado, ed. da Rei dos Livros.

– O Plano Oficial de Contabilidade (POC) e outros planos de contas sectoriais, foram aprovados pelo DL 47/77, de 7/2, com alterações posteriores, nomeadamente as decorrentes da integração na CEE, operadas pelo DL 410/89, de 21/11, que faz adoptar o método de contabilização da liquidez e exigibilidade crescentes, pelo Dec.-Lei n.º 44/99, de 12/2, que estabelece que deve ser elaborada a demonstração dos resultados por funções, ou níveis-resultados brutos, operacionais, correntes, extraordinários, líquidos e por acção, e pelo Dec.-Lei n.º 79/2003, de 23/4, que substituiu a demonstração por origem e aplicação de fundos pela demonstração de fluxos de caixa.

– Segundo os arts. 17.º e 115.º do C. de IRC., a contabilidade é obrigatória quanto aos livros previstos na lei comercial (art. 31.º) e fiscal, referindo-se esta esta expressamente ao diário, balanço (mapa que apresenta a situação patrimonial e financeira da empresa num determinado momento, relacionando o activo com o passivo e o capital próprio) e inventário – sem referência ao razão (livro onde se escritura o movimento de todas as operações do Diário, ordenadas a débito e a crédito, em relação a cada uma das contas) e copiador que aquela também prevê –, e não sendo permitidos atrasos superiores a 90 dias.

– Segundo aquela última alteração ao P.O.C., o inventário só é obrigatório para as actividades de venda a retalho ou de prestação de serviços, acima de certo montante de volume de negócios (€ 300 000) e em função,

respectivamente, de certa percentagem de volume de negócios global (10%) ou de custos operacionais (20%).

– A reavaliação do activo imobilizado tangível é, assim, aplicável relativamente a elementos afectos ao exercício da actividade comercial, cujo período de vida mínimo seja igual ou superior a 5 anos, embora com repercussão das mais-valias em IRC. Não havendo obrigação de dispor de contabilidade organizada, os elementos da contabilidade são os relativos a registo de rendimentos, evidenciando em separado os reembolsos por conta do cliente, nos termos dos arts. 116.º n.º 4 do C. IRS. e 50.º do C. do IVA.

– A coima vai de 50 a 1750 euros, ou seja de cerca de 10 000$00 a 350 000$00, sendo o mínimo uma excepção à regra do n.º 3 do art. 2.º deste regime.

Artigo 122.º
Falta de apresentação, antes da respectiva utilização, dos livros de escrituração

1 – A falta de apresentação, no prazo legal e antes da respectiva utilização, de livros, registos ou outros documentos relacionados com a contabilidade ou exigidos na lei é punível com coima de € 50 a € 500.

2 – A mesma sanção é aplicável à não conservação, pelo prazo estabelecido na lei fiscal, dos documentos mencionados no número anterior.

NOTAS:

– Segundo o art. 125.º do C. de IRC. podem ser utilizados e fiscalizados os livros obrigatórios antes de autenticados, por integrarem "quaisquer documentos relacionados" com os mesmos, o que deve ter lugar pelos funcionários encarregues da fiscalização. A demonstração de resultados, nos casos em que tal seja exigível, deve ainda ser depositada na competente conservatória do registo comercial.

– A coima vai de 50 a 500 euros, ou seja, de 10 000$00 a 100 000$00, sendo o mínimo nova excepção à regra do n.º 3 do art. 2.º deste regime.

Artigo 123.º
Violação do dever de emitir ou exigir recibos ou facturas

1 – A não passagem de recibos ou facturas ou a sua emissão fora dos prazos legais, nos casos em que a lei o exija, é punível com coima de € 100 a € 2500.

2 – A não exigência, nos termos da lei, de passagem ou emissão de facturas ou recibos, ou a sua não conservação pelo período de tempo nela previsto é punível com coima de 50 a 1250 euros.

NOTAS:
– A obrigação de emitir e exigir recibos, facturas e documentos equivalentes decorre dos arts 28.º, 35.º, 37.º e 39.º do C. IVA, sendo as últimas dependentes de acordo prévio entre declarante e declarátario; a numeração e impressão da facturas e documentos equivalentes estão ainda submetidas às regras dos arts. 5.º, 6.º n.º 7, 8.º n.ºs 1 e 2, e 9.º a 12.º do Dec.-lei n.º 147/ /2003, de 11/7;

– Entre os documentos equivalentes incluem-se os produzidos por via electrónica, e a dita obrigação vincula também as entidades não residentes mantêm-se, em princípio, as respectivas obrigações com referência ao estabelecimento ou representante declarado, nos termos da alteração introduzida pelo Dec.-Lei n.º 256/2003, de 21/10; quanto aos trabalhadores independentes, rege o 115.º als. a) e b) do C. de IRS.

– A coima vai de 100 a 2500 euros, ou seja de cerca de 20 000$00 a 500 000$00, sendo ainda de metade para o não exigir recibos ou facturas, tudo a constituir excepção à regra do n.º 3 do art. 2.º deste regime.

JURISPRUDÊNCIA:
– Se uma factura pró-forma não corresponder a uma prestação de serviço efectivamente feita e se o emitente da factura não tiver recebido o IVA indicado, não há lugar a sujeição a IVA de um serviço que comprovadamente não foi prestado. As facturas pró-forma destinadas a instruir os pedidos de pagamento de saldo ao Fundo Social Europeu não eram verdadeiras facturas, mas apenas um "meio de prova" ou operação documental destinada à obtenção de financiamento –ac. do STA de 26/2/2002 no proc. 021/02 com texto na base de dados da DGSI, em que se refere o of. Circulado 099716, de Maio de 1991, da DGCI, cujo n.º 3 reza:"por isso, determina-se que, em relação à situações anteriores a esta data (28 de maio de 1991), o pagamento do IVA

devido por acções de formação subsidiadas pelo Fundo Social Europeu, cujo pagamento se encontra em dívida, seja pelo Etado, seja pela CEE, será exigível apenas na data dos respectivos recebimentos, e, se, estes forem parciais, apenas na proporção do montante recebido".

Artigo 124.º
Falta de designação de representantes

1 – A falta de designação de uma pessoa com residência, sede ou direcção efectiva em território nacional para representar, perante a administração tributária, as entidades não residentes neste território, bem como as que, embora residentes, se ausentem do território nacional por período superior a seis meses, no que respeita a obrigações emergentes da relação jurídico tributária, bem como a designação que omita a aceitação expressa pelo representante, é punível com coima de € 50 a € 5000.

2 – O representante fiscal do não residente, quando pessoa diferente do gestor de bens ou direitos que, sempre que solicitado, não obtiver ou não apresentar à administração tributária a identificação do gestor de bens ou direitos é punível com coima de € 50 a € 2500.

NOTAS:
– A existência de representantes de não residentes que obtenham no país rendimentos sujeitos a tributação encontra-se prevista nos arts. 130.º do C. de IRS., sendo esta sanção a prevista no n.º 3, sem prejuízo de não se proceder a notificações, em caso de inexistência; igualmente no caso do art. 118.º do do C. de IRC.; outrossim, quanto ao IVA., em que regula agora o disposto nos arts. 29.º do respectivo código e 24.º, 29.º, 101.º e 120.º do RITI, na redacção do Dec.-Lei n.º 179/2002, de 3/82.
– Na falta de nomeação deste representante, é competente o serviço de finanças de Lisboa-3, nos termos do art. 70.º n.º 4 do C. IVA..
– A coima vai de 50 a 5000 euros, ou seja, de cerca de 10 000$00 a 500 000$00, sendo de metade para o caso em que o representante fiscal de não residente chegue a actuar, , tudo a constituir excepção à regra do n.º 3 do art. 2.º deste regime.

ARTIGO 125.º
Pagamento indevido de rendimentos

O pagamento ou colocação à disposição dos respectivos titulares de rendimentos sujeitos a imposto, com cobrança mediante o sistema de retenção na fonte, sem que aqueles façam a comprovação do seu número fiscal de contribuinte é punível com coima entre € 25 a € 500.

NOTAS:
   — Protege-se o sistema de retenção na fonte, visando o não pagamento indevido de rendimentos.
   — De notar a importância de a comprovação do n.º fiscal de contribuinte deve ser feita com o n.º definitivo.
   — A coima vai de 25 a 500 euros, ou seja de cerca de 5000$00 a 100 000$00, a constituir excepção à regra do n.º 3 do art. 2.º deste regime.

ARTIGO 125.º-A
Pagamento ou colocação à disposição de rendimentos ou ganhos conferidos por ou associados a valores mobiliários

O pagamento ou colocação à disposição de rendimentos ou ganhos conferidos por ou associados a valores mobiliários, quando a aquisição destes tenha sido realizada sem a intervenção das entidades referidas nos artigos 123.º e 124.º do Código do IRS, e previamente não tenha sido feita prova perante as entidades que intervenham no respectivo pagamento ou colocação à disposição da apresentação da declaração a que se refere o artigo 138.º do Código do IRS, é punível com coima de € 250 a € 25 000.

NOTAS:
   — Trata-se de aditamento efectuado pela Lei do Orçamento de Estado para 2002, aprovada pela Lei n.º 109-B/2001, de 21/12, a qual alterou também a redacção do art. 138.º do Código do IRS, especificando-se neste último, nomeadamente, que a alienação e aquisição de valores mobiliários fazem gerar a obrigação de entregar declaração à DGI, de modelo oficial, nos 30 dias subsequentes à respectiva operação, a qual impende quer sobre o adqui-

rente, quer sobre o alienante, quer ainda sobre a entidade interveniente, em regra uma instituição financeira, sendo que estes últimos são os especialmente visados na presente contra-ordenação.

– Os valores mobiliários são acções e outros instrumentos financeiros qualificados como tal no art. 1.º do Código dos Valores Mobiliários, aprovado pelo Dec.-Lei n.º 486/99, de 13/11, os quais são, por regra, transaccionados, em operação de bolsa.

– Resultam excluídos os notários, conservadores e secretários de serviços de justiça, os quais são também obrigados, nos termos dos arts. 123.º e 124.º do C. do IRS, os quias também são obrigados a remeter à DGI relação, de modelo oficial, dos actos semelhantes praticados nos seus serviços, pelo que se quis visar as ditas operações.

– De notar que, uma vez efectuada a liquidação financeira da operação, a ordem de pagamento é irrevogável, nos termos do art. 4.º do Dec.-Lei n.º 222/2000, de 9/9.

Artigo 125.º-B
Inexistência de prova de apresentação da declaração de aquisição e alienação de acções e outros valores mobiliários ou da intervenção de entidades relevantes

A inexistência de prova, de que foi apresentada a declaração a que se refere o artigo 138.º do Código do IRS, perante as entidades referidas no n.º 3 do mesmo artigo, ou que a aquisição das acções ou valores mobiliários foi realizada com a intervenção das entidades referidas nos artigos 123.º e 124.º desse Código, é punível com coima de € 250 a € 25 000.

NOTAS:

– Como referido em nota ao art. anterior, trata-se de norma intruduzida pelo OE para 2002, face à obrigação de os adquirentes de acções e outros valores mobiliários deverem fazer prova, nos termos do art. 138.º n.º 4 do Código do IRS, perante a entidade respectiva, em regra a dita instituição financeira, de estar efectuada a dita declaração à DGI, ou de a operação ter sido realizada perante notários, conservadores e secretários de serviços de justiça.

– Assim, os sujeitos à presente contra-ordenação são aqueles adquirentes, os quais, na falta da dita prova, podem ainda ser sujeitos à inibição

do exercício dos direitos titulados por aquelas acções ou valores, nos termos da parte final do n.º 3 do art. 138.º do C. do IRS.

Artigo 126.º
Transferência para o estrangeiro de rendimentos sujeitos a tributação

A transferência para o estrangeiro de rendimentos sujeitos a imposto, obtidos em território português por entidades não residentes, sem que se mostre pago ou assegurado o imposto que for devido, é punível com coima de € 250 a € 25 000.

NOTAS:
– Visa garantir o cumprimento da obrigação de pagamento do imposto, estando, aliás, proibidas as transferências para o estrangeiro por não residentes, nos termos do art. 139.º do C. de IRS. e 123.º do C. de IRC.
– Sobre a possibilidade de serem emitidas cartas rogatórias em processo de contra-ordenação fiscal, a fim de comprovar tal, ver José Luis Lopes da Mota, na RMP n.º 54, p. 27 e ss..
– Pune-se a infracção com certa gravidade, pelo menos em termos comparativos, indo a coima de 250 a 25 000 euros, ou seja, de 50 000$00 a 5 000 000$00, decerto levando em conta os efeitos perniciosos para a economia nacional que a fuga de capitais pode acarretar.

Artigo 127.º
Impressão de documentos por tipografias não autorizadas

1 – A impressão de documentos fiscalmente relevantes por pessoas ou entidades não autorizadas para o efeito, sempre que a lei o exija, bem como a sua aquisição, é punível com coima de € 500 a € 25 000.

2 – O fornecimento de documentos fiscalmente relevantes por pessoas ou entidades autorizadas sem observância das formalidades legais, bem como a sua aquisição, é punível com coima de € 500 a € 25 000.

NOTAS:

– Nos termos do art. 29.º do C. IVA, as facturas têm de ser impressas, segundo modelo oficial, em tipografias autorizadas pelo Ministério das Finanças, com a indicação da mesma, e são numeradas sequencialmente.

– A impressão não autorizada é punida com coima de 500 a 25 000 euros, ou seja de cerca de 100 000$00 a 5 000 000$00. O n.º 2 pune ainda de forma semelhante a tipografia autorizada que forneça impressos sem as ditas indicações.

II – LEGISLAÇÃO VÁRIA

1 – FISCALIZAÇÃO E SEGREDO BANCÁRIO:

A – *LEI GERAL TRIBUTÁRIA*

(...)

Capítulo II
Sujeitos

Secção I
Administração tributária

Artigo 61.º
Competência tributária

1 – A incompetência no procedimento deve ser conhecida oficiosamente pela administração tributária e pode ser arguida pelos interessados.

2 – O órgão da administração tributária material ou territorialmente incompetente é obrigado a enviar as peças do procedimento para o órgão da administração tributaria competente no prazo de quarenta e oito horas após a declaração de incompetência, considerando-se o requerimento apresentado na data do primeiro registo do processo.

3 – O interessado será devidamente notificado da reme ssa prevista no número anterior.

4 – Em caso de dúvida, é competente para o procedimento o órgão da administração tributária do domicílio fiscal do sujeito passivo ou interessado ou, no caso de inexistência de domicílio, do seu representante legal.

Artigo 62.º
Delegação de poderes

1 – Salvo nos casos previstos na lei, os órgãos da administração tributária podem delegar a competência do procedimento no seu imediato inferior hierárquico.

2 – A competência referida no número anterior pode ser subdelegada. com autorização do delegante, salvo nos casos em que a lei o proíba.

Artigo 63.º
Inspecção

1 – Os órgãos competentes podem, nos termos da lei, desenvolver todas as diligências necessárias ao apuramento da situação tributária dos contribuintes, nomeadamente:

   a) Aceder livremente às instalações ou locais onde possam existir elementos relacionados com a sua actividade ou com a dos demais obrigados fiscais;
   b) Examinar e visar os seus livros e registos da contabilidade ou escrituração, bem como todos os elementos susceptíveis de esclarecer a sua situação tributária;
   c) Aceder, consultar e testar o seu sistema informático, incluindo a documentação sobre a sua análise, programação e execução;
   d) Solicitar a colaboração de quaisquer entidades públicas necessárias ao apuramento da sua situação tributária ou de terceiros com quem mantenham relações económicas;

e) Requisitar documentos dos notários, conservadores e outras entidades oficiais;
f) Utilizar as suas instalações quando a utilização for necessária ao exercício da acção inspectiva.

2 – O acesso à informação protegida pelo sigilo profissional, bancário ou qualquer outro dever de sigilo legalmente regulado depende de autorização judicial, nos termos da legislação aplicável, excepto nos casos em que a lei admite a derrogação do dever de sigilo bancário pela administração tributária sem dependência daquela autorização.

3 – O procedimento da inspecção e os deveres de cooperação são os adequados e proporcionais aos objectivos a prosseguir, só podendo haver mais de um procedimento externo de fiscalização respeitante ao mesmo sujeito passivo ou obrigado tributário, imposto e período de tributação mediante decisão, fundamentada com base em factos novos, do dirigente máximo do serviço, salvo se a fiscalização visar apenas a confirmação dos pressupostos de direitos que o contribuinte invoque perante a administração tributária e sem prejuízo do apuramento da situação tributária do sujeito passivo por meio de inspecção ou inspecções dirigidas a terceiros com quem mantenha relações económicas.

4 – A falta de cooperação na realização das diligências previstas no n.º 1 só será legítima quando as mesmas impliquem:

a) O acesso à habitação do contribuinte;
b) A consulta de elementos abrangidos pelo segredo profissional, bancário ou qualquer outro dever de sigilo legalmente regulado, salvo os casos de consentimento do titular ou de derrogação do dever de sigilo bancário pela administração tributária legalmente admitidos;
c) O acesso a factos da vida íntima dos cidadãos;
d) A violação dos direitos de personalidade e outros direitos, liberdades e garantias dos cidadãos, nos termos e limites previstos na Constituição e na lei.

5 – Em caso de oposição do contribuinte com fundamento nalgumas circunstâncias referidas no número anterior, a diligência só poderá ser realizada mediante autorização concedida pelo tribunal da comarca

competente com base em pedido fundamentado da administração tributária.

6 – A notificação das instituições de crédito e sociedades financeiras, para efeitos de permitirem o acesso a elementos cobertos pelo sigilo bancário, nos casos em que exista a possibilidade legal de a administração tributária exigir a sua derrogação, deve ser instruída com os seguintes elementos:

a) Nos casos de acesso directo em que não é facultado ao contribuinte o direito a recurso com efeito suspensivo, cópia da notificação que lhe foi dirigida para o efeito de assegurar a sua audição prévia;
b) Nos casos de acesso directo em que o contribuinte disponha do direito a recurso com efeito suspensivo, cópia da notificação referida na alínea anterior e certidão emitida pelo director-geral dos Impostos ou pelo director-geral das Alfândegas e Impostos Especiais sobre o Consumo que ateste que o contribuinte não interpôs recurso no prazo legal;
c) Nos casos em que o contribuinte tenha recorrido ao tribunal com efeito suspensivo e ainda nos casos de acesso aos documentos relativos a familiares ou a terceiros, certidão da decisão judicial transitada em julgado ou pendente de recurso com efeito devolutivo.

7 – As instituições de crédito e sociedades financeiras devem cumprir as obrigações relativas ao acesso a elementos cobertos por sigilo bancário nos termos e prazos previstos na legislação que regula o procedimento de inspecção tributária.

Artigo 63.º-A
Informações relativas a operações financeiras

1 – As instituições de crédito e sociedades financeiras estão sujeitas a mecanismos de informação automática quanto às transferências transfronteiras que não sejam relativas a pagamentos de rendimentos

sujeitos a algum dos regimes de comunicação para efeitos fiscais já previstos na lei, a transacções comerciais ou efectuadas por entidades públicas, nos termos a definir por portaria do Ministro das Finanças, ouvido o Banco de Portugal.

2 – As instituições de crédito e sociedades financeiras têm a obrigação de fornecer à administração tributária, quando solicitado nos termos do número seguinte, o valor dos pagamentos com cartões de crédito e de débito efectuados por seu intermédio a sujeitos passivos que aufiram rendimentos da categoria B de IRS e de IRC, sem por qualquer forma identificar os titulares dos referidos cartões.

3 – Os pedidos de informação a que se refere o número anterior são da competência do director-geral dos Impostos ou do director-geral das Alfândegas e dos Impostos Especiais sobre o Consumo ou seus substitutos legais, sem possibilidade de delegação.

ARTIGO 63.º-B
Acesso a informações e documentos bancários

1 – A administração tributária tem o poder de aceder directamente aos documentos bancários, nas situações de recusa da sua exibição ou de autorização para a sua consulta:

a) Quando se trate de documentos de suporte de registos contabilísticos dos sujeitos passivos de IRS e IRC que se encontrem sujeitos a contabilidade organizada;
b) Quando o contribuinte usufrua de benefícios fiscais ou de regimes fiscais privilegiados, havendo necessidade de controlar os respectivos pressupostos e apenas para esse efeito.

2 – A administração tributária tem o poder de aceder a todos os documentos bancários, excepto as informaçoes prestadas para justificar o recurso ao crédito, nas situações de recusa de exibição daqueles documentos ou de autorização para a sua consulta:

a) Quando se verificar a impossibilidade de comprovação e quantificação directa e exacta da matéria tributável, nos termos do artigo 88.º, e. em geral, quando estejam verificados os pressupostos para o recurso a uma avaliação indirecta:

b) Quando os rendimentos declarados em sede de IRS se afastarem significativamente, para menos, sem razão justificada, dos padrões de rendimento que razoavelmente possam permitir as manifestações de riqueza evidenciadas pelo sujeito passivo, nos termos do artigo 89.º-A;

c) Quando existam indícios da prática de crime doloso em matéria tributária, designadamente nos casos de utilização de facturas falsas, e, em geral, nas situações em que existam factos concretamente identificados gravemente indiciadores da falta de veracidade do declarado;

d) Quando seja necessário, para fins fiscais, comprovar a aplicação de subsídios públicos de qualquer natureza.

3 – As decisões da administração tributária referidas nos números anteriores devem ser fundamentadas com expressa menção dos motivos concretos que as justificam, pressupõem a audição prévia do contribuinte e são da competência do director-geral dos Impostos ou do director-geral das Alfândegas e dos Impostos Especiais sobre o Consumo ou seus substitutos legais, sem possibilidade de delegação.

4 – Os actos praticados ao abrigo da competência definida no número anterior são susceptíveis de recurso judicial, o qual terá efeito suspensivo nas situações previstas no n.º 2.

5 – Nos casos de deferimento do recurso previsto no número anterior, os elementos de prova entretanto obtidos não podem ser utilizados para qualquer efeito em desfavor do contribuinte.

6 – As entidades que se encontrem numa relação de domínio com o contribuinte ficam sujeitas aos regimes de acesso à informação bancária referidos nos n.º 1 e 2.

7 – O acesso da administração tributária a informação bancária relevante relativa a familiares ou terceiros que se encontrem numa relação especial com o contribuinte depende de autorização judicial expressa, após audição do visado, obedecendo aos requisitos previstos no n.º 3.

8 – O regime previsto nos números anteriores não prejudica a legislação aplicável aos casos de investigação por infracção penal e só

pode ter por objecto operações e movimentos bancários realizados após a sua entrada em vigor, sem prejuízo do regime vigente para as situações anteriores.

9 – Os actos praticados ao abrigo da competência prevista no n.º 1 devem ser objecto de comunicação ao Defensor do Contribuinte[74].

10 – Para os efeitos desta lei, considera-se documento bancário qualquer documento ou registo, independentemente do respectivo suporte, em que se titulem, comprovem ou registem operações praticadas por instituições de crédito ou sociedades financeiras no âmbito da respectiva actividade, incluindo os referentes a operações realizadas mediante utilização de cartões de crédito.

ARTIGO 64.º

Confidencialidade

1 – Os dirigentes, funcionários e agentes da administração tributária estão obrigados a guardar sigilo sobre os dados recolhidos sobre a situação tributária dos contribuintes e os elementos de natureza pessoal que obtenham no procedimento, nomeadamente os decorrentes do sigilo profissional ou qualquer outro dever de segredo legalmente regulado.

2 – O dever de sigilo cessa em caso de:

a) Autorização do contribuinte para a revelação da sua situação tributária;
b) Cooperação legal da administração tributária com outras entidades públicas, na medida dos seus poderes;
c) Assistência mútua e cooperação da administração tributária com as administrações tributarias de outros países resultante de convenções internacionais a que o Estado Português esteja vinculado, sempre que estiver prevista reciprocidade;

---

[74] *É da competência dos tribunais comuns a acção intentada pela administração fiscal para acesso a documentação e informações sobre sigilo bancário referente a exercícios comerciais – ac. do STJ de 17/1/02 em ACS do STJ – CJ, Ano X, tomo III, p. 207.*

d) Colaboração com a justiça nos termos do Código de Processo Civil e do Código de Processo Penal.

3 – O dever de confidencialidade comunica-se a quem quer que, ao abrigo do número anterior, obtenha elementos protegidos pelo segredo fiscal, nos mesmos termos do sigilo da administração tributária.

4 – O dever de confidencialidade não prejudica o acesso do sujeito passivo aos dados sobre a situação tributária de outros sujeitos passivos que sejam comprovadamente necessários à fundamentação da reclamação, recurso ou impugnação judicial, desde que expurgados de quaisquer elementos susceptíveis de identificar a pessoa ou pessoas a que dizem respeito.

5 – Não contende com o dever de confidencialidade a publicação de rendimentos declarados ou apurados por categorias de rendimentos, contribuintes, sectores de actividades ou outras, de acordo com listas que a administração tributária deverá organizar anualmente a fim de assegurar a transparência e publicidade.

Artigo 64.º-A

Garantias especiais de confidencialidade

1 – Compete ao Ministro das Finanças definir regras especiais de reserva da informação a observar pelos serviços da administração tributária no âmbito dos processos de derrogação do dever de sigilo bancário.

2 – A reclamação referida no número anterior não suspende o procedimento, mas os interessados podem recorrer ou impugnar a decisão final com fundamento em qualquer ilegalidade.

3 – As informações referidas no número anterior, quando requeridas por escrito, são prestadas no prazo de 10 dias.

(...)

B – *CÓDIGO DO IRC*

Artigo 58.º-A
Correcções ao valor de transmissão de direitos reais sobre bens imóveis

1 – Os alienantes e adquirentes de direitos reais sobre bens imóveis devem adoptar, para efeitos da determinação do lucro tributável nos termos do presente Código, valores normais aos valores patrimoniais definitivos que serviram de base à liquidação do imposto municipal sobre as transmissões onerosas de imóveis (IMT) ou que serviriam no caso de não haver lugar à liquidação deste imposto.
(…)

Artigo 129.º
Prova do preço efectivo nas transmissões de imóveis

1 – O disposto no n.º 2 do artigo 58.º – A não é aplicável se o sujeito passivo fizer prova de que o preço efectivamente praticado nas transmissões de direitos reais sobre bens imóveis for inferior ao valor patrimonial tributário que serviu de base à liquidação de imposto municipal sobre as transmissões onerosas de imóveis.
(…)
3 – A prova referida no n.º 1 deve ser efectuada em procedimento instaurado mediante requerimento dirigido ao director de finanças competente e apresentado em Janeiro do ano seguinte àquele em que ocorreram as transmissões, caso o valor patrimonial tributário já se encontre definitivamente fixado, ou nos 30 dias posteriores à data em que a avaliação se tornou definitiva, nos restantes casos.
(…)
6 – Em caso de apresentação do pedido de demonstração previsto no presente artigo, a administração fiscal pode aceder à informação bancária do requerente e dos respectivos administradores ou gerentes referente ao exercício em que ocorreu a transmissão e ao exercício anterior.

C – REGIME COMPLEMENTAR DO PROCEDIMENTO DA INSPECÇÃO TRIBUTÁRIA:

Decreto-Lei n.º 413/98
de 31 de Dezembro

É reconhecido o carácter fundamental do procedimento da inspecção tributária para a evolução e reforma do sistema fiscal português, nomeadamente no que respeita à luta contra a fraude fiscal com a consequente correcção das injustiças fiscais.

Actualmente a inspecção tributária, se bem que dotada de uma nova filosofia de acção e de algumas prerrogativas de actuação, vê a sua actividade dispersa por um conjunto de diplomas legislativos, o que não facilita a organização concreta das acções, o seu decurso e as suas conclusões. Por outro lado, na perspectiva dos sujeitos passivos, a dispersão dificulta a compreensão do procedimento e o conhecimento das suas garantias.

Naturalmente que, tendo em conta a natureza da actividade inspectiva, a Administração não poderá estar subordinada a uma sucessão imperativa e rígida de actos. Porém, esta circunstância não prejudica a consagração de regras gerais de actuaçao visando essencialmente a organização do sistema e, consequentemente, a garantia da proporcionalidade aos fins a atingir, da segurança dos sujeitos passivos e demais obrigados tributários e a própria participação destes na formação das decisões, evitando a proliferação de litígios inúteis.

No respeito por estes princípios, a Lei Geral Tributária acolheu uma concepção da inspecção tributária harmónica com o moderno procedimento administrativo e as garantias dos cidadãos.

Assim, a natureza do presente diploma é essencialmente regulamentadora, não se pretendendo alterar os actuais poderes e faculdades da inspecção tributária nem os deveres dos sujeitos passivos e demais obrigados tributários que se mantêm integralmente em vigor.

No entanto, a melhor sistematização da acção fiscalizadora incrementará a sua eficiência e eficácia, bem como a segurança do procedimento de inspecção, tendo sido diminuída a margem de discricionariedade.

Nos termos da alínea a) do n.º 1 do artigo 198.º e do n.º 5 do artigo 112.º da Constituição, o Governo decreta o seguinte:

Artigo 1.º
**Regime Complementar
do Procedimento de Inspecção Tributária**

É aprovado o Regime Complementar do Procedimento de Inspecção Tributária, em anexo ao presente diploma, do qual faz parte integrante.

Artigo 2.º
Serviços regionais

Até à reorganização da Direcção-Geral dos Impostos, consideram-se serviços regionais, para efeitos do presente diploma, as direcções de finanças e, nas Regiões Autónomas dos Açores e Madeira, as direcções de finanças, e serviços locais as repartições de finanças.

Artigo 3.º
Aplicação à DGAIEC

O presente Regime Complementar aplica-se supletivamente à Direcção-Geral das Alfândegas e dos Impostos Especiais sobre o Consumo no que não for incompatível com a natureza dos procedimentos de inspecção de que está legalmente incumbida.

Artigo 4.º
Entrada em vigor

O presente decreto-lei entra em vigor em 1 de Janeiro de 1999.

Visto e aprovado em Conselho de Ministros de 13de Novembro de 1998. – *António Manuel de Oliveira Guterres – António Luciano Pacheco de Sousa Franco – Jorge Paulo Sacadura Almeida Coelho – João Cardona Gomes Cravinho – José Eduardo Vera Cruz Jardim.*

Promulgado em 14 de Dezembro de 1998. Publique-se.

O Presidente da República, JORGE SAMPAIO.

Referendado em 16 de Dezembro de 1998.

O Primeiro-Ministro, *António Manuel de Oliveira Guterres.*

Anexo

REGIME COMPLEMENTAR DO PROCEDIMENTO DE INSPECÇÃO TRIBUTÁRIA

Parte I
Procedimento de inspecção tributária

Título I
Princípios e disposições gerais

Capítulo I
Objecto e âmbito

Artigo 1.º
Objecto

O presente diploma regula o procedimento de inspecção tributária, definindo, sem prejuízo de legislação especial, os princípios e as regras aplicáveis aos actos de inspecção.

Artigo 2.º
Âmbito

1 – O procedimento de inspecção tributária visa a observação das realidades tributárias, a verificação do cumprimento das obrigações tributárias e a prevenção das infracções tributárias.

2 – Para efeitos do número anterior, a inspecção tributária compreende as seguintes actuações da administração tributária:

a) A confirmação dos elementos declarados pelos sujeitos passivos e demais obrigados tributários:
b) A indagação de factos tributários não declarados pelos sujeitos passivos e demais obrigados tributários;
c) A inventariação e avaliação de bens, móveis ou imóveis, para fins de controlo do cumprimento das obrigações tributárias;
d) À prestação de informações oficiais, em matéria de facto, nos processos de reclamação e impugnação judicial dos actos tributários ou de recurso contencioso de actos administrativos em questões tributárias;
e) O esclarecimento e a orientação dos sujeitos passivos e demais obrigados tributários sobre o cumprimento dos seus deveres perante a administração fiscal;
f) A realização de estudos individuais, sectoriais ou territoriais sobre o comportamento dos sujeitos passivos e demais obrigados tributários e a evolução dos sectores económicos em que se insere a sua actividade;
g) A realização de perícias ou exames técnicos de qualquer natureza tendo em conta os fins referidos no n.º 1;
h) A informação sobre os pressupostos de facto dos benefícios fiscais que dependam de concessão ou reconhecimento da administração tributária, ou de direitos que o sujeito passivo, outros obrigados tributários e demais interessados invoquem perante aquela;
i) A promoção, nos termos da lei. do sancionamento das infracções tributárias;
j) A cooperação nos termos das convenções internacionais ou regulamentos comunitários, no âmbito da prevenção e repressão da evasão e fraude;
l) Quaisquer outras acções de averiguação ou investigação de que a administração tributária seja legalmente incumbida.

3 – O procedimento de inspecção pode abranger, em simultâneo com os sujeitos passivos e demais obrigados tributários cuja situação se pretenda averiguar, os substitutos *e* responsáveis solidários ou subsidiários, as sociedades dominadas do grupo tributado pelo sistema do lucro consolidado, os sócios das sociedades transparentes ou quaisquer outras pessoas que tenham colaborado nas infracções fiscais a investigar.

4 – No caso previsto no número anterior as entidades gozam dos mesmos direitos e estão sujeitas aos mesmos deveres dos sujeitos passivos e demais obrigados tributários.

Artigo 3.º

Contratação de outras entidades

A inspecção tributária pode, para a realização de estudos ou monografias, exames ou perícias de qualquer natureza, contratar, nos termos da lei, o serviço de quaisquer outras entidades e celebrar protocolos no âmbito das competências de inspecção que lhe estão atribuídas.

Artigo 4.º

Direito subsidiário

Aos casos omisso no presente diploma aplicam-se, de acordo com a natureza das matérias:

a) A Lei Geral Tributária;
b) O Código de Processo Tributário;
c) Os demais códigos e leis tributárias, incluindo os regimes gerais das infracções tributárias e dos benefícios fiscais;
d) A Lei Orgânica da Direcção-Geral dos Impostos e respectivos diplomas regulamentares;
e) O Código do Procedimento Administrativo.

Capítulo II
Princípios do procedimento de inspecção tributária

Artigo 5.º
Princípios

O procedimento de inspecção tributária obedece aos princípios da verdade material, da proporcionalidade, do contraditório e da cooperação.

Artigo 6.º
Princípio da verdade material

O procedimento de inspecção visa a descoberta da verdade material, devendo a administração tributária adoptar oficiosamente as iniciativas adequadas a esse objectivo.

Artigo 7.º
Princípio da proporcionalidade

As acções integradas no procedimento de inspecção tributária devem ser adequadas e proporcionais aos objectivos de inspecção tributária.

Artigo 8.º
Princípio do contraditório

1 – O procedimento de inspecção tributária segue, nos termos do presente diploma, o princípio do contraditório.

2 – O princípio do contraditório não pode pôr em causa os objectivos das acções de inspecção tributária nem afectar o rigor, operacionalidade e eficácia que se lhes exigem.

ARTIGO 9.º
Princípio da cooperação

1 – A inspecção tributária e os sujeitos passivos ou demais obrigados tributários estão sujeitos a um dever mútuo de cooperação.

2 – Em especial, estão sujeitos a um dever de cooperação com a inspecção tributária os serviços, estabelecimentos e organismos, ainda que personalizados, do Estado, das Regiões Autónomas e das autarquias locais, as associações públicas, as empresas públicas ou de capital exclusivamente público, as instituições particulares de solidariedade social e as pessoas colectivas de utilidade pública.

ARTIGO 10.º
Falta de cooperação

A falta de cooperação dos sujeitos passivos e demais obrigados tributários no procedimento de inspecção pode, quando ilegítima, constituir fundamento de aplicação de métodos indirectos de tributação, nos termos da lei.

ARTIGO 11.º
Impugnabilidade dos actos

O procedimento de inspecção tributária tem um carácter meramente preparatório ou acessório dos actos tributários ou em matéria tributária, sem prejuízo do direito de impugnação das medidas cautelares adoptadas ou de quaisquer outros actos lesivos dos direitos e interesses legítimos dos sujeitos passivos e demais obrigados tributários.

Capítulo III
Classificações do procedimento de inspecção tributária

Artigo 12.º
Fins do procedimento

1 – O procedimento de inspecção classifica-se, quanto aos fins, em:

a) Procedimento de comprovação e verificação, visando a confirmação do cumprimento das obrigações dos sujeitos passivos e demais obrigados tributários;
b) Procedimento de informação, visando o cumprimento dos deveres legais de informação ou de parecer dos quais a inspecção tributária seja legalmente incumbida.

2– Sempre que os fins de prevenção tributária ou a assistência no cumprimento das obrigações acessórias ou de pagamento dos sujeitos passivos e demais obrigados tributários o justifiquem, deve ser assegurado o seu acompanhamento permanente de acordo com os critérios gerais definidos pela inspecção tributária.

Artigo 13.º
Lugar do procedimento de inspecção

Quanto ao lugar da realização, o procedimento pode classificar-se em:

a) Interno, quando os actos de inspecção se efectuem exclusivamente nos serviços da administração tributária através da análise formal e de coerência dos documentos;
b) Externo, quando os actos de inspecção se efectuem, total ou parcialmente em instalações ou dependências dos sujeitos passivos ou demais obrigados tributários, de terceiros com

quem mantenham relações económicas ou em qualquer outro local a que a administração tenha acesso.

Artigo 14.º
Âmbito e extensão

1 – Quanto ao âmbito, o procedimento de inspecção pode ser:

a) Geral ou polivalente, quando tiver por objecto a situação tributária global ou conjunto dos deveres tributários dos sujeitos passivos ou dos demais obrigados tributários;
b) Parcial ou univalente, quando abranja apenas algum, ou alguns, tributos ou algum, ou alguns, deveres dos sujeitos passivos ou dos demais obrigados tributários.

2 – Considera-se procedimento parcial o que se limite à consulta e recolha de documentos ou elementos determinados, à verificação de sistemas informáticos dos sujeitos passivos e demais obrigados tributários e ao controlo dos bens em circulação.

3 – Quanto à extensão, o procedimento pode englobar um ou mais períodos de tributação.

Artigo 15.º
Alteração dos fins, âmbito e extensão do procedimento

1 – Os fins e a extensão do procedimento de inspecção podem ser alterados durante a sua execução mediante despacho fundamentado da entidade que o tiver ordenado.

2 – O âmbito e extensão do procedimento de inspecção pode ser determinado a solicitação dos sujeitos passivos ou demais obrigados tributários caso existam motivos atendíveis de certeza e segurança jurídica e não existam inconvenientes à actividade da inspecção tributária.

Título II
Competência e garantias de imparcialidade

Capítulo I
Competência

Artigo 16.º
Competência material e territorial

São competentes para a prática dos actos de inspecção tributária, nos termos da lei, os seguintes serviços da Direcção-Geral dos Impostos:

a) A Direcção de Serviços de Prevenção e Inspecção Tributária (DSPIT), relativamente aos sujeitos passivos e demais obrigados tributários que devam ser inspeccionados pelos serviços centrais da Direcção-Geral dos Impostos, de acordo com os critérios de selecção previstos no Plano Nacional de Actividades da Inspecção Tributária ou fixados pelo director-geral dos Impostos, nos termos do presente Regulamento;

b) Os serviços regionais, relativamente aos sujeitos passivos e demais obrigados tributários com domicílio ou sede fiscal na sua área territorial:

c) Os serviços locais, relativamente aos sujeitos passivos e demais obrigados tributários com domicílio ou sede fiscal na sua área territorial.

Artigo 17.º
Extensão da competência

O procedimento de inspecção tributária pode estender-se a áreas territoriais diversas das previstas no número anterior mediante decisão fundamentada do dirigente do serviço a cargo do procedimento de inspecção.

ARTIGO 18.º
Uniformidade procedimental

1 – À Direcção de Serviços de Estudos, Planeamento e Coordenação da Prevenção e Inspecção Tributária (DSEPCPIT) cabe, por meio das acções adequadas, garantir o cumprimento dos objectivos definidos para a inspecção tributária, a necessária uniformidade procedimental da inspecção e a correcção das deficiências reveladas.

2 – Para o desenvolvimento uniforme dos actos de inspecção, poderão ser aprovados, pelo director-geral dos Impostos, manuais de procedimentos gerais ou sectoriais.

ARTIGO 19.º
Funções no âmbito do procedimento de inspecção

Exercem funções no âmbito do procedimento de inspecção tributária:

a) O pessoal técnico da área da inspecção tributária, designadamente técnicos economistas e juristas, supervisores tributários, peritos de fiscalização tributária e técnicos verificadores tributários;

b) Os funcionários de outras categorias técnicas da Direcção-Geral dos Impostos, designadamente especialistas em auditoria informática e engenheiros, quando prestem apoio especializado à actividade de inspecção tributária;

c) Outros funcionários designados pelo director-geral dos Impostos para realizarem ou participarem em acções de inspecção tributária.

Capítulo II
Garantias de imparcialidade

Artigo 20.º
Incompatibilidades específicas

1 – Os funcionários da inspecção tributária, além das incompatibilidades aplicáveis aos funcionários da Direcção-Geral dos Impostos em geral, estão sujeitos às seguintes incompatibilidades específicas:

a) Realizar ou participar nos procedimentos de inspecção que visem a confirmação ou averiguação da situação tributária do seu cônjuge, parente ou afim em linha recta ou colateral até ao 3.º grau, ou de qualquer pessoa com quem vivam ou tenham vivido em economia comum;

b) Realizar ou participar em procedimentos de inspecção que visem a confirmação ou averiguação da situação tributária de quaisquer entidades em quem as pessoas mencionadas na alínea anterior possua participação social ou desempenhem funções como técnico oficial de contas ou responsáveis pela escrita, revisores oficiais de contas, gerentes, directores ou administradores;

c) Realizar ou participar em procedimentos de inspecção que visem a confirmação ou averiguação da situação tributária de sociedades em que detenham participação no capital social;

d) Realizar ou participar em procedimentos de inspecção que visem a confirmação ou averiguação da situação tributária de entidades a quem tenham prestado serviços nos cinco anos anteriores ao do início da acção de inspecção;

e) Realizar ou participar em procedimentos de inspecção que visem a confirmação ou averiguação da situação tributária de entidades que contra si tenham intentado acção judicial antes do início da inspecção;

f) Realizar ou participar em acções de inspecção visando a prestação de informações em matéria de facto em processos de reclamação, impugnação ou recurso de quaisquer actos da administração tributária em que tenham tido intervenção.

2 – O funcionário deve comunicar o impedimento ao seu superior hierárquico no prazo de três dias úteis após a nomeação para o procedimento de inspecção.

ARTIGO 21.º
Deveres acessórios

No decurso do procedimento de inspecção tributária devem os funcionários actuar com especial prudência, cortesia, serenidade e descrição.

ARTIGO 22.º
Dever de sigilo

1 – O procedimento da inspecção tributária é sigiloso, devendo os funcionários que nele intervenham guardar rigoroso sigilo sobre os factos relativos à situação tributária do sujeito passivo ou de quaisquer entidades e outros elementos de natureza pessoal ou confidencial de que tenham conhecimento no exercício ou por causa das suas funções.

2 – O disposto no número anterior não prejudica os deveres legais de comunicação a outras entidades públicas[75] dos factos apurados na inspecção tributária.

3 – O dever especial de sigilo previsto no presente artigo não cessa com o termo das funções e transmite-se às entidades que tenham

---

[75] Nem às autoridades estrangeiras a quem, por força das normas de instrumentos internacionais, a quem devam ser prestadas informações, sendo vedado acesso sobre a situação tributária concreta dos contribuintes-art. 30.º n.º al. a) do Dec.-Lei n.º 363/78 citado no art. 38.º desta lei – e a dados sujeitos a informação objecto de segredo bancário ou mercantil – parecer do C. C. da PGR n.º 95/87, de 10/5/90, no BMJ 400, p. 40 e ss..

acesso, nos termos do número anterior, aos dados obtidos pela inspecção tributária.

Título III
Planeamento e selecção

Capítulo I
Planeamento

Artigo 23.º

1 – Sem prejuízo da possibilidade de realização de outras acções de inspecção, a actuação da inspecção tributária obedece ao Plano Nacional de Actividades da Inspecção Tributária (PNAIT).

2 – A proposta do PNAIT é elaborada anualmente pela DSEPCPIT, com a participação das unidades orgânicas da inspecção tributária.

3 – O PNAIT é aprovado pelo Ministro das Finanças, sob proposta do director-geral dos Impostos, após audição do Conselho Especializado de Directores-Gerais para os Assuntos Fiscais.

4 – O PNAIT define os programas, critérios e acções a desenvolver que servem de base à selecção dos sujeitos passivos e demais obrigados tributários a inspeccionar, fixando os objectivos a atingir por unidades orgânicas dos serviços centrais, regionais e locais.

5 – Sem prejuízo do disposto no número anterior, o PNAIT deve prever a afectação de uma parte dos recursos da inspecção tributária a acções de inspecção nele não expressamente previstas.

6 – O PNAIT poderá ser revisto durante a sua execução por proposta fundamentada da DSEPCPIT.

ARTIGO 24.º
Relatório anual

1 – O cumprimento do PNAIT será avaliado no relatório anual sobre a actividade da inspecção tributária.

2 – O relatório fará menção, além dos meios utilizados e dos resultados obtidos, das dificuldades e limitações postas à actividade da inspecção tributária.

ARTIGO 25.º
Planos regionais

Os serviços regionais da Direcção-Geral dos Impostos, com base no PNAIT, devem elaborar planos regionais de actividade que servem de base à actuação dos funcionários e equipas de inspecção nas respectivas áreas territoriais.

ARTIGO 26.º
Divulgação de critérios

Sem prejuízo do carácter reservado do PNAIT, a administração tributária deve divulgar os critérios genéricos nele definidos para a selecção dos sujeitos passivos e demais obrigados tributários a inspeccionar.

CAPÍTULO II
Selecção

ARTIGO 27.º
Selecção

1 – A identificação dos sujeitos passivos e demais obrigados tributários a inspeccionar no procedimento de inspecção tem por base:

   a) A aplicação dos critérios objectivos definidos no PNAIT para a actividade de inspecção tributária;

b) A aplicação dos critérios que, embora não contidos no PNAIT, sejam definidos pelo director-geral dos Impostos, de acordo com necessidades conjunturais de prevenção e eficácia da inspecção tributária ou a aplicação justificada de métodos aleatórios;

c) A participação ou denúncia, quando sejam apresentadas nos termos legais;

d) A verificação de desvios significativos no comportamento fiscal dos sujeitos passivos ou demais obrigados tributários perante os parâmetros de normalidade que caracterizam a actividade ou situação patrimonial, ou de quaisquer actos ou omissões que constituam indício de infracção tributária.

2 – Os casos em que a iniciativa da inspecção tributária é do próprio sujeito passivo ou de terceiro que igualmente prove interesse legítimo estão sujeitos a regulamentação especial.

TÍTULO IV
Actos de inspecção

CAPÍTULO I
Garantias do exercício da função inspectiva

ARTIGO 28.º
Garantias da administração

No âmbito do procedimento de inspecção e para efectivo exercício da função inspectiva, a administração faz uso das prerrogativas previstas no artigo 63.º da Lei Geral Tributária, nos artigos 33.º e 34.º do Decreto-Lei n.º 362/78, de 28 de Novembro, e no artigo 15.º do Decreto-Lei n.º 249/98, de 11 de Agosto, sem prejuízo do respeito pelo dever de sigilo e pelos direitos, liberdades e garantias constitucionalmente previstos.

ARTIGO 29.º
Actos materiais

No procedimento de inspecção tributária é admitida a prática dos actos expressamente previstos nos códigos e leis tributárias, nomeadamente no artigo 63.º da Lei Geral Tributária. nos artigos 124.º, 125.º e 126.º do Código do IRS, no artigo 108.º do Código do IRC, nos artigos 77.º, 78.º e 79.º do Código do IVA, no Decreto-Lei n.º 45/89, de 11 de Fevereiro, e no Decreto-Lei n.º 363/78, de 28 de Novembro[76].

ARTIGO 30.º
Medidas cautelares

1 – No âmbito do procedimento de inspecção, podem ser tomadas as medidas cautelares adequadas previstas na lei.

2 – No caso de apreensão de originais de documentos, nos termos da alínea *d)* do n.º 1 do artigo 34.º do Decreto-Lei n.º 363/78, de 28 de Novembro, é lavrado o respectivo termo e são autenticadas as fotocópias ou duplicados.

3 – No caso de selagem prevista na alínea *e)* do n.º 1 do artigo 34.º do Decreto-Lei n.º 363/78, de 28 de Novembro, as instalações não deverão conter bens, documentos ou registos que sejam indispensáveis para o exercício da actividade normal da entidade, nomeadamente bens comercializáveis perecíveis no período em que presumivelmente a selagem se mantiver.

4 – Sempre que possível, os elementos a selar são devidamente autonomizados em local que não perturbe a actividade empresarial ou

---

[76] O seu n.º 34.º n.º 1, ainda em vigor nessa parte, dispõe, nomeadamente que, poderão os funcionários da DGCI:

"g) Examinar os elementos em poder de quaisquer entidades públicas e privadas para a completa verificação da situação tributária dos contribuintes ou obrigados fiscais ou para a obtenção e recolha de dados que interessem à fiscalização tributária", estando no n.º 2 prevista a possibilidade de se incorrer em crime de desobediência qualificada.

profissional, em divisão fixa ou em contentor e fechados com dispositivo inviolável, designadamente através de fio ou fita envolvente lacrada nas extremidades com o selo do serviço que proceda à inspecção.

Artigo 31.º
Providências cautelares de natureza judicial

1 – Em caso de justo receio de frustração dos créditos fiscais, de extravio ou deterioração e documentos conexos com obrigações tributárias, a administração deve propor as providências cautelares de arresto ou arrolamento previstas no Código de Processo Tributário.

2 – A propositura das providências cautelares previstas no número anterior tem por base informação contendo:

a) A descrição dos factos demonstrativos do tributo ou da sua provável existência;
b) A fundamentação do fundado receio de diminuição das garantias de cobrança do tributo;
c) A relação de bens suficientes para garantir a cobrança da dívida e acrescido, com a indicação do valor, localização e identificação de registo predial ou outras menções que permitam concretizar a descrição.

3 – No caso de arrolamento de bens ou documentos que se pretendam conservar, evitando-se a sua perda ou extravio, destruição ou dissipação, a informação prevista no número anterior deve conter:

a) Prova sumária do direito relativo aos bens ou documentos que se pretendem arrolar;
b) Factos que fundamentem o receio de extravio ou destruição.

Artigo 32.º
Violação do dever de cooperação

1 – A recusa de colaboração e a oposição à acção da inspecção tributária, quando ilegítimas, fazem incorrer o infractor em responsa-

bilidade disciplinar, quando for caso disso, contra-ordenacional e criminal, nos termos da lei.

2 – Para efeitos do número anterior, devem os funcionários da inspecção tributária comunicar a recusa ou oposição ao dirigente máximo do serviço ou ao representante do Ministério Público competente, quando delas resultem respectivamente responsabilidade disciplinar, contra-ordenacional ou criminal.

Artigo 33.º
Garantias dos funcionários

1 – Os funcionários da inspecção tributária que sejam arguidos em processo judicial por actos cometidos ou ocorridos em exercício ou por causa das suas funções têm direito a ser assistidos por advogado, indicado pelo dirigente máximo do serviço, ouvido o interessado, retribuído a expensas do Estado, bem como a transporte e ajudas de custo, quando a localização do tribunal ou da entidade policial o justifiquem.

2 – As importâncias eventualmente despendidas nos termos e para os efeitos referidos no número anterior devem ser reembolsadas pelos funcionários que deram origem à causa, no caso de condenação judicial.

Capítulo II
Local, horário dos actos de inspecção e prazo do procedimento

Artigo 34.º
Local dos actos de inspecção

1 – Quando o procedimento de inspecção envolver a verificação da contabilidade, livros de escrituração ou outros documentos relacionados com a actividade da entidade a inspeccionar, os actos de inspecção realizam-se nas instalações ou dependências onde estejam ou devam legalmente estar localizados os elementos.

2 – A solicitação dos sujeitos passivos ou demais obrigados tributários e em caso de motivo justificado que não prejudique o procedimento de inspecção, podem os actos de inspecção previstos no número anterior realizar-se noutro local.

3 – Os actos de inspecção podem também realizar-se em locais do exercício da actividade da entidade inspeccionada que contenham elementos complementares ou adicionais dos previstos no n.º 1.

4– Caso a entidade inspeccionada não disponha de instalações ou dependências para o exercício da actividade, os actos de inspecção podem realizar-se no serviço da administração tributária da área do seu domicílio ou sede, sem prejuízo do caso previsto no n.º 2.

Artigo 35.º
Horário dos actos de inspecção

1 – Os actos de inspecção realizam-se no horário normal de funcionamento da actividade empresarial ou profissional, não devendo implicar prejuízo para esta.

2 – Mediante acordo com os sujeitos passivos ou demais obrigados tributários e quando circunstâncias excepcionais o justifiquem, poderão os actos de inspecção ser praticados fora do horário normal de funcionamento da actividade.

3 – A prática de actos de inspecção tributária fora do horário normal de funcionamento da actividade sem consentimento do sujeito passivo ou do obrigado tributário em causa dependem de autorização judicial.

4 – O disposto no presente artigo não se aplica ao controlo dos bens em circulação.

Artigo 36.º
Início e prazo do procedimento de inspecção

1 – O procedimento de inspecção tributária pode iniciar-se até ao termo do prazo de caducidade do direito de liquidação dos tributos ou do procedimento sancionatório, sem prejuízo do direito de exame de documentos relativos a situações tributárias já abrangidas por aquele prazo, que os sujeitos passivos e demais obrigados tributários tenham a obrigação de conservar.

2 – O procedimento de inspecção é contínuo e deve ser concluído no prazo máximo de seis meses a contar da notificação do seu início.

3 – O prazo referido no número anterior poderá, no caso de procedimento geral ou polivalente, ser ampliado por mais dois períodos de três meses, nas seguintes circunstâncias:

a) Situações tributárias de especial complexidade resultante, nomeadamente, do volume de operações, da dispersão geográfica ou da integração em grupos económicos nacionais ou internacionais das entidades inspeccionadas;
b) Quando, na acção de inspecção, se apure ocultação dolosa de factos ou rendimentos;
c) Outros motivos de natureza excepcional, mediante autorização fundamentada do director-geral dos Impostos.

4 – A prorrogação da acção de inspecção é notificada à entidade inspeccionada com a indicação da data previsível do termo do procedimento.

5 – Independentemente do disposto nos números anteriores, o prazo para conclusão do procedimento de inspecção suspende-se quando, em processo especial de derrogação do segredo bancário, o contribuinte interponha recurso com efeito suspensivo da decisão da administração tributária que determine o acesso à informação bancária ou a administração tributária solicite judicialmente acesso a essa informação, mantendo-se a supensão até ao trânsito em julgado da decisão em tribunal[77].

---

[77] Redacção da Lei de OE para 2003.

Capítulo III
Notificações e informações

Artigo 37.º
Notificações e informações

1 – A administração tributária notifica os sujeitos passivos e demais obrigados tributários nos termos e para os efeitos previstos na lei e ainda em virtude da sua colaboração no procedimento de inspecção.

2 – As notificações devem indicar a identificação do funcionário, os elementos pretendidos no âmbito do procedimento de inspecção, a fixação do prazo, local e hora de realização dos actos de inspecção, nos termos do n.º 3 do artigo 42.º, e informação sobre as consequências da violação do dever de cooperação do notificado.

3 – As disposições deste capítulo são aplicáveis, com as necessárias adaptações, à comunicação de informações pela administração tributária aos sujeitos passivos e demais obrigados tributários.

Artigo 38.º
Notificação pessoal e postal

1 – As notificações podem efectuar-se pessoalmente, no local em que o notificando for encontrado, ou por via postal através de carta registada.

2 – No procedimento externo de inspecção a notificação postal só deve efectuar-se em caso de impossibilidade de realização de notificação pessoal.

Artigo 39.º
Notificação de pessoas singulares

A notificação de pessoas singulares obedece ao disposto no Código de Processo Tributário, com as seguintes adaptações:

a) Em caso de notificação na pessoa de empregado ou colaborador, deve remeter-se carta carta registada com aviso de recepção para o domicílio fiscal do sujeito passivo ou obrigado tributário, dando-lhe conhecimento do conteúdo da notificação, do dia, da hora e da pessoa em que foi efectuada;
b) Nas situações tributárias comuns ao casal, notificar-se-á qualquer dos cônjuges;
c) Caso a actividade objecto de procedimento de inspecção seja exercida ou se relacione com apenas um dos cônjuges, a notificação deve ser feita, preferencialmente na sua pessoa, ainda que ambos os cônjuges sejam sujeitos passivos de imposto sobre o rendimento das pessoas singulares (IRS).

Artigo 40.º
Notificação de pessoas colectivas

1 – A notificação de pessoa colectiva, ou entidade fiscalmente equiparada, na pessoa de empregado ou colaborador, far-se-á mediante a entrega do duplicado e a indicação que este deverá ser entregue a representante da pessoa colectiva.

2 – Se o empregado, colaborador ou representante do sujeito passivo ou outro obrigado tributário se recusar a assinar a notificação, recorrerá o funcionário a duas testemunhas que com ele certifiquem a recusa, devendo todos em conjunto assinar a notificação, após o que se entregará duplicado desta à pessoanotificada.

Artigo 41.º
Notificação de entidades residentes no estrangeiro

A notificação de residentes no estrangeiro obedecerá às regras estabelecidas na legislação processual civil, com as necessárias adaptações, observando-se o que estiver estipulado nos tratados e convenções internacionais e, na sua falta, recorrer-se-á a carta registada com aviso de recepção, nos termos do regulamento local dos serviços postais.

Artigo 42.º
Momento das notificações

1 – As notificações podem efectuar-se no momento da prática dos actos de inspecção ou em momento anterior.

2 – As notificações para a prática dos actos previstos nos artigos 28.º, 29.º e 30.º podem efectuar-se no momento em que os mesmos são praticados.

3 – Nos casos não previstos no número anterior ou quando não seja possível a prática dos actos de inspecção no momento da notificação deve fixar-se prazo de 2 a 30 dias para entrega ou regularização dos elementos necessários ao procedimento de inspecção, sem prejuízo do disposto nos artigos 48.º e seguintes ou de outros prazos estabelecidos na lei.

Artigo 43.º
Presunção de notificação

1 – Presumem-se notificados os sujeitos passivos e demais obrigados tributários contactados por carta registada e em que tenha havido devolução de carta remetida para o seu domicílio fiscal com indicação de não ter sido levantada, de ter sido recusada ou de que o destinatário está ausente em parte incerta.

2 – Para efeitos do disposto no número anterior, a comunicação dos serviços postais para levantamento de carta registada remetida pela administração fiscal deve sempre conter, de forma clara, a identificação do remetente.

3 – A violação do disposto no número anterior só impede o funcionamento da presunção mediante exibição da comunicação dos serviços postais em causa.

4 – O disposto no n.º 1 não impede a realização de diligências pela administração tributária com vista ao conhecimento do paradeiro do sujeito passivo ou obrigado tributário.

Parte II
Marcha do procedimento de inspecção

Título I
Início do procedimento de inspecção

Capítulo I
Preparação, programação, planeamento

Artigo 44.º
Preparação, programação
e planeamento do procedimento de inspecção

1 – O procedimento de inspecção é previamente preparado, programado e planeado tendo em vista os objectivos a serem alcançados.

2 – A preparação prévia consiste na recolha de toda a informação disponível sobre o sujeito passivo ou obrigado tributário em causa, incluindo o processo individual arquivado nos termos legais na Direcção-Geral dos Impostos, as informações prestadas ao abrigo dos deveres de cooperação e indicadores económicos e financeiros da actividade.

3 – O disposto no número anterior é aplicável, com as necessárias adaptações, às pessoas previstas no n.º 3 do artigo 2.º quando as mesmas sejam incluídas no âmbito do procedimento de inspecção.

4 – A programação e planeamento compreendem a sequência das diligências da inspecção tendo em conta o prazo para a sua realização previsto no presente diploma e a previsível evolução do procedimento.

ARTIGO 45.º
Constituição de equipas

1 – Os funcionários são enquadrados em equipas de inspecção, cujo número e composição são estabelecidos, conforme os casos, pela DSPIT ou pelos serviços regionais e locais.

2 – Os actos de inspecção são realizados por um ou mais funcionários, consoante a sua complexidade, e orientados pelo coordenador da equipa.

ARTIGO 46.º
Credenciação

1 – O início do procedimento externo de inspecção depende da credenciação dos funcionários e do porte do cartão profissional ou outra identificação passada pelos serviços a que pertençam.

2 – Consideram-se credenciados os funcionários da Direcção--Geral dos Impostos munidos de ordem de serviço emitida pelo serviço competente para o procedimento de inspecção ou, no caso de não ser necessária ordem de serviço, de cópia do despacho do superior hierárquico que determinou a realização do procedimento ou a prática do acto.

3 – A ordem de serviço deverá conter os seguintes elementos:

a) O número de ordem, data de emissão e identificação do serviço responsável pelo procedimento de inspecção;
b) A identificação do funcionário ou funcionários incumbidos da prática dos actos de inspecção, do respectivo chefe de equipa e da entidade a inspeccionar;
c) O âmbito e a extensão da acção de inspecção.

4 – Não será emitida ordem de serviço quando as acções de inspecção tenham por objectivo:

a) A consulta, recolha e cruzamento de elementos;

b) O controlo de bens em circulação;
c) O controlo dos sujeitos passivos não registados.

5 – O despacho que determina a prática do acto, ainda que não seja necessária a ordem de serviço deve referir os seus objectivos e a identidade da entidade a inspeccionar e dos funcionários incumbidos da sua execução.

Artigo 47.º
Consequências da falta de credenciação

É legítima a oposição aos actos de inspecção com fundamento na falta de credenciação dos funcionários incumbidos da sua execução.

Capítulo II
Cooperação e notificação para início do procedimento

Artigo 48.º
**Cooperação entre a administração
e a entidade inspeccionada**

1 – Em obediência ao disposto no artigo 9.º, a administração tributária procurará, sempre que possível, a cooperação da entidade inspeccionada para esclarecer as dúvidas suscitadas no âmbito do procedimento de inspecção.

2 – Quando não estiver em causa o êxito da acção ou o dever de sigilo sobre a situação tributária de terceiros, a administração tributária deve facultar à entidade inspeccionada as informações ou outros elementos que esta lhe solicitar e sejam comprovadamente necessários cumprimento dos seus deveres tributários acessórios.

ARTIGO 49.º
Notificação para início do procedimento de inspecção

1 – O início do procedimento externo de inspecção deve ser notificado ao sujeito passivo ou obrigado tributário com uma antecedência mínima de cinco dias.

2 – A notificação para início do procedimento de inspecção efectua-se por carta-aviso elaborada de acordo com modelo aprovado pelo director-geral dos Impostos, contendo os seguintes elementos:

a) Identificação do sujeito passivo ou obrigado tributário objecto da inspecção;
b) Âmbito e extensão da inspecção a realizar.

3 – A carta-aviso conterá um anexo contendo os direitos, deveres e garantias dos sujeitos passivos e demais obrigados tributários no procedimento de inspecção.

ARTIGO 50.º
Dispensa de notificação prévia

1 – Não há lugar a notificação prévia do procedimento de inspecção quando:

a) O procedimento vise apenas a consulta, recolha ou cruzamento de documentos destinados à confirmação da situação tributária do sujeito passivo ou obrigado tributário;
b) O fundamento do procedimento for participação ou denúncia efectuada nos termos legais e estas contiverem indícios de fraude fiscal;
c) O objecto do procedimento for a inventariação de bens ou valores em caixa, testes por amostragem ou quaisquer actos necessários e urgentes para aquisição e conservação da prova;
d) O procedimento consistir no controlo dos bens em circulação e da posse dos respectivos documentos de transporte;

e) O procedimento se destine a averiguar o exercício de actividade por sujeitos passivos não registados;
f) A notificação antecipada do início do procedimento de inspecção for, por qualquer outro motivo excepcional devidamente fundamentado pela administração tributária, susceptível de comprometer o seu êxito.

2 – Nos casos referidos no número anterior, a carta-aviso e o anexo do folheto são entregues no momento da prática dos actos de inspecção.

Artigo 51.º
Forma da notificação

1 – Da ordem de serviço ou de despacho que determinou o procedimento de inspecção, será, no início deste, entregue uma cópia ao sujeito passivo ou obrigado tributário.

2 – O sujeito passivo ou obrigado tributário ou o seu representante devem assinar a ordem de serviço indicando a data da notificação.

3 – A ordem de serviço deve ser assinada pelo técnico oficial de contas ou qualquer empregado ou colaborador presente caso o sujeito passivo ou obrigado tributário ou o seu representante não se encontrem no local.

4 – A recusa da assinatura da ordem de serviço não obsta ao início do procedimento de inspecção.

Artigo 52.º
**Representante para as relações
com a administração tributária**

Sem prejuízo dos deveres que legalmente lhe incumbem, o sujeito passivo ou obrigado tributário devem designar, no início do procedimento externo de inspecção, uma pessoa que coordenará os seus contactos com a administração tributária e assegurará o cumprimento das obrigações legais nos termos do presente diploma.

Título II
Actos do procedimento de inspecção

Artigo 53.º
Continuidade e suspensão dos actos

1 – A prática dos actos de inspecção é contínua, só podendo suspender-se em caso de prioridades excepcionais e inadiáveis da administração tributária reconhecidas em despacho fundamentado do dirigente do serviço.

2 – A suspensão não prejudica os prazos legais de conclusão do procedimento previstos no. presente diploma.

3 – Em caso de suspensão, deve ser notificado ao sujeito passivo ou obrigado tributário o reinício do procedimento.

Artigo 54.º
Presença do sujeito passivo ou obrigado tributário

1 – O sujeito passivo ou obrigado tributário, os seus representantes legais e técnicos e revisores oficiais de contas devem estar presentes no momento da prática de actos de inspecção externa quando esta se efectue nas instalações ou dependências de contribuinte e a sua presença for considerada indispensável à descoberta da verdade material.

2 – O sujeito passivo ou obrigado tributário pode, sempre que o pretenda, assistir às diligências da inspecção externa desde que os actos se realizem nas suas instalações ou dependências.

3 – O sujeito passivo ou obrigado tributário pode fazer-se acompanhar por um perito especializado.

Artigo 55.º
Recolha de elementos

A recolha de elementos no âmbito do procedimento de inspecção deve obedecer a critérios objectivos e conter:

a) A menção e identificação dos documentos e respectivo registo contabilístico, com indicação, quando possível, do número e data do lançamento, classificação contabilística, valor e emitente;

b) A integral transcrição das declarações, com identificação das pessoas que as profiram e as respectivas funções, sendo as referidas declarações, quando prestadas oralmente, reduzidas a termo.

Artigo 56.º
Procedimento de recolha de elementos

1 – As fotocópias ou extractos serão efectuadas nas instalações ou dependências onde se encontrarem os livros ou documentos.

2 – Em caso de impossibilidade de as cópias ou extractos se efectuarem nos locais referidos no número anterior, os livros ou documentos só podem ser retirados para esse efeito por prazo não superior a setenta e duas horas, devendo ser entregue recibo ao sujeito passivo ou obrigado tributário.

3 – Dos inventários e contagens físicas será lavrado o correspondente termo.

Nos actos de inspecção podem ser utilizadas, quando aplicáveis, técnicas de auditoria contabilística.

4 – O termo referido no número anterior será assinado pelo sujeito passivo ou obrigado tributário ou seu representante, que declarará ser ou não o mesmo conforme ao total das existências, e poderá acrescentar as observações que entender convenientes.

5 – Quando o sujeito passivo ou obrigado tributário ou seu representante se recusarem a assinar, será o termo assinado por duas testemunhas.

6 – Na impossibilidade de os serviços de inspecção tributária colherem assinatura das testemunhas, constará o facto do termo, do qual será entregue uma cópia ao sujeito passivo ou obrigado tributário.

7 – Sempre que os testes de amostragem não consistirem no mero confronto de documentos, será igualmente lavrado o respectivo termo,

aplicando-se o disposto nos n.ᵒˢ 4 a 6 do presente artigo, com as necessárias adaptações.

Artigo 57.º
Técnicas de auditoria contabilística

Nos actos de inspecção podem ser utilizadas, quando aplicáveis, técnicas de auditoria contabilística.

Artigo 58.º
Cumprimento de obrigações tributárias

1 – A entidade inspeccionada pode, no decurso do procedimento de inspecção, proceder à regularização da sua situação tributária, mesmo quando as infracções tenham sido apuradas no âmbito do mesmo procedimento.

2 – A regularização, quando o sujeito passivo ou obrigado tributário a comunique à administração tributária, é obrigatoriamente mencionada no relatório final.

Artigo 59.º
Oposição

1 – Em caso de oposição à realização de qualquer acto de inspecção, o funcionário comunicará o facto, no prazo de cinco dias, ao dirigente do serviço, se for caso disso, propondo fundamentadamente a solicitação ao tribunal de ordem para realização do acto.

2 – O disposto no número anterior não prejudica, caso á oposição seja ilegítima, o procedimento sancionatório que ao caso couber.

Título III
Conclusão e efeitos do procedimento de inspecção

Capítulo I
Conclusão do procedimento de inspecção

Artigo 60.º
Audição prévia

1 – Concluída a prática de actos de inspecção e caso os mesmos possam originar actos tributários ou em matéria tributária desfavoráveis à entidade inspeccionada, esta deve ser notificada no prazo de 10 dias do projecto de conclusões do relatório, com a identificação desses actos e a sua fundamentação.

2 – A notificação deve fixar um prazo entre 8 e 15 dias para a entidade inspeccionada se pronunciar sobre o referido projecto de conclusões.

3 – A entidade inspeccionada pode pronunciar-se por escrito ou oralmente, sendo neste caso as suas declarações reduzidas a termo.

4 – No prazo de 10 dias após a prestação das declarações referidas no número anterior, será elaborado o relatório definitivo.

Artigo 61.º
Conclusão dos actos

1 – Os actos de inspecção consideram-se concluídos na data de notificação da nota de diligência emitida pelo funcionário incumbido do procedimento.

2 – O relatório previsto no número seguinte deve ser notificado ao contribuinte por carta registada com aviso de recepção nos 10 dias posteriores ao termo do prazo referido no n.º 4 do artigo anterior.

3 – A nota de diligência tem como objectivo a definição da data de conclusão dos actos e, nos casos referidos no n.º 3 do artigo 46.º indicará obrigatoriamente as tarefas realizadas.

Artigo 62.º
Relatório de inspecção

1 – Para conclusão do procedimento é elaborado um relatório final com vista à identificação e sistematização dos factos detectados e stia qualificação jurídico-tributária.

2 –O relatório deve conter, tendo em atenção a dimensão e complexidade da entidade inspeccionada. os seguintes elementos:

a) Identificação da entidade inspeccionada. designadamente denominação social, número de identificação fiscal, local da sede e serviço local a que pertence;
b) Menção das alterações a efectuar aos dados constantes dos ficheiros da administração tributária;
c) Data do início e do fim dos actos de inspecção e das interrupções ou suspensões verificadas;
d) Âmbito e extensão do procedimento;
e) Descrição dos motivos que deram origem ao procedimento, com a indicação do número da ordem de serviço ou do despacho que o motivou;
f) Informações complementares, incluindo os principais devedores dos sujeitos passivos e dos responsáveis solidários ou subsidiários pelos tributos em falta;
g) Descrição dos factos susceptíveis de fundamentar qualquer tipo de responsabilidade solidária ou subsidiária;
h) Acréscimos patrimoniais injustificados ou despesas desproporcionadas efectuadas pelo sujeito passivo ou obrigado tributário no período a que se reporta a inspecção;
i) Descrição dos factos fiscalmente relevantes que alterem os valores declarados ou a declarar sujeitos a tributação, com menção e junção dos meios de prova e fundamentação legal de suporte das correcções efectuadas;
j) Indicação das infracções verificadas, dos autos notícia levantados e dos documentos de correcção emitidos;
l) Descrição sucinta dos resultados dos actos de inspecção e propostas formuladas;

m) Identificação dos funcionários que o subscreveram, com menção do nome, categoria e número profissional;
n) Outros elementos relevantes.

3 – No caso de o sujeito passivo ter apresentado pedido de redução de coima ou procedido à regularização da sua situação tributária durante o procedimento de inspecção, do facto far-se-á referência no relatório.

4 – Poderão ser elaborados outros tipos de relatórios em caso de procedimentos de inspecção com objectivos específicos, os quais, no entanto, incluirão sempre a identidade das entidades inspeccionadas, os fins dos actos, as conclusões obtidas e a sua fundamentação.

5 – O relatório de inspecção será assinado pelo funcionário ou funcionários intervenientes no procedimento e conterá o parecer do chefe de equipa que intervenha ou coordene, bem como o sancionamento superior das suas conclusões.

Artigo 63.º
Fundamentação da decisão

1 – Os actos tributários ou em matéria tributária que resultem do relatório poderão fundamentar-se nas suas conclusões, através da adesão ou concordância com estas, devendo em todos os casos a entidade competente para a sua prática fundamentar a divergência face às conclusões do relatório.

2 – Aos serviços intervenientes no procedimento de inspecção serão obrigatoriamente comunicados os actos tributários ou em matéria tributária que resultem do relatório, bem como a sua revisão em virtude de petição, reclamação ou recurso de qualquer natureza.

Capítulo II
Efeitos do procedimento de inspecção

Artigo 64.º
Eficácia vinculativa do relatório

1 – Sem prejuízo do regime especial de fiscalização tributária por iniciativa dos sujeitos passivos, os sujeitos passivos ou obrigados tributários podem, por razões de certeza e segurança, solicitar ao director--geral dos Impostos que sancione as conclusões do relatório da inspecção.

2 – O pedido de sancionamento poderá ser efectuado no prazo de 30 dias após a notificação das conclusões do relatório e identificará as matérias sobre as quais o requerente pretenda que recaia sancionamento.

3 – O pedido considera-se tacitamente deferido se a administração tributária não se pronunciar no prazo de seis meses.

4 – Caso o pedido seja expressa ou tacitamente deferido, a administração tributária não pode proceder relativamente à entidade inspeccionada em sentido diverso do teor das conclusões do relatório nos três anos seguintes ao da data da notificação destas, salvo se se apurar posteriormente simulação, falsificação, violação, ocultação ou destruição de quaisquer elementos fiscalmente relevantes relativos ao objecto da inspecção.

C – *INICIATIVA DE INSPECÇÃO TRIBUTÁRIA*

Decreto-Lei n.º 6/99
de 8 de Janeiro

A inspecção tributária depende exclusivamente, no quadro da legislação actual, da iniciativa da própria administração tributária. No entanto, a certeza e segurança jurídicas e a necessidade de viabilizar negócios jurídicos relevantes do ponto de vista da reestruturação empresarial e da dinamização da vida económica aconselham a flexibilização desse regime, posto que com a devida salvaguarda dos interesses da administração tributária.

E, assim, criado um regime especial de inspecção por iniciativa do sujeito passivo, com efeitos vinculativos para a administração tributária, cujo acesso depende da prova de interesse legítimo pelo sujeito passivo ou terceiro, devidamente autorizado por este.

Foram ouvidos os parceiros sociais.

Assim:

Nos termos da alínea *b)* do n.º 1 do artigo 198.º da Constituição, o Governo decreta o seguinte:

Artigo 1.º

Objecto

1 – O presente diploma regula o sistema de inspecção tributária por iniciativa do sujeito passivo ou de terceiro, estabelecendo o seu âmbito, condições de acesso e efeitos.

2 – A inspecção tributária regulada pelo presente diploma visa a definição da situação tributária dos sujeitos passivos que disponham de contabilidade organizada, com o âmbito e extensão que forem solicitados à administração tributária.

3 – Em tudo o que não estiver disposto no presente diploma, as acções de fiscalização nele reguladas seguem o regime geral.

Artigo 2.º
Requerimento

1 – A inspecção tributária pode ser requerida ao director-geral dos Impostos pelo sujeito passivo ou, com autorização expressa deste, por terceiro.

2 – O requerente da inspecção tributária deve definir o seu âmbito e extensão, incluindo os tributos e os períodos temporais pretendidos.

3 – Podem ser objecto de pedido autónomo de inspecção os sectores de actividades do sujeito passivo abrangidos por regime tributário especial.

4 – O deferimento do requerimento, que será apreciado obrigatoriamente no prazo de 30 dias, depende da invocação e prova do interesse legítimo do requerente na realização da inspecção.

5 – O terceiro que requeira a inspecção deve também esclarecer as relações negociais ou de outra natureza mantidas ou a manter com o sujeito passivo que justifiquem o pedido apresentado.

6 – O interesse legítimo referido no presente artigo consiste em qualquer vantagem resultante do conhecimento da exacta situação tributária do sujeito passivo, proveniente, nomeadamente, de actos de reestruturação empresarial, de operações de recuperação económica ou do acesso a regimes legais a que o requerente pretenda ter direito.

Artigo 3.º
Regime de inspecção

1 – A inspecção inicia-se no prazo máximo de 60 dias após a notificação do requerimento.

2 – O prazo referido no número anterior pode ser prorrogado por mais 60 dias mediante despacho do director-geral dos Impostos, com fundamento em prioridades relevantes da acção fiscalizadora que impossibilitem a imediata realização da inspecção.

3 – O deferimento do requerimento poderá ser revogado até à sua conclusão em caso de obstrução ilegítima do sujeito passivo ou se, por

motivo imputável a este, se revelar impossível o apuramento da matéria tributável real.

4 – A administração tributária pode, até à conclusão da inspecção, condicionar a eficácia vinculativa do relatório prevista no presente diploma à revelação pelos sujeitos passivos dos dados incluídos no sigilo bancário.

5 – A administração tributária pode, para a realização da inspecção, solicitar ou obter de outras entidades a colaboração necessária, nos termos da lei.

Artigo 4.º

Taxa

1 – É devida uma taxa pela realização das inspecções.

2 – A taxa prevista no número anterior será fixada provisoriamente, antes do início da inspecção, por despacho fundamentado do director-geral dos Impostos, em função da sua previsível complexidade, dimensão e meios a utilizar.

3 – Os montantes mínimo e máximo, bem como os critérios de graduação da taxa referida no número anterior, são definidos genericamente por portaria do Ministro das Finanças.

4 – No prazo de cinco dias após a notificação do requerimento de inspecção, deve o requerente proceder ao pagamento da taxa a favor da Direcção-Geral dos Impostos, ficando o pedido sem efeito se o seu depósito não se efectuar, sem prejuízo do direito de a administração tributária poder iniciar ou prosseguir a inspecção requerida nos termos gerais.

5 – A fixação definitiva da taxa dentro dos limites mínimo e máximo é efectuada no termo da acção de inspecção de acordo com os critérios referidos no n.º 2, podendo ser reduzida ou agravada, mas não devendo o agravamento ser superior a 20 % do montante inicialmente pago.

6 – Em caso de revogação do deferimento do pedido de inspecção tributária com os fundamentos previstos na presente lei, a taxa devida é determinada com base nos actos inspectivos efectivamente realizados até à revogação.

7 – Para todos os efeitos legais, a realização da inspecção prevista no presente diploma é considerada como serviço prestado pela Direcção-Geral dos Impostos ao requerente da inspecção.

Artigo 5.º
Efeitos

1 – As conclusões do relatório da inspecção vinculam a administração tributária, podendo esta proceder a novas inspecções com o mesmo objectivo ou a actos de liquidação respeitantes a factos tributários nela incluídos que não tenham por fundamento as conclusões do relatório de inspecção.

2 – O efeito vinculativo previsto no número anterior não abrange a punição das infracções fiscais respeitantes aos factos e no período abrangidos pelo relatório dentro do prazo de prescrição do respectivo procedimento.

3 – O efeito vinculativo da inspecção não aproveita aos autores do crime de fraude fiscal condenados com base em simulação, falsificação, viciação, ocultação, destruição, danificação ou inutilização de elementos fiscalmente relevantes em que se tenham baseado as conclusões do relatório, considerando-se, neste caso, para todos os efeitos legais, suspenso o prazo de caducidade do direito de liquidação no período entre a notificação das conclusões e o trânsito em julgado da decisão condenatória.

Artigo 6.º
Garantia dos contribuintes

1 – O contribuinte pode reclamar ou impugnar os actos de correcção da matéria tributável ou da liquidação do imposto com base no relatório da inspecção.

2 – Caso se verifique a circunstância prevista no número anterior, o efeito vinculativo do relatório só se produz a partir da resolução definitiva da reclamação, impugnação ou recurso.

Artigo 7.º
Entrada em vigor

O presente diploma entra em vigor no dia 1 de Janeiro de 1999.

Visto e aprovado em Conselho de Ministros de 13 de Novembro de 1998. – *António Manuel de Oliveira Guterres – António Luciano Pacheco de Sousa Franco.*

Promulgado em 21 de Dezembro de 1998. Publique-se.

O Presidente da República, Jorge Sampaio.

Referendado em 23 de Dezembro de 1998.

O Primeiro-Ministro, *António Manuel de Oliveira Guterres.*

2 – REEMBOLSOS DE IMPOSTOS:

A – *C. DE IVA*

(…)

Artigo 7.º

1 – Sem prejuízo do disposto nos números seguintes, o imposto torna-se devido e torna-se exigível:

a) Nas transmissões de bens, no momento em que os bens são postos à disposição do adquirente;
b) Nas prestações de serviços. no momento da sua realização;
c) Nas importações, no momento determinado pelas disposições aplicáveis aos direitos aduaneiros, sejam ou não devidos estes direitos ou outras imposições comunitárias estabelecidas no âmbito de uma política comum.

2 – Se a transmissão de bens implicar obrigação de instalação ou montagem, por parte do fornecedor, considera-se que os bens são postos à disposição do adquirente no momento em que essa instalação ou montagem estiver concluída.

3 – Nas transmissões de bens e prestações de serviços de carácter continuado, resultantes de contratos que dêem lugar a pagamentos sucessivos, considera-se que os bens são postos à disposição e as prestações de serviços são realizadas no termo do período a que se refere cada pagamento, sendo o imposto devido e exigível pelo respectivo montante.

4 – Nas transmissões de bens e prestações de serviços referidas, respectivamente, nas alíneas 1) e g) do n.º 3 do artigo 3.º e nas alíneas a) e *b)* do n.º 2 do artigo 4.º, o imposto é devido e exigível no momento em que as afectações de bens ou as prestações de serviços nelas previstas tiverem lugar.

5 – Nas transmissões de bens entre comitente e comissário referidas na alínea *c)* do n.º 3 do artigo 3.º, o imposto é devido e exigível no momento em que o comissário os puser à disposição do seu adquirente.

6 – No caso da alínea d) do n.º 3 do artigo 3.º, o imposto é devido e torna-se exigível no termo do prazo aí referido.

7 – Quando os bens forem postos à disposição de um contratante antes de se terem produzido os efeitos translativos do contrato, o imposto é devido e exigível no momento em que esses efeitos se produzirem, salvo se se tratar das transmissões de bens referidas nas alíneas a) e *b)* do n.º 3 do artigo 3.º

8 – Sempre que os bens sejam colocados sob um dos regimes ou procedimento referidos no n.º 2 do artigo 5.º, o facto gerador e a exigibilidade do imposto só se verificam no momento em que deixem de estar sujeitos a esses regimes ou procedimentos.

9 – No caso das transmissões de bens e prestações de serviços referidas no n.º 3, em que não seja fixada periodicidade de pagamento ou esta seja superior a 12 meses, o imposto é devido e torna-se exigível no final de cada período de 12 meses, pelo montante correspondente.

Artigo 8.º

1 – Não obstante o disposto no artigo anterior, sempre que a transmissão de bens ou prestação de serviços dê lugar à obrigação de emitir uma factura ou documento equivalente, nos termos do artigo 28.º, o imposto torna-se exigível:

a) Se o prazo previsto para emissão de factura ou documento equivalente for respeitado, no momento da sua emissão;

b) Se o prazo previsto para a emissão não for respeitado, no momento em que termina;

c) Se a transmissão de bens ou a prestação de serviços derem lugar ao pagamento, ainda que parcial, anteriormente à emissão da factura ou documento equivalente, no momento do recebimento desse pagamento, pelo montante recebido, sem prejuízo do disposto na alínea anterior.

2 – O disposto no número anterior é ainda aplicável aos casos em que se verifique emissão de factura ou documento equivalente, ou pagamento, precedendo o momento da realização das operações tributáveis, tal como este é definido no artigo anterior.
(...)

Artigo 22.º[78]

1 – O direito à dedução nasce no momento em que o imposto dedutível se torna exigível, de acordo com o estabelecido pelos artigos 7.º e 8.º, efectuando-se mediante subtracção ao montante global do imposto devido pelas operações tributáveis do sujeito passivo, durante um período de declaração, do montante do imposto dedutível, exigível durante o mesmo período.

2 – Sem prejuízo da possibilidade de correcção prevista no artigo 71.º, a dedução deverá ser efectuada na declaração do período em que se tiver verificado a recepção das facturas, documentos equivalentes ou recibo de pagamento de IVA que fizer parte das declarações de importação.

3 – Se a recepção dos documentos referidos no número anterior tiver lugar em período de declaração diferente do da respectiva emissão, poderá a dedução efectuar-se, se ainda for possível, no período de declaração em que aquela emissão teve lugar.

4 – Sempre que a dedução de imposto a que haja lugar supere o montante devido pelas operações tributáveis, no período correspondente, o excesso será deduzido nos períodos de imposto seguintes.

5 – Se, passados 12 meses relativos ao período em que se iniciou o excesso, persistir crédito a favor do contribuinte superior a 50 000$, este poderá solicitar o seu reembolso.

6 – Não obstante o disposto no número anterior, o sujeito passivo poderá solicitar o reembolso antes do fim do período de 12 meses

---

[78] Aplicável também às transacções intracomunitárias, embora com as excepções constantes do RITI, regendo anteriormente sobre reembolsos o Dec-Lei n.º 408/87, de 32/12.

quando se verifique a cessação de actividade ou passe a enquadrar-se no disposto nos n.ᵒˢ 3 e 4 do artigo 28.º, n.º 1 do artigo 54.º ou no n.º 1 do artigo 61º, bem como quando o crédito a seu favor exceder 25 vezes o salário mínimo nacional mais elevado, arredondando para a centena de milhares de escudos imediatamente inferior, sendo este valor reduzido para metade nas situações a seguir indicadas:

a) Nos seis primeiros meses após o início da actividade;
b) Em situações de investimento com recurso ao crédito, devidamente comprovadas.

7 – Em qualquer caso, a Direcção-Geral dos Impostos poderá exigir, quando a quantia a reembolsar exceder 100 000$, caução, fiança bancária ou outra garantia adequada, que determinará a suspensão do prazo de contagem dos juros indemnizatórios referidos no número seguinte, até à prestação da mesma, a qual deverá ser mantida pelo prazo de um ano.

8 – Os reembolsos de imposto, quando devidos, deverão ser efectuados pela Direcção-Geral dos Impostos até ao fim do 3.º mês seguinte ao da apresentação do pedido, findo o qual poderão os sujeitos passivos solicitar a liquidação de juros indemnizatórios nos termos do artigo 43.º da lei geral tributária.

9 – O Ministro das Finanças e do Plano poderá autorizar a administração fiscal a efectuar reembolsos em condições diferentes das estabelecidas nos números anteriores, relativamente a sectores de actividade cujo volume de negócios seja constituído essencialmente por operações isentas com direito à dedução do imposto pago nas aquisições.

10 – O Ministro das Finanças poderá estabelecer, por despacho, de acordo com os critérios previstos no artigo 77.º, a obrigatoriedade de os sujeitos passivos apresentarem, juntamente com o pedido de reembolso, documentos ou informações relativos às operações que determinaram aquele pedido, sob pena de o reembolso não se considerar devido para efeitos do n.º 8.

11 – Os pedidos de reembolso serão indeferidos quando não forem facultados pelo sujeito passivo elementos que permitam aferir da

legitimidade do reembolso, bem como quando o imposto dedutível for referente a um sujeito passivo com número de identificação fiscal inexistente ou inválido ou que tenha suspenso ou cessado a sua actividade no período a que se refere o reembolso.

12 – A não apresentação da garantia, quando solicitada, deermina a suspensão do prazo estabelecido no n.º 1 do artigo 45.º da lei geral tributária.

13 – Das decisões referidas nos n.ºs 11 cabe recurso hierárquico, reclamação ou impugnação judicial, nos termos previstos no artigo 87.º-A.

(...)

Artigo 83.º-B

1 – No pagamento de reembolsos, o Serviço de Administração do IVA levará em conta, por dedução, as diferenças de imposto apuradas pelos serviços que se mostrem devidas e não resultem de presunções ou estimativas, quer estas diferenças respeitem ao mesmo período de imposto, quer a períodos de imposto diferentes, até à concorrência do montante dos reembolsos pedidos, sem prejuízo de recurso hierárquico, reclamação ou impugnação contenciosa.

2 – O sujeito passivo poderá solicitar que fique sem efeito a compensação efectuada, se nisso tiver conveniencia, procedendo-se ao reembolso e prosseguindo as operações de liquidação.

B – *R.I.T.I.*[79]

Artigo 21.º

1 – O imposto dedutível nos termos dos n.os 3 e 4 do artigo anterior será reembolsado ao sujeito passivo mediante requerimento, dirigido ao director-geral das Contribuições e Impostos, que deverá ser acompanhado de todos os elementos indispensáveis à respectiva apreciação.

2 – O imposto pago numa importação de bens tributada nos termos do artigo 5.º do Código do IVA será reembolsado quando o importador seja uma pessoa colectiva de outro Estado membro que não seja aí sujeito passivo e prove que os bens foram expedidos ou transportados para esse outro Estado membro e aí sujeitos a imposto.

3 – O reembolso do imposto a que se refere o número anterior será efectuado nas condições previstas no Decreto-Lei n.º 408/87, de 31 de Dezembro.

---

[79] Aprovado pelo Dec.-Lei n.º 290/92, de 28/12.

C – *DECRETO-LEI N.º 408/87, DE 31/12*

(...)

Artigo 2.º

Para efeitos do disposto no presente diploma, entendem-se por sujeitos passivos não estabelecidos no território nacional as pessoas, singulares ou colectivas, que comprovem a sua sujeição ao imposto sobre o valor acrescentado em outro Estado membro da Comunidade Económica Europeia e que, no período a que se refere o pedido de reembolso, satisfaçam as seguintes condições:

a) Não tenham no território nacional nem a sede da sua actividade económica nem um estabelecimento estável a partir do qual tenham sido efectuadas operações, nem, na falta de sede ou de estabelecimento estável, o seu domicílio a sua residência habitual; ou

b) Não tenham efectuado qualquer transmissão de bens ou prestação de serviços que se considerem realizadas no território nacional, com excepção:

   I) Das prestações dc serviços de transporte e das prestações acessórias dessas prestações, isentas por força da alínea 1) do n.º 1 do artigo 13.º ou dos artigos 14.º ou 15.º do Código do Imposto sobre o Valor Acrescentado (CIVA);
   II) Das prestações de serviços previstas no n.º 6 do artigo 6.º do CIVA;
   III) Das operações cujo imposto seja entregue pelos adquirentes, nos termos do n.º 3 do artigo 29.º do CIVA.

Artigo 3.º

1 – O direito ao reembolso respeita ao imposto suportado pelo sujeito passivo não estabelecido no território nacional nas transmissões de bens e nas prestações de serviços que tenham sido efectuadas no território nacional ou que tenha incidido sobre a importação de bens, desde que esses bens e serviços sejam utilizados para os fins das operações correspondentes as reteridas nas alíneas a) e *b)* do n.º 1 do artigo 20.º do CIVA e alínea *b)* do artigo 2.º do presente diploma.

D – *C. DO IRC*

(...)

Artigo 96.º
Regras de pagamento

1 – As entidades que exerçam, a título principal, actividade de natureza comercial, industrial ou agrícola, bem como as não residentes com estabelecimento estável em território português, devem proceder ao pagamento do imposto nos termos seguintes:

a) Em três pagamentos por conta, com vencimento nos meses de Julho, Setembro e Dezembro do próprio ano a que respeita o lucro tributável ou, nos casos dos n.ºs 2 e 3 do artigo 8.º, no 7.º, 9.º e 12.º meses do respectivo período de tributação;
b) Até ao último dia útil do prazo fixado para o envio ou apresentação da declaração periódica de rendimentos, pela diferença que existir entre o imposto total aí calculado e as importâncias entregues por conta;
c) Até ao dia da apresentação da declaração de substituição a que se refere o artigo 114.º, pela diferença que existir entre o imposto total aí calculado e as importâncias já pagas.

2 – Há lugar a reembolso ao contribuinte quando:

a) O valor apurado na declaração, líquido das deduções a que se referem os n.ºs 2 e 4 do artigo 83.º, for negativo, pela importância resultante da soma do correspondente valor absoluto com o montante dos pagamentos por conta;
b) O valor apurado na declaração, líquido das deduções a que se referem os n.ºs 2 e 4 do artigo 83.º não sendo negativo, for inferior ao valor dos pagamentos por conta, pela respectiva diferença.

3 – O reembolso é efectuado, quando a declaração periódica de rendimentos for enviada ou apresentada no prazo legal e desde que a mesma não contenha erros de preenchimento, até ao fim do 3.º mês imediato ao da sua apresentação ou envio.

4 – Os contribuintes são dispensados de efectuar pagamentos por conta quando o imposto do exercício de referência para o respectivo cálculo for inferior a 40 000$ (€ 199,52).

5 – Se o pagamento a que se refere a alínea a) do n.º 1 não for efectuado nos prazos aí mencionados, começam a correr imediatamente juros compensatórios, que são contados até ao termo do prazo para apresentação da declaração ou até à data do pagamento da autoliquidação, se anterior, ou, em caso de mero atraso, até à data da entrega por conta, devendo, neste caso, ser pagos simultaneamente.

6 – Não sendo efectuado o reembolso no prazo referido no n.º 3, acrescem à quantia a restituir juros indemnizatórios a taxa idêntica à aplicável aos juros compensatórios a favor do Estado.

7 – Não há lugar ao pagamento a que se referem as alíneas *b)* e *c)* do n.º 1 nem ao reembolso a que se refere o n.º 2 quando o seu montante for inferior a 5000$ (€ 24,94).

Artigo 97.º
Cálculo dos pagamentos por conta

1 – Os pagamentos por conta são calculados com base no imposto liquidado nos termos do n.º 1 do artigo 83.º relativamente ao exercício imediatamente anterior àquele em que se devam efectuar esses pagamentos, líquido da dedução a que se refere a alínea *J)* do n.º 2 do mesmo artigo.

2 – Os pagamentos por conta dos contribuintes cujo volume de negócios seja igual ou inferior a 100 000 000$ (€ 498 797,90) correspondem a 75% do montante do imposto referido no número anterior, repartido por três montantes iguais, arredondados, por excesso, para o milhar de escudos.

3 – Os pagamentos por conta dos contribuintes com volume de negócios superior a 100 000 000$ (€ 498 797,90) correspondem a *85%*

do montante do imposto referido no n.º 1, repartido por três montantes iguais, arredondados, por excesso, para o milhar de escudos.

4 – No caso referido na alínea *d)* do n.º 4 do artigo 8.º, o imposto a ter em conta para efeitos do disposto no n.º 1 é o que corresponderia a um período de 12 meses, calculado proporcionalmente ao imposto relativo ao período aí mencionado.

5 – Tratando-se de sociedades de um grupo a que seja aplicável pela primeira vez o regime especial de tributação dos grupos de sociedades, os pagamentos por conta relativos ao primeiro exercício são efectuados por cada uma dessas sociedades e calculados nos termos do n.º 1, sendo o total das importâncias por elas entregue tomado em consideração para efeito do cálculo da diferença a pagar pela sociedade dominante ou a reembolsar-lhe, nos termos do artigo 96.º.

6 – No exercício seguinte àquele em que terminar a aplicação do regime previsto no artigo 63.º, os pagamentos por conta a efectuar por cada uma das sociedades do grupo são calculados nos termos do n.º 1 com base no imposto que lhes teria sido liquidado relativamente ao exercício anterior se não estivessem abrangidas pelo regime.

7 – No exercício em que deixe de haver tributação pelo regime especial de tributação dos grupos de sociedades, observa-se o seguinte:

a) Os pagamentos por conta a efectuar após a ocorrência do facto determinante da cessação do regime são efectuados por cada uma das sociedades do grupo e calculados da forma indicada no número anterior:

b) Os pagamentos por conta já efectuados pela sociedade dominante à data da ocorrência da cessação do regime são tomados em consideração para efeito do cálculo da diferença que tiver a pagar ou que deva ser-lhe reembolsada nos termos do artigo 96.º.

D – CÓDIGO DOS IMPOSTOS ESPECIAIS DE CONSUMO

(…)

Artigo 12.º
Reembolso por erro

1 – Proceder-se-á ao reembolso do imposto em caso de erro na liquidação devidamente comprovado.

2 – O reembolso é concedido mediante pedido apresentado na estância aduaneira competente antes do termo do prazo de 3 anos a contar da data da liquidação do imposto.

3 – O prazo de 3 anos pode ser prorrogado se o interessado provar que foi impedido de apresentar o seu pedido o por caso fortuito ou de força maior.

4 – O reembolso deve ser feito no prazo estabelecido na lei geral tributária, podendo, todavia, ser antecipado se a autoridade aduaneira não decidir no prazo de 60 dias e desde que o requerente preste garantia do montante a reembolsar.

5 – A estância aduaneira procederá oficiosamente ao reembolso quando se verifique, dentro do prazo referido no art. 2.º, a existência de erro na declaração.

Artigo 13.º
Reembolso na expedição

1 – Proceder-se-á ao reembolso do imposto sempre que os produtos introduzidos no consumo em território nacional sejam posteriormente expedidos para outro Estado membro, obedecendo às regras seguintes:

   a) Antes da expedição dos produtos, o expedidor deverá apresentar um pedido de reembolso à autoridade aduaneira e provar o pagamento do imposto em território nacional;

b) A autoridade aduaneira não poderá recusar o reembolso pela simples razão de o documento por si emitido para comprovar o pagamento inicial não ter sido apresentado, desde que sejam apresentadas outras provas que atestem o pagamento;
c) A circulação dos produtos referidos na alínea a) efectuar-se-á mediante o documento referido no n.º 2 do artigo 16.º;
d) O expedidor apresentará à autoridade aduaneira o exemplar devolvido do documento referido na alínea anterior, devidamente anotado pelo destinatário e acompanhado de um documento que ateste a tomada a cargo do imposto no Estado membro de consumo ou que inclua uma menção onde se refira o endereço do serviço competente das autoridades fiscais do Estado membro de destino e a data de aceitação da declaração, bem como o número de referência ou de registo dessa mesma declaração;
e) Os produtos sujeitos a imposto introduzidos no consumo em território nacional, ostentando uma marca fiscal ou uma marca de identificação nacional, só podem ser objecto de reembolso do imposto desde que a destruição dessas marcas seja verificada pela autoridade aduaneira.

2 – Proceder-se-á ainda ao reembolso de imposto no caso previsto no n.º 5 do artigo 36.º.

Artigo 14.º
Reembolso na exportação

1 – Os depositários autorizados e os operadores registados que tenham processado as respectivas declarações de introdução no consumo podem solicitar o reembolso do imposto correspondente aos produtos exportados, em face da respectiva declaração aduaneira de exportação ou do exemplar devolvido do documento de acompanhamento, devidamente certificados.

2 – O reembolso do imposto só poderá ser efectuado desde que o montante do imposto a reembolsar seja superior a 5000$ e se obedeça ao seguinte procedimento:

a) Antes da exportação dos produtos, o exportador apresente um pedido de reembolso á autoridade aduaneira e prove o pagamento do imposto em território nacional;
b) Na exportação, seja apresentado o pedido de reembolso à autoridade aduaneira, até aos dois dias úteis que antecedam a saída efectiva dos produtos, podendo esse prazo ser reduzido mediante pedido devidamente fundamentado, devendo ainda, posteriormente, ser apresentada prova do desalfandegamento dos produtos no destino;
c) Tenham sido cumpridas as normas nacionais relativas à apresentação, comercialização e rotulagem, nomeadamente quanto à capacidade e identificação do adquirente ou importador.

ARTIGO 15.º
Casos especiais de reembolso

1 – O imposto será reembolsado quando os produtos forem retirados do mercado por motivos de deterioração ou inadequação da embalagem que impossibilite a sua comercialização, ou devido ao facto de o seu estado ou idade os ter tornado impróprios para o consumo humano.

2 – A inutilização dos produtos referidos no número anterior ou a afectação dos mesmos ao fabrico de outros produtos serão certificadas previamente pela autoridade aduaneira.

3 – E permitido o reembolso do imposto correspondente aos produtos que tiverem sido devolvidos no prazo de 30 dias, contados a partir da data de apresentação da DIC ou documento equivalente, desde que tal facto tenha sido previamente comunicado à estância aduaneira competente e seja demonstrado física e contabilisticamente.

3 – REGIME SUSPENSIVO

A – *CÓDIGO ADUANEIRO COMUNITÁRIO*

(…)

Regimes suspensivos e regimes aduaneiros económicos

A. Disposições comuns a diversos regimes

Artigo 84.º

1 – Para efeitos dos artigos 85.º a 90.º:

a) Quando é utilizada a expressão "regime suspensivo", deverá entender-se que se aplica, no caso das mercadorias não comunitárias, aos regimes seguintes:

- trânsito externo,
- entreposto aduaneiro,
- aperfeiçoamento activo, sob a forma de sistema suspensivo,
- transformação sob controlo aduaneiro e
- importação temporária;

b) Quando é utilizada a expressão "regime aduaneiro económico", deverá entender-se que se aplica aos seguintes regimes:

- entreposto aduaneiro,
- aperfeiçoamento activo,
- transformação sob controlo aduaneiro,
- importação temporária e
- aperfeiçoamento passivo.

2 – Designam-se por mercadorias de importação as mercadorias sujeitas a um regime suspensivo bem como as mercadorias que tenham sido objecto das formalidades de introdução em livre prática e das previstas no artigo 125.º, no âmbito do aperfeiçoamento activo com recurso ao sistema de draubaque.

3 – Designam-se por mercadorias no seu estado inalterado as mercadorias de importação que, no âmbito dos regimes de aperfeiçoamento activo e de tranformação sob controlo aduaneiro, não tenham sido objecto de qualquer operação de aperfeiçoamento ou de transformação.

Artigo 85.º

O recurso a qualquer regime aduaneiro económico fica subordinado à emissão de uma autorização pela autoridades aduaneiras.

Artigo 86.º

Sem prejuízo das condições específicas, previstas no âmbito do regime em causa, a autorização referida no artigo 85.º, bem como a referida no n.º 1 do artigo 100.º, só será concedida:

– às pessoas que ofereçam todas as garantias necessárias à boa execução das operações;
– se as autoridades aduaneiras puderem assegurar a fiscalização e o controlo do regime sem que, para tal, tenham de criar um dispositivo administrativo desproporcionado em relação às necessidades económicas em causa.

Artigo 87.º

1 – As condições para a utilização do regime em causa serão fixadas na autorização.

2 – O titular da autorização deve informar as autoridades aduaneiras de todos os elementos surgidos após a emissão dessa autorização, susceptíveis de terem incidência na sua manutenção ou no seu conteúdo.

Artigo 88.º

As autoridades aduaneiras podem subordinar a sujeição das mercadorias sujeitas a um regime suspensivo à constituição de uma garantia destinada a assegurar o pagamento da dívida aduaneira susceptível de se constituir relativamente a estas mercadorias.

No âmbito de um regime suspensivo especifico, podem prever-se disposições especiais relativas à constituição da garantia.

Artigo 89.º

1 – Um regime económico suspensivo será apurado quando às mercadorias a ele sujeitas ou, eventualmente, aos produtos compensadores ou transformados obtidos sob esse regime for atribuído um novo destino aduaneiro autorizado.

2 – As autoridades aduaneiras tomarão todas as medidas necessárias para regularizar a situação de mercadorias cujo regime não seja apurado nas condições previstas.

Artigo 90.º

Os direitos e obrigações do titular de um regime aduaneiro económico podem, nas condições fixadas pelas autoridades aduaneiras, ser sucessivamente transferidos para outras pessoas que reunam as condições exigidas para beneficiarem do regime em causa.

B. Trânsito externo

1. *Disposições gerais*

Artigo 91.º

1 – O regime do trânsito externo permite a circulação de um ponto ao outro do território da Comunidade:

a) De mercadorias não comunitárias, sem que fiquem sujeitas a direitos de importação e a outras imposições bem como a medidas de política comercial;
b) De mercadorias comunitárias que sejam objecto de uma medida comunitária que exija a sua exportação para países terceiros e em relação às quais sejam cumpridas as correspondentes formalidades aduaneiras de exportação.

2 – A circulação prevista no n.º 1 pode efectuar-se:

a) Ao abrigo do regime de trânsito comunitário externo;
b) Ao abrigo de uma caderneta TIR (Convenção TIR), desde que:

   1) Tenha tido início ou deva terminar no exterior da Comunidade;
   2) Diga respeito a remessas de mercadoria para descarga no território aduaneiro da Comunidade, enviadas juntamente com mercadorias a descarregar em país terceiro; ou
   3) Seja efectuada de um ponto para outro da Comunidade utilizando o território de um país terceiro;

c) Ao abrigo de uma caderneta ATA (Convenção ATA) utilizado na qualidade de documento de trânsito; ou
d) Ao abrigo do "manifesto renano" (artigo 9.º da Revista para a Navegação no Reno); ou
e) Ao abrigo do formulário 302 previsto no âmbito da Convenção entre os Estados que são parte no Tratado do Atlântico

Norte sobre o estatuto das suas forças assinada em Londres em 19 de Junho de 1951; ou
f) Por remessas por via postal (incluindo as encomendas postais).

3 – O regime de trânsito externo aplica-se sem disposições específicas aplicáveis á circulação colocadas sob um regime aduaneiro económico.

Artigo 92.º

O regime do trânsito externo termina quando as mercadorias e o respectivo documento sejam apresentados na estância aduaneira de destino, nos termos das disposições do regime em questão.

2. *Disposições especiais relativas ao trânsito comunitário externo*

Artigo 93.º

1 – O regime do trânsito externo só é aplicável aos transportes que atravessam um país terceiro desde que:

a) Esta possibilidade esteja prevista num acordo internacional; ou
b) A travessia desse país se efectue ao abrigo de um título de transporte único, emitido no território aduaneiro da Comunidade; neste caso, os efeitos do referido regime serão suspensos durante a travessia do território do país terceiro..

Artigo 94.º

1 – Salvo o disposto no artigo 95.º, o responsável principal é obrigado a prestar uma garantia para assegurar o pagamento da dívida aduaneira e de outras imposições susceptíveis de se constituir relativamente às mercadorias.

2 – Salvo casos eventuais, a determinar de acordo com o procedimento do comité, não é necessário prestar qualquer garantia para cobrir:

a) Os percursos marítimos e os percursos aéreos;
b) Os transportes de mercadorias no Reno e nas vias renanas;
c) Os transportes por canalização;
d) As operações efectuadas pelas companhias de caminho-de-ferro dos Estados-membros.

3 – Os casos em que os meios de transporte de mercadorias por outras vias navegáveis que não sejam as referidas na alínea b) do n.º 2 são dispensados da prestação de uma garantia deverão ser determinados de acordo com o procedimento do comité.

Artigo 95.º

1 – Qualquer pessoa que preencha as condições previstas no n.º 2 pode obter das autoridades aduaneiras do Estado-membro em que se encontre estabelecida, e dentro dos limites previstos no n.º 3, uma dispensa de garantia para operações de trânsito comunitário externo que efectuar, independentemente do Estado-membro de partida e dos Estados-memhros cujo território for utilizado para essas operações.

2 – A dispensa prevista no n.º 1 só é concedida às pessoas:

a) que se encontrem estabelecidas no Estado-membro onde a dispensa de garantia foi concedida;
b) Que utilizem de forma não ocasional o regime do trânsito comunitário;
c) Que tenham uma situação financeira que lhes permita cumprir os seus compromissos;
d) Que não tenham cometido qualquer infracção grave à legislação aduaneira e fiscal; e
e) Que se tenham comprometido a pagar, segundo um modelo a determinar, quando lhes for feito o primeiro pedido escrito

pelas autoridades aduaneiras, as somas reclamadas a título das operações de trânsito comunitário que efectuarem.

3 – A dispensa de garantia concedida nos termos dos n.ᵒˢ 1 e 2 não se aplica às operações de trânsito comunitário relativas às mercadorias:

a) Cujo valor global seja superior a um montante a determinar de acordo com o procedimento do comité; ou
b) Que apresentem riscos acrescidos, tendo em conta o nível dos direitos de importação e de outras imposições de que são passíveis num ou em vários Estados-membros.

4 – As pessoas que tenham obtido a dispensa de garantia será entregue, pelas autoridades que concederam a dispensa, um certificado de dispensa dc garantia num, ou em vários exemplares.

Artigo 96.º

1 – O responsável principal é o titular do regime de trânsito comunitário externo, competindo-lhe:

a) Apresentar as mercadorias intactas na estância aduaneira de destino no prazo prescrito, respeitando as medidas de identificação tomadas pelas autoridades aduaneiras;
b) Respeitar as disposições relativas ao regime do trânsito comunitário.

2 – Sem prejuízo das obrigações do responsável principal referidas no n.º 1, o transportador ou o destinatário das mercadorias, que receba as mercadorias sabendo que as mesmas se encontram em regime de trânsito comunitário, é igualmente obrigado a apresentar as mercadorias intactas na estância aduaneira de destino no prazo fixado, respeitando as medidas de identificação tomadas pelas autoridades aduaneiras.

ARTIGO 97.º

1 – As modalidades de funcionamento do procedimento e suas excepções são determinadas de acordo com o procedimento do comité[80].

2 – Sob reserva da garantia de aplicação das medidas comunitárias a que estão sujeitas as mercadorias:

a) Os Estados-membros são livres de estabelecer entre si, por meio de acordos bilaterais ou multilaterais, procedimentos simplificados que respeitem os critérios a estabelecer, na medida do necessário, e aplicáveis a determinados tráfegos ou empresas;

b) Cada Estado-membro é livre de instituir procedimentos simplificados aplicáveis, em determinadas circunstâncias, às mercadorias que não tenham de circular pelo território de qualquer outro Estado-membro.

---

[80] Quanto aos impostos especiais de consumo constam da Directiva n.º 92/12 do Conselho, de 25/2/92, não havendo grande margem de manobra para o legislador nacional sobre matérias como o facto gerador, condições da sua exigibilidade e garantias, conforme se pode ler no preâmbulo do C. dos IEC´s, não se incluindo a seguir a parte das garantias pela falta da sua relevância directa quanto às infracções fiscais.

B – *CÓDIGO DOS IMPOSTOS ESPECIAIS DE CONSUMO*

(...)

Artigo 6.º
Facto gerador

1 – Os produtos referidos no artigo 4.º ficam sujeitos a imposto a partir da sua produção ou importação em território nacional ou no de outros Estados membros, desde que, neste último caso, sejam expedidos para território nacional.

2 – Quando, à entrada na Comunidade, esse produto for colocado sob um regime aduaneiro, considera-se que a importação tem lugar no momento em que o produto sair do referido regime.

3 – Os produtos sujeitos a imposto consideram-se em regime de suspensão, sem prejuízo das disposições nacionais e comunitárias em matéria de regimes aduaneiros, quando:

a) Provierem ou se destinarem a países terceiros ou aos territórios referidos nas alíneas a) a *e)* do n.º 2 do artigo 2.º ou às ilhas Anglo-Normandas e se encontrarem ao abrigo de um dos regimes suspensivos referidos no n.º 1, alínea a), do artigo 84.º do Regulamento (CEE) n.º 2913/92, ou forem colocados numa zona franca ou num entreposto franco;

b) Forem expedidos de um Estado membro para outro através dos países da Associação Europeia de Comércio Livre (AECL) ou entre um Estado membro e um país da AECL ao abrigo do regime de trânsito comunitário interno ou trânsito comum, ou através de um ou vários países terceiros que não sejam membros da AECL, a coberto de uma caderneta TIR ou de um livrete ATA.

4 – Para efeitos do presente diploma:

a) «Importação» – a entrada de uma mercadoria no território da Comunidade Europeia, tal como definido no n.º 2 do artigo 2.º;

b) «Expedição» – a saída de uma mercadoria do território nacional para outro Estado membro da Comunidade Europeia;
c) «Exportação» – a saída de uma mercadoria do território da Comunidade Europeia;
d) «Produção» – qualquer processo de fabricação através do qual se obtenham produtos sujeitos a imposto e bem assim as operações de desnaturação e as de adição de marcadores e corantes que neste se integrem.

ARTIGO 7.º
Exigibilidade

1 – O imposto é exigível em território nacional no momento. da introdução em consumo ou da constatação de perdas que devam ser tributadas em conformidade com o presente Código.

2 – Considera-se introdução no consumo de produtos sujeitos a imposto:

a) A saída desses produtos de um regime de suspensão;
b) O fabrico desses produtos fora de um regime de suspensão;
c) A importação desses produtos quando estes não se encontrem em regime de suspensão.

3 – O imposto é também exigível:

a) No momento da cessação ou violação dos pressupostos da isenção;
b) No momento da recepção, quando o destinatário dos produtos seja um operador registado, um operador não registado ou um representante fiscal.

4 – A taxa de imposto a aplicar em território nacional é a que estiver em vigor na data da exigibilidade.

(...)

Capítulo III
Produção

Artigo 21.º
Entrepostos fiscais

1 – A produção, transformação e armazenagem de produtos sujeitos a imposto, em regime de suspensão, apenas podem ser efectuadas em entreposto fiscal, mediante autorização o sob controlo da estância aduaneira competente.

2 – Os entrepostos fiscais são identificados numericamente.

3 – Os entrepostos fiscais ficam sujeitos às medidas de controlo que forem consideradas necessárias, designadamente ao acesso à contabilidade e sistemas informáticos, bem como ao controlo físico das operações.

Artigo 22.º
Constituição de entrepostos fiscais

1 – A constituição de entrepostos fiscais deve ser requerida pelos interessados na estância aduaneira competente, sendo o pedido acompanhado dos seguintes documentos:

a) Pacto social actualizado, no caso de sociedades comerciais:
b) Certidões passadas pelos serviços competentes, que comprovem a regular situação fiscal em sede de IVA, impostos especiais de consumo, direitos aduaneiros, IRC ou IRS, bem como a regular situação contributiva perante a segurança social;
c) Cartão de identificação de pessoa colectiva ou de comerciante em nome individual, conforme o caso, quando se trate de número provisório, ser apresentado o cartão definitivo no prazo máximo de seis meses, sob pena de se proceder à revogação da autorização;

d) Cópia do documento de licenciamento das instalações, quando exigível;
e) Memória descritiva das instalações com a respectiva planta e características gerais dos reservatórios que delas façam parte, incluindo a respectiva planimetria;
f) Declaração de compromisso de manter uma contabilidade de existências, organizada em sistema de inventário permanente, com saldo àvista;
g) Plano de produção anual previsível, com indicação das taxas de rendimento, no que se refere aos entrepostos fiscais de produção ou transformação, ou previsão de movimento anual médio por produto, quanto aos entrepostos fiscais de armazenagem.

2 – O comerciante em nome individual ou qualquer dos gerentes ou administradores, no caso de pessoa colectiva, deverá ainda declarar sob compromisso de honra não ter sido condenado, nos três anos anteriores ao pedido, pela prática de crime contra a economia ou à saúde pública ou de crime fiscal aduaneiro ou de contra-ordenação fiscal aduaneira, punida com coima igual ou superior a 1 milhão de escudos.

ARTIGO 23.º
Autorização dos entrepostos fiscais

1 – A constituição de entrepostos fiscais é autorizada pela autoridade aduaneira com jurisdição na respectiva área, mediante vistoria prévia das instalações e sob condição de se encontrarem cumpridos e reunidos os requisitos fixados no artigo anterior.
2 – Só são autorizados entrepostos fiscais de armazenagem quando o depositário se assuma como garante em relação aos deveres declarativos e à responsabilidade fiscal, mesmo que não seja proprietário dos produtos.
3 – A autorização define o tipo de entreposto fiscal a constituir, designadamente se é destinado à produção ou armazenagem.

4 – A decisão é comunicada ao interessado por carta registada com aviso de recepção e, quando favorável, indicará a data a partir da qual produz efeitos e o número de registo do entreposto fiscal.

5 – Os entrepostos devidamente autorizados e os reservatórios neles existentes não podem ser utilizados para a produção, a transformação ou a armazenagem de produtos diferentes dos que constem da autorização, salvo se o director da alfândega respectiva o autorizar previamente.

6 – A requerimento do interessado, a autoridade aduaneira pode permitir que, excepcionalmente, no entreposto fiscal de armazenagem sejam colocados produtos sob outros regimes aduaneiros, desde que sejam separados contabilisticamente dos restantes.

ARTIGO 24.º
Estatuto do depositário autorizado

1 – As pessoas singulares ou colectivas titulares de entrepostos fiscais adquirem o estatuto de depositários autorizados.

2 – O depositário autorizado deverá cumprir as seguintes obrigações:

a) Prestar uma garantia em matéria de armazenagem e de circulação, cujas condições serão fixadas pela autoridade aduaneira;
b) Manter actualizada uma contabilidade das existências em sistema de inventário permanente, com indicação da sua proveniência, destino e elementos relevantes para o cálculo do imposto;
c) Apresentar os produtos sempre que tal lhe for solicitado;
d) Prestar-se aos varejos e outros controlos determinados pela autoridade aduaneira;
e) Submeter os depósitos e os instrumentos de medição ao controlo metrológico da entidade competente e possuir certificado de calibração dentro do prazo de validade;

f) Conservar pelo prazo de três anos, em relação a cada operação de recepção ou de expedição, os documentos seguintes;

   i) Documento de acompanhamento, declarações de introdução no consumo ou declarações aduaneiras de entrada ou saída;
   ii) Nota de encomenda, factura comercial, guia de remessa ou documento equivalente;
   iii) Prova identificativa do meio de transporte;

g) Comunicar à autoridade aduaneira a alteração dos gerentes ou administradores;
h) Cumprir os demais procedimentos prescritos pela autoridade aduaneira.

Artigo 25.º
Entrepostos de armazenagem

1 – Nos entrepostos fiscais de armazenagem apenas podem ser efectuadas manipulações usuais destinadas a assegurar a conservação e utilização dos produtos, nomeadamente o acondicionamento, o envasilhamento, a marcação, a diluição e a desnaturação.

2 – A armazenagem dos produtos acabados sujeitos a imposto, em regime suspensivo, não pode ter lugar em entrepostos fiscais de produção.

Artigo 26.º
Entradas e saídas do entreposto

1 – No entreposto fiscal poderão ser colocados, em regime suspensivo, produtos sujeitos a imposto, quer provenientes de países terceiros, através da respectiva declaração de introdução em livre prática, quer provenientes de outros entrepostos fiscais, através do respectivo documento de acompanhamento.

2 – Do entreposto fiscal poderão sair, em regime suspensivo, produtos sujeitos a imposto, quer destinados a um outro entreposto fiscal ou a um operador de outro Estado membro ou das Regiões Autónomas, através do respectivo documento de acompanhamento, quer destinados à exportação, através do respectivo DU e, se for o caso, do documento de acompanhamento.

3 – Os produtos sujeitos a imposto já declarados para consumo só poderão dar entrada ou reentrar em entreposto fiscal mediante autorização do director da alfândega respectiva, nomeadamente, para efeitos do disposto no n.º 3 do artigo 15.º, efectuando-se as devidas anotações na contabilidade de existências.

Artigo 27.º
Autorização dos operadores registados e representantes fiscais

1 – Os operadores económicos que pretendam obter o estatuto de operador registado ou de representante fiscal apresentarão, na estância aduaneira competente. um pedido acompanhado dos seguintes documentos:

    a) Pacto social actualizado, no caso de sociedades comerciais;
    b) Certidões passadas pelos serviços competentes da Direcção--Geral dos Impostos e da segurança social, consoante o caso, que comprovem:

        i) A apresentação da declaração de início actividade ou a inexistência de quaisquer dívidas não garantidas de IVA; IRC ou IRS, incluindo retenções na fonte, bem como de contribuições para a segurança social;
        ii) O regular cumprimento das obrigações declarativas no âmbito daqueles impostos e da segurança social;

    c) Cartão de identificação de pessoa colectiva ou de comerciante em nome individual, conforme o caso, devendo, quando se trate de número provisório, ser apresentado o cartão definitivo no prazo máximo de seis meses, sob pena de se proceder a revogação da autorização;

 d) Previsão do valor ou quantidade média mensal dos produtos a receber em regime de suspensão de imposto;

 e) Identificação dos locais de recepção dos produtos em suspensão de imposto nas áreas de jurisdição das alfândegas em que esteja registado.

2 – As autorizações são concedidas pelos directores das alfândegas da respectiva área de jurisdição.

3 – A decisão será comunicada ao interessado nos termos do n.º 4 do artigo 23.º.

Artigo 28.º
Estatuto do operador registado

1 – Operador registado é a pessoa singular ou colectiva que, não agindo na qualidade de depositário autorizado, se encontra habilitada pela autoridade aduaneira a receber, no exercício da sua profissão, produtos provenientes de outro Estado membro sujeitos a imposto, em regime de suspensão, não podendo, contudo, armazenar nem expedir os produtos nesse regime.

2 – O operador registado deve cumprir as seguintes obrigações:

 a) Garantir o pagamento do imposto, sem prejuízo da responsabilidade do depositário autorizado expedidor e, eventualmente, do transportador;

 b) Pagar o imposto vigente em território nacional, nos termos dos artigos 6.º e seguintes, no momento da recepção dos produtos:

 c) Manter actualizada uma contabilidade das existências e dos movimentos de produtos, com indicação da sua proveniência, destino e os elementos relevantes para o cálculo do imposto;

 d) Comunicar à autoridade aduaneira a alteração dos gerentes ou administradores.

Artigo 29.º
Estatuto do operador não registado

1 – Operador não registado é a pessoa singular ou colectiva que, não agindo na qualidade de depositário autorizado ou operador registado, se encontra habilitada pela autoridade aduaneira a receber, no exercício da sua profissão e a título ocasional, produtos provenientes de outro Estado membro sujeitos a imposto, em regime de suspensão. não podendo, contudo, armazená-los nem expedi-los nesse regime.

2 – O operador não registado deverá cumprir as seguintes obrigações:

a) Fazer uma declaração junto da autoridade aduaneira antes da expedição dos produtos com destino ao território nacional e garantir o pagamento do imposto;
b) Pagar o imposto vigente em território nacional, no momento da recepção dos produtos.

Artigo 30.º
Estatuto do representante fiscal

Representante fiscal é a pessoa singular ou colectiva estabelecida em território nacional, habilitada pela autoridade aduaneira a, por conta própria mas em nome de outrem, quer dos vendedores, quer dos depositários autorizados, não estabelecidos em território nacional, quer dos destinatários dos produtos, cumprir as seguintes obrigações:

a) Garantir o pagamento do imposto;
b) Pagar o imposto vigente em território nacional, nos termos dos artigos 6.º e seguintes, no momento da recepção dos produtos;
c) Manter actualizada uma contabilidade das existências e dos movimentos de produtos, com indicação da sua proveniência, destino e os elementos relevantes para o cálculo do imposto;
d) Comunicar previamente à alfândega onde está registado, o plano semanal de recepção dos produtos em suspensão de

imposto, com indicação dos locais de entrega, ficando assim dispensado da obrigação prevista na alínea *b)* do n.º 1 do artigo 35.º.

ARTIGO 31.º
Revogação das autorizações

1 – As autorizações a que se referem os artigos 23.º e 27.º serão revogadas a pedido dos titulares ou por decisão do director da alfândega respectiva sempre que se comprove o incumprimento grave das obrigações constantes do presente diploma, sem prejuízo da instauração de processo por infracção fiscal aduaneira.

2 – As autorizações deverão também ser revogadas pela mesma entidade sempre que um entreposto deixe de ter utilização que justifique a sua manutenção, ou não esteja a ser utilizado para os fins para que foi constituído.

3 – Para efeitos de aplicação do disposto no número anterior, relativamente aos entrepostos fiscais de armazenagem, considera-se, nomeadamente, que o entreposto não está a ter utilização que justifique a sua manutenção, quando o depositário autorizado não efectuar introduções no consumo, expedições ou exportações durante um período superior a 90 dias.

4 – A revogação será comunicada ao interessado, através de carta registada com aviso de recepção, com uma antecedência de 30 dias em relação à data do encerramento efectivo, prazo durante o qual deve ser dado um destino fiscal aos produtos, sob pena de serem considerados fazendas demoradas.

5 – Nos casos em que, devido à prática de infracção fiscal, haja lugar à apreensão dos produtos armazenados e à revogação da autorização, esta produzirá afeitos imediatamente após o recebimento da respectiva notificação.

Capítulo III
Circulação

Artigo 32.º
Regime geral de circulação

1 – A circulação em regime de suspensão de produtos sujeitos a imposto, ainda que sujeitos à taxa zero, deve efectuar-se entre entrepostos fiscais.

2 – Os depositários autorizados consideram-se habilitados a efectuar operações de circulação nacional e intracomunitária.

3 – As disposições do presente diploma relativas à circulação de produtos sujeitos a imposto em regime de suspensão são aplicáveis aos operadores registados e não registados e aos representantes fiscais enquanto destinatários desses produtos.

Artigo 33.º
Documentos de acompanhamento

1 – Não obstante a eventual utilização de processos informatizados, todos os produtos sujeitos a imposto que circulem em regime de suspensão em território nacional deverão ser acompanhados de um documento emitido pelo expedidor, nos termos do Regulamento (CEE) n.º 2719/92, da Comissão, de 11 de Setembro.

2 – A circulação intracomunitária de produtos sujeitos a imposto já introduzidos no consumo noutro Estado membro, bem como o álcool totalmente desnaturado, deverá ser efectuada ao abrigo do documento de acompanhamen.to simplificado previsto no Regulamento (CEE) n.º 3649/92, da Comissão, de 17 de Dezembro.

3 – A circulação nacional de álcool e bebidas alcoólicas já introduzidos no consumo efectua-se ao abrigo do Decreto-Lei n.º 45/89, de 11 de Fevereiro.

4 – A circulação nacional de tabacos manufacturados e produtos petrolíferos já introduzidos no consumo efectua-se ao abrigo da decla-

ração de introdução no consumo ou de nota de carregamento, devendo esta indicar obrigatoriamente o número sequencial de saída, a identificação do entreposto fiscal, a matrícula do meio de transporte e a quantidade por tipo de produto.

5 – Para efeitos de identificação dos produtos e do seu controlo, proceder-se-á à inventariação dos volumes e à descrição dos produtos por meio do documento referido no número anterior e, eventualmente, à selagem, quando o meio de transporte o permitir.

6 – Caso o destinatário não seja um depositário autorizado ou um operador registado e não obstante a intervenção de um representante fiscal, o documento referido no n.º 1 deverá ser acompanhado de um documento que certifique a garantia ou o pagamento prévio do imposto em território nacional.

7 – Este documento deve mencionar:

a) O endereço da estância aduaneira competente de destino;
b) A data e a referência do pagamento ou da aceitação da garantia na estância aduaneira competente.

8 – O n.º 1 não é aplicável quando os produtos sujeitos a imposto circulem nas condições referidas no n.º 2 do artigo 6.º.

9 – As disposições do presente artigo são igualmente aplicáveis aos produtos sujeitos a imposto que circulem em regime de suspensão entre dois entrepostos fiscais situados em território nacional, através do território de outro Estado membro.

10 – Sempre que os produtos sujeitos a imposto circulem regular e frequentemente em regime de suspensão entre o território nacional e o território de outro estado membro, a autoridade aduaneira e as autoridades fiscais desse Estado membro podem, de comum acordo, autorizar um depositário autorizado expedidor a simplificar o o processamento do documento de acompanhamento mediante um certificado sumário ou produzido por meios informáticos.

11 – Os produtos sujeitos a imposto exportados através de um ou de vários Estados membros, por um depositário autorizado estabelecido em território nacional, estão autorizados a circular sob o regime de suspensão de impostos especiais de consumo.

12 – O regime previsto no n.º 11 será apurado através da certificação por parte da estância aduaneira de saída de que os produtos saíram da Comunidade, devendo a estância aduaneira devolver ao expedidor o exemplar autenticado do documento de acompanhamento que a ele se destina.

Artigo 34.º
Alteração de destino e destino incerto

1 – O depositário autorizado expedidor ou o seu representante poderão modificar o conteúdo das casas 4, 7, 7a, 13, 14 e ou – 17 do documento de acompanhamento, a fim de indicar um novo local de entrega o um novo destinatário, que deve ser um depositário autorizado ou um operador registado.

2 – Nos casos referidos no número anterior, o depositário autorizado expedidor deve comunicar imediata mente à estância aduaneira competente as alterações e mencionar imediatamente o novo destinatário be como o novo local de entrega no verso do document de acompanhamento.

3 – O depositário autorizado expedidor poder ainda, no caso de circulação intracomunitária de óleos minerais por via marítima ou fluvial, não completar preenchimento das casas 4, 7, 7a, 13 e 17 do documento de acompanhamento se, no momento da expedição dos produtos, o destinatário não estiver definitivamente identificado, sob reserva de:

a) A estância aduaneira de partida autorizar previamente o expedidor a não preencher essas casas;
b) A mesma estância ser informada do nome e do endereço do destinatário, do seu número de identificação fiscal e do país de destino logo que conhecidos ou o mais tardar quando os produtos chegarem ao seu destino final.

Artigo 35.º
Formalidades e notificação prévia

1 – Os operadores económicos comunicarão, pela via mais rápida, à estância aduaneira competente as remessas expedidas ou recebidas através do envio, respectivamente, de cópias dos exemplares 1-A ou 4 do documento referido no artigo 33.º, nos seguintes prazos:

a) Na expedição, no dia útil imediatamente anterior à data da expedição, sem prejuízo de, em casos especiais, devidamente fundamentados, este prazo poder ser reduzido;
b) Na recepção, de imediato, caso esta ocorra em dia útil ou, caso contrário, no primeiro dia útil seguinte à data de recepção.

2 – Este documento será emitido em cinco exemplares, destinando-se:

a) O exemplar n.º 1 ao expedidor;
b) O exemplar n.º 1-A à estância aduaneira de expedição;
c) O exemplar n.º 2 ao destinatário a ser reenviado ao expedidor para apuramento;
d) O exemplar n.º 3 a ser reenviado ao expedidor para apuramento;
e) O exemplar n.º 4 ás autoridades competentes do estado mebro de destino.

3 – Quando o destino for o território nacional, o exemplar n.º 3, dstinado a ser reenviado ao expedidor, para apuramento, será visado pela autoridade aduaneira.

4 – O depositário autorizado, o operador registado ou não registado ou o representante fiscal estabelecidos em território nacional devem enviar ao expedidor, para efeitos de apuramento o exemplar referido n o n.º 3 o mais tardar até ao dia 15 do mês seguinte ao da recepção.

5 – O exemplar a reenviar deve incluir as seguintes referências, necessárias ao apuramento:

a) Endereço da estância aduaneira de que depende o destinatário:
b) Data e local de recepção dos produtos;
c) Designação dos produtos recebidos, para que se possa verificar se o envio está conforme com as indicações que constam do documento, devendo, em caso de conformidade, apor-se a menção «Envio conforme»;
d) Número de referência ou de registo atribuído pela autoridade aduaneira, bem como o respectivo visto;
e) Assinatura do destinatário ou da pessoa que o obrigue.

6 – O regime de suspensão de impostos especiais de consumo é apurado:

a) Pela colocação dos produtos numa das situações referidas no n.º 2 do artigo 6.º, em conformidade com as regras do respectivo regime aduaneiro suspensivo;
b) Após a recepção pelo expedidor do exemplar de reenvio do documento administrativo de acompanhamento ou de uma cópia do documento comercial devidamente anotados.

7 – Quando os produtos sujeitos a imposto que circulem sob o regime de suspensão de imposto forem exportados, este regime será apurado através de confirmação por parte da estância aduaneira de saída de que os produtos deixaram efectivamente o território comunitário, devolvendo-se ao expedidor o exemplar visado do documento de acompanhamento que lhe é destinado.

8 – O expedidor deve informar a autoridade aduaneira no prazo de dois meses, a contar da data de expedição dos produtos, sobre os casos de apuramento e não apuramento do regime.

9 – Se, no prazo de três meses, a contar da data de expedição dos produtos, se mantiver a situação de não apuramento, a autoridade aduaneira liquidará o imposto a pagar e procederá ao correspondente registo de liquidação até ao dia 10 do 4.º mês seguinte à data de expedição dos produtos, devendo as importâncias liquidadas ser pagas no prazo de 15 dias, contados a partir da data da notificação.

10 – O director da estância aduaneira competente poderá, quando o ritmo das expedições e recepções o justifique, autorizar a substituição dos procedimentos previstos no n.º 1 pela entrega de um programa diário ou semanal, das expedições e recepções dos produtos, contendo todas as informações necessárias para que possam ser exercidos os controlos considerados convenientes.

11 – Os operadores referidos no n.º 1 deverão ainda prestar à estância aduaneira competente, pela forma a determinar por despacho do director-geral das Alfândegas e dos Impostos Especiais sobre o Consumo, as informações necessárias ao cálculo do imposto devido pela eventual introdução no consumo dos produtos em circulação.

ARTIGO 36.º
Responsabilidade pela circulação

1 – Sempre que. no decurso da circulação, seja cometida uma irregularidade ou uma infracção em território nacional que torne exigível o imposto, este será cobrado pela autoridade aduaneira junto da pessoa singular ou colectiva que se constituiu garante do pagamento do imposto, sem prejuízo da instauração de processo por infracção fiscal.

2 – Sempre que a cobrança do imposto se efectuar em território nacional relativamente a produtos expedidos de outro Estado membro, a autoridade aduaneira informará as autoridades competentes desse Estado membro.

3 – Sempre que, no decurso da circulação, for detectada, em território nacional, uma infracção ou uma irregularidade sem que seja possível determinar o lugar onde foi cometida, considerar-se-á que foi praticada em território nacional.

4 – Sempre que os produtos sujeitos a imposto, expedidos do território nacional, não cheguem ao destino e não for possível determinar o local da infracção ou da irregularidade, considera-se que essa infracção ou irregularidade foi cometida em território nacional, procedendo-se à cobrança do imposto à taxa em vigor àdata da expedição dos produtos, salvo se, num prazo de três meses a partir dessa data, forem apresentadas à autoridade aduaneira provas consideradas suficientes da regularidade da operação ou do local onde a infracção ou a irregularidade foi efectivamente cometida.

5 – Se, no prazo de três anos a contar da data de emissão do documento de acompanhamento, se vier a determinar o Estado membro onde a infracção ou a irregularidade foi efectivamente cometida, a autoridade aduaneira procederá ao reembolso do imposto cobrado, mediante a apresentação de provas do efectivo pagamento do imposto no Estado membro onde a infracção ou a irregularidade foi efectivamente cometida.

6 – São solidariamente responsáveis pelo pagamento do imposto as pessoas singulares ou colectivas que, irregularmente, produzam, detenham ou introduzam no consumo produtos sujeitos àqueles impostos.

(…)

ÍNDICE ALFABÉTICO

Abuso de confiança:
- contra a segurança social – p. 116
- fiscal – p. 161

Acordo Schengen – p. 20
Acusação – p. 79
Administração fiscal-Comunicação das decisões – p. 82, 84
Administrador – p. 24
- de loja – p. 25

Alçada – p. 122
Álcool – p. 145, 146
Aperfeiçoamento – p. 116
Aplicação da lei:
- no espaço – p. 19
- no tempo – p. 22

Apreensão – p. 70, 112
Armas – p. 46
Arquivamento – p. 79
Assistente – p. 88
Associação criminosa – p. 132
ATA – p. 28
Atenuação especial – p. 50
Auto de notícia – p. 95
Automóvel – p. 173
- isenção de imposto – p. 174

Auxílio material – p. 155
Apreensão – p. 70
Armas – p. 46
- depósito – p. 72

Bebidas alcoólicas – p. 145
Benefício fiscal – p. 5
Bens destinados a fins sociais, culturais, ou filantrópicos – p. 172, 174

Brigada Fiscal – p. 67
Burla tributária – p. 126
Buscas – p. 70
CAC – p. 33
Canalização – p. 33
Cadastro especial de contribuintes – p. 76
Caso julgado – p. 86
CTM – p. 29
Circulação – p. 33
CITES – p. 149
Código de Procedimento e Processo Tributário – p. 9
Cooperação judiciária internacional – p. 20
Coimas:
- divisão do produto – p. 10
- medida – p. 55
- pagamento voluntário – p. 117
- redução – p. 59
- sanções acessórias – p. 57

Competência:
por conexão – p. 83
Concurso de infracções – p. 30
Contabilidade ou livros de escrita – p. 189
- normalização – p. 188

Contentor – p. 34
Contigentação – p. 144
Contrabando – p. 139, 143
Contrabando de circulação – p. 142
Contra-ordenação – p. 89
- aplicação de coima – p. 115
- audiência de discussão e julgamento – p. 121

– competência – p. 106, 120
– decisão – p. 109
– dispensa e atenuação especial – p. 63
– execução – p. 104
– extinção – p. 100
– investigação e instrução – p. 108
– nulidades – p. 101
– pagamento – p. 99
– prescrição – p. 63
– recurso – p. 122
– redução – p. 59
– requisitos – p. 117
– suspensão – p. 101, 124
Contribuições de solidariedade e segurança social – p. 16
COTIF – p. 34
Crimes:
– indícios – p. 78
– notícia – p. 68
– dispensa e atenuação especial – p. 50
– medida da pena – p. 35
– suspensão – p. 36
– sanções acessórias – p. 40
Custas – p. 105
Denúncia – p. 98
DGAIEC:
– Lei orgânica – p. 76
DCIAP – p. 75
DGI:
– Lei orgânica – p. 76
Declarações fiscais e documentos fiscalmente relevantes:
– início de actividade – p. 180
– cessação de actividade – p. 180
– periódicas de IVA – p. 180
– falsificação, viciação e alteração – p. 186
– falta ou atraso – p.184
– omissões e inexactidões – p. 187
– recusa de entrega, exibição ou apresentação – p. 181

Descaminho – p. 170
Desobediência qualificada – p. 135
Despachante oficial – p. 24
Deficientes – p. 174
Depósito – p. 70, 72
Depositário – p. 150
Desobediência – p. 135
Detenção:
– em flagrante delito – p. 69
– fora de flagrante delito – p. 69
Dever de colaboração – p. 94
Dispensa da pena – p. 50, 80
Direitos niveladores – p. 32
Documento
– único (DU) – p. 33
– de acompanhamento (DAA) – p. 117
Dupla tributação:
– convenções de eliminação – p. 159
Empresas públicas – p. 26
Emigrantes – p. 174
Entreposto – p. 33
Efeito suspensivo – p. 124
Espécies da fauna e da flora – p. 149
Estância aduaneira – p. 71, 145
Euro – p. 26
Europal – p. 20
Exames – p. 70
Exportação:
– Procedimentos simplificados de – p. 147
– Proibida – p. 120
Exposição de motivos – p. 8
Extradição – p. 21
Facturas – p. 127
Falta de designação de representantes – p. 192
Franquias aduaneiras – p. 15
Fraude:
– à segurança social – p. 166
– fiscal – p. 154, 157
– no transporte – p. 144
Frustração de créditos – p. 131

Índice Alfabético

Garantias – p. 31
Gerentes – p. 24
Impostos especiais de consumo – p. 15
Ilícito de mera ordenação – p. 18
IMI (Imposto Municipal sobre Imóveis) – p. 14
Imposto Automóvel – p. 173
Imóveis – valor – p. 115
Importação:
   – proibida – p. 120
   – de ouro – p. 153
   – temporária – p. 175
Indícios de crime – p. 114
Início de vigência – p. 11
Infracções fiscais – p. 16
Infracções aduaneiras:
   – aquisição de mercadorias – p. 44
Infracções financeiras – p. 74
Introdução no consumo:
   – declaração (DIC) – p. 147
   – irregular – p. 139
Inquérito – p. 72
   – encerramento – p. 79
   – delegação de competências – p. 74
   – duração – p. 77
   – suspensão – p. 83
Inspecção:
Procedimento de – p. 206, 243
Instrução – p. 106
Introdução fraudulenta no consumo – p. 146
Investigação:
   – lei de organização criminal – p. 68
   – em contra-ordenações – p. 108
Juros:
   – taxa legal – p. 36
   – compensatórios – p. 17
Lei Geral Tributária – p. 14
Livre prática – p. 33
Marca fiscal – p. 151
Mercadorias:
   – em circulação – p. 33

   – depósito – p. 70, 72
   – perda – p. 43, 44
   – meios de transporte – p. 33, 34
   – recusa de entrega, exibição ou apresentação – p. 178
Ministério Público – p. 66
Multa – p. 27
NAT – p. 88
Negligência – p. 53
Normas revogadas – p. 9
Notificação – p. 109
Nulidades – p. 101
Número de contribuinte – p. 138
Número único processual (NUIPC) – p. 68
Obrigação:
   – principal – p. 14
   – acessória – p. 14
Órgão da administração tributária – p. 90
Órgão de polícia criminal – p. ??
Paraísos fiscais – p. 60
Penas e sanções acessórias – p. 40, 57
Particippção – p. 98
POC – p. 189
   – de clubes – p. 84
Polícia Judiciária – p. 74
Produtos petrolíferos – p. 146
Providências cautelares – p. 224
Pessoas colectivas – p. 25
Prescrição – p. 46, 63
Prestação tributária – p. 29
   – falta de entrega – p. 181
Processo tributário – p. 19
Quebra de marcas e selos – p. 151
Reformatio in pejus – p. 117
Regimes aduaneiros – p. 170
Regimes aduaneiros económicos – p. 170
Regimes fiscais – p. 201
Rendimentos:
   – pagamento indevido – p. 93
   – transferência para o estrangeiro – p. 195

Recibos – p. 191
Receptação – p. 152
Reembolsos – p. 128
Regime suspensivo – p. 144
Representante:
  – da Fazenda Pública – p. 122
  – fiscal – p. 192
Revisor oficial de contas (ROC) – p. 24
Responsabilidade civil – p. 27
  – subsidiária – p. 29
  – solidária – p. 29
Selagem – p. 34, 144
Segurança social:
  – institutos – p. 32
  – lei orgânica – p. 76
Serviço tributário – p. 31
S.M.N. – p. 28
Suspensão da pena – p. 36
Suspensão do processo – p. 46
Tabaco – p. 72

Técnico oficial de contas – p. 28
Território – p. 142
TIR – p. 28
Tipografias não autorizadas – p. 195
Transbordo – p. 148
Transformação – p. 171
Trusts – p. 160
Transporte – p. 34
  – perda de meios – p. 44
UC – p. 32
Violação do dever de cooperação – p. 179
Violação do dever de emitir ou exigir recibos e facturas – p. 191
Violação de segredo – p. 183
Violação das garantias aduaneiras – p. 150
Vagão – p. 34
Valor mobiliário – p. 193, 194
Valor elevado – p. 33
Valor consideravelmente elevado – p. 33

ÍNDICE GERAL

I – LEI N.º 15/2001, DE 5 DE JUNHO 7

    CAPITULO I
    Das infracções tributárias 7

        Artigo 1.º
        (Regime Geral das Infracções Tributárias) 7
        Artigo 2.º
        (Norma revogatória) 9
        (...)
        Artigo 13.º
        (Entrada em vigor) 11

ANEXO
REGIME GERAL DAS INFRACÇÕES TRIBUTÁRIAS 13

Parte I
Princípios gerais 13

    Capítulo I
    Disposições comuns 13

        Artigo 1.º
        Âmbito de aplicação 13
        Artigo 2.º
        Conceito e espécies e infracções tributárias 16
        Artigo 3.º
        Direito subsidiário 18
        Artigo 4.º
        Aplicação no espaço 19

Artigo 5.º
Lugar e momento da prática da infracção tributária 22
Artigo 6.º
Actuação em nome de outrem 23
Artigo 7.º
Responsabilidade das pessoas colectivas e equiparadas 25
Artigo 8.º
Responsabilidade civil pelas multas e coimas 27
Artigo 9.º
Subsistência da prestação tributária 29
Artigo 10.º
Especialidade das normas tributárias e concurso de infracções 30
Artigo 11.º
Definições 31

Capítulo II
Disposições aplicáveis aos crimes tributários 35

Artigo 12.º
Penas aplicáveis aos crimes tributários 35
Artigo 13.º
Determinação da medida da pena 35
Artigo 14.º
Suspensão da execução da pena de prisão 36
Artigo 15.º
Pena de multa 37
Artigo 16.º
Penas acessórias aplicáveis aos crimes tributários 38
Artigo 17.º
Pressupostos de aplicação das penas acessórias 40
Artigo 18.º
Perda de mercadorias objecto do crime 43
Artigo 19.º
Perda dos meios de transporte 44
Artigo 20.º
Perda de armas e outros instrumentos 45
Artigo 21.º
Prescrição, interrupção e suspensão do procedimento criminal 46
Artigo 22.º
Dispensa e atenuação especial da pena 50

Capítulo III
Disposições aplicáveis às contra-ordenações 52

Artigo 23.º
Classificação das contra-ordenações 52
Artigo 24.º
Punibilidade da negligência 53
Artigo 25.º
Concurso de contra-ordenações 54
Artigo 26.º
Montante das coimas 55
Artigo 27.º
Determinação da medida da coima 56
Artigo 28.º
Sanções acessórias 57
Artigo 29.º
Direito à redução das coimas 59
Artigo 30.º
Requisitos do direito à redução das coimas 60
Artigo 31.º
Coima dependente de prestação tributária em falta ou a liquidar e correcção das coimas pagas 62
Artigo 32.º
Dispensa e atenuação especial das coimas 63
Artigo 33.º
Prescrição do procedimento 63
Artigo 34.º
Prescrição das sanções contra-ordenacionais 66

Parte II
Do processo 66

Capítulo I
Processo penal tributário 66

Artigo 35.º
Aquisição da notícia do crime 66
Artigo 36.º
Detenção em flagrante delito 69
Artigo 37.º
Providências cautelares quanto aos meios de prova 69

Artigo 38.º
Depósito de mercadorias e instrumentos do crime nas estâncias aduaneiras ou depósitos públicos e venda imediata .. 70
Artigo 39.º
Outras formas de depósito 72
Artigo 40.º
Inquérito 72
Artigo 41.º
Competência delegada para a investigação 74
Artigo 42.º
Duração do inquérito e seu encerramento pela administração tributária 77
Artigo 43.º
Decisão do Ministério Público 79
Artigo 44.º
Arquivamento em caso de dispensa da pena 80
Artigo 45.º
Comunicação do arquivamento e rejeição da acusação 82
Artigo 46.º
Competência por conexão 83
Artigo 47.º
Suspensão do processo penal tributário 83
Artigo 48.º
Caso julgado das sentenças de impugnação e de oposição . 86
Artigo 49.º
Responsáveis civis 87
Artigo 50.º
Assistência ao Ministério Público e comunicaçao das decisões 87

Capítulo II
Processo de contra-ordenações tributárias 89

Secção I
Disposições gerais 89

Artigo 51.º
Âmbito 89
Artigo 52.º
Competência das autoridades tributárias 90

Índice Geral

Artigo 53.º
Competência do tribunal 91
Artigo 54.º
Instauração 92
Artigo 55.º
Suspensão para liquidação do tributo 93
Artigo 56.º
Base do processo de contra-ordenação tributária 94
Artigo 57.º
Auto de notícia. Requisitos 95
Artigo 58.º
Infracção verificada no decurso da acção de inspecção 96
Artigo 59.º
Competência para o levantamento do auto de notícia 97
Artigo 60.º
Participação e denúncia 98
Artigo 61.º
Extinção do procedimento por contra-ordenação 99
Artigo 62.º
Extinção da coima 100
Artigo 63.º
Nulidades no processo de contra-ordenação tributário 101
Artigo 64.º
Suspensão do processo e caso julgado das sentenças de impugnação e oposição 104
Artigo 65.º
Execução da coima 104
Artigo 66.º
Custas 105

Secção II
Processo de aplicação das coimas 106

Subsecção I
Da fase administrativa 106

Artigo 67.º
Competência para a instauração e instrução 106
Artigo 68.º
Registo e autuação dos documentos 108
Artigo 69.º
Investigação e instrução 108

Artigo 70.°
Notificação do infractor 109
Artigo 71.°
Defesa do infractor 111
Artigo 72.°
Meios de prova 111
Artigo 73.°
Apreensão de bens 112
Artigo 74.°
Indícios de crime tributário 114
Artigo 75.º
Antecipação do pagamento da coima 114
Artigo 76.°
Aplicação da coima pelo dirigente do serviço tributário e outras entidades 115
Artigo 77.°
Arquivamento do processo 116
Artigo 78.°
Pagamento voluntário 117
Artigo 79.°
Requisitos da decisão que aplica a coima 117

Subsecção II
Da fase judicial 119

Artigo 80.°
Recurso das decisões de aplicação das coimas 119
Artigo 81.°
Remessa do processo ao tribunal competente 120
Artigo 82.°
Audiência de discussão e julgamento 121
Artigo 83.°
Recurso da sentença 122
Artigo 84.°
Efeito suspensivo 124
Artigo 85.°
Revisão das coimas e sanções acessórias. Competência 125
Artigo 86.°
Recurso em processo de revisão 125

Parte III
Das infracções tributárias em especial 126

Título I
Crimes tributários 126

Capítulo I
Crimes tributários comuns 126

    Artigo 87.º
    Burla tributária 126
    Artigo 88.º
    Frustração de créditos 131
    Artigo 89.º
    Associação criminosa 132
    Artigo 90.º
    Desobediência qualificada 135
    Artigo 91.º
    Violação de segredo 137

Capítulo II
Crimes aduaneiros 139

    Artigo 92.º
    Contrabando 139
    Artigo 93.º
    Contrabando de circulação 142
    Artigo 94.º
    Contrabando de mercadorias de circulação condicionada em embarcações 143
    Artigo 95.º
    Fraude no transporte de mercadorias em regime suspensivo 144
    Artigo 96.º
    Introdução fraudulenta no consumo 146
    Artigo 97.º
    Qualificação 148
    Artigo 98.º
    Violação das garantias aduaneiras 150
    Artigo 99.º
    Quebra de marcas e selos 151

Artigo 100.º
Receptação de mercadorias objecto de crime aduaneiro ... 152
Artigo 101.º
Auxílio material 153
Artigo 102.º
Crimes de contrabando previstos em disposições especiais 153

Capítulo III
Crimes fiscais 154

Artigo 103.º
Fraude 154
Artigo 104.º
Fraude qualificada 157
Artigo 105.º
Abuso de confiança 161

Capítulo IV
Crimes contra a segurança social 166

Artigo 106.º
Fraude contra a segurança social 166
Artigo 107.º
Abuso de confiança contra a Segurança Social 168

Título II
Contra-ordenações tributárias 170

Capítulo I
Contra-ordenações aduaneiras 170

Artigo 108.º
Descaminho 170
Artigo 109.º
Introdução irregular no consumo 176
Artigo 110.º
Recusa de entrega, exibição ou apresentação de documentos e mercadorias 178
Artigo 111.º
Violação do dever de cooperação 179
Artigo 112.º
Aquisição de mercadorias objecto de infracção aduaneira 179

Capítulo II
Contra-ordenações fiscais 180

Artigo 113.º
Recusa de entrega, exibição ou apresentação de escrita e de documentos fiscalmente relevantes 180
Artigo 114.º
Falta de entrega da prestação tributária 181
Artigo 115.º
Violação de segredo fiscal 183
Artigo 116.º
Falta ou atraso de declarações 184
Artigo 117.º
Falta ou atraso na apresentação ou exibição de documentos ou de declarações 184
Artigo 118.º
Falsificação, viciação e alteração de documentos fiscalmente relevantes 186
Artigo 119.º
Omissões e inexactidões nas declarações ou em outros documentos fiscalmente relevantes 187
Artigo 120.º
Inexistência de contabilidade ou de livros fiscalmente relevantes 188
Artigo 121.º
Não organização da contabilidade de harmonia com as regras de normalização contabilística e atrasos na sua execução 188
Artigo 122.º
Falta de apresentação, antes da respectiva utilização, dos livros de escrituração 190
Artigo 123.º
Violação do dever de emitir ou exigir recibos ou facturas 191
Artigo 124.º
Falta de designação de representantes 192
Artigo 125.º
Pagamento indevido de rendimentos 193
Artigo 125.º-A
Pagamento ou colocação à disposição de rendimentos ou ganhos conferidos por ou associados a valores mobiliários 193

Artigo 125.º-B
Inexistência de prova de apresentação da declaração de aquisição e alienação de acções e outros valores mobiliários ou da intervenção de entidades relevantes 194
Artigo 126.º
Transferência para o estrangeiro de rendimentos sujeitos a tributação 195
Artigo 127.º
Impressão de documentos por tipografias não autorizadas 195

II – LEGISLAÇÃO VÁRIA 197

1 – Sobre segredo bancário e fiscalização tributária 197

A – Lei Geral Tributária (arts. 61.º a 64.º) 197
B – C. do IRC (arts. 58.º-A e 129.º) 205
C – Regime Complementar de Inspecção Tributária: Decreto-Lei n.º 413/98, de 31 de Dezembro 206
D – Iniciativa de inspecção tributária: Decreto-Lei n.º 6/99, de 8 de Janeiro 243

1 – Sobre reembolsos de impostos

A – C. de IVA (arts. 7.º, 8.º e 22.º) 248
B – RITI (art. 21.º) 253
C – Dec.-Lei n.º 408/87, de 31/12 (arts. 2.º e 3.º) 254
D – C. de IRC (arts. 96.º e 97.º) 256
E – C. de IEC´S (arts. 12.º a 15.º) 259

3 – Sobre regime suspensivo 262

A – CAC (arts. 84.º a 97.º) 262
B – C. de IEC´S (arts. 6.º, 7.º, 21.º a 36.º) 270

ÍNDICE ALFABÉTICO 287

ÍNDICE GERAL 291